JAMES BOND

LASS NIEMALS BLUMEN SPRECHEN

von

JOHN GARDNER

Ins Deutsche übertragen
von Johannes Neubert

Die deutsche Ausgabe von JAMES BOND – LASS NIEMALS BLUMEN SPRECHEN
wird herausgegeben von Cross Cult / Inh. Andreas Mergenthaler, Teinacher Str. 72,
71634 Ludwigsburg; Verlagsleitung: Luciana Bawidamann;
Programmleitung Romane: Markus Rohde; Übersetzung: Johannes Neubert;
Lektorat: Katrin Aust; Korrektorat: Peter Schild;
Satz: Rowan Rüster; Leitung Vertrieb: Peter Sowade;
Herstellung: Hannah Düser; Cover Artwork: Michael Gillette.
Printausgabe gedruckt von CPI Moravia Books s.r.o., CZ-69123 Pohořelice.
Printed in the Czech Republic.

Titel der Originalausgabe: JAMES BOND – NEVER SEND FLOWERS

IAN FLEMING PUBLICATIONS LIMITED

Print ISBN 978-3-98666-324-7 (Juni 2023)
E-Book ISBN 978-3-98666-325-4 (Juni 2023)

WWW.CROSS-CULT.DE · WWW.IANFLEMING.COM

INHALT

Für Bunny – meinen ersten Fan

Danksagungen

Ich danke dem Senior Vice President und dem Vorstand von Euro Disney SA für ihre Kooperation, die es mir ermöglicht hat, die wunderbare Anlage des Disneyland Paris als Kulisse für die Schlussszenen in diesem Buch zu nutzen. Mein besonderer Dank gilt meinem Freund Jean Marie Gerbeaux, Kommunikationsdirektor bei Euro Disney SA, für seine Hilfe bei der Beschaffung von Informationen. Für die Zwecke eines fiktiven Werks und um vollständige Sicherheit zu gewährleisten, habe ich ein wenig mit den Sicherheitsvorkehrungen des Disneyland Paris gespielt. Nur diejenigen, die sich auskennen, werden diese geringfügigen Änderungen bemerken, denn dieser riesige Komplex bleibt eine der besten Disney-Anlagen der Welt.

John Gardner
Virginia, 1992

Legt sie ins Grab.
Und aus der schönen, unbefleckten Hülle
Solln Veilchen wachsen!

Hamlet, William Shakespeare

1

Woche der Attentäter

Pater Paolo Di Sio war von dem Moment an verärgert gewesen, in dem Seine Heiligkeit seine Wünsche geäußert hatte. Di Sio hatte sogar mit dem Pontifex Maximus gestritten, was nicht selten vorkam, denn der Papst bemerkte häufig: »Ich scheine ein ständiger Dorn im Auge meines Chefsekretärs zu sein.«

Tatsächlich war Pater Di Sio äußerst besorgt, was der Grund dafür war, dass nur sehr wenige Mitglieder des Gefolges Seiner Heiligkeit von der Planänderung wussten. Für einen Tag – genau genommen für etwas weniger als fünfzehn Stunden – würde der Papst seine Sommerresidenz am See in Castel Gandolfo verlassen und nach Rom zurückreisen, das im August einem Schmelzofen glich.

Der Grund für Paolo Di Sios Verärgerung war eine Mischung aus seiner Hingabe für den Papst und seinem Gefühl, dass diese Reise völlig unnötig war. Immerhin hätte der General für seine Audienz auch leicht nach Castel Gandolfo reisen können. Stattdessen würde Seine Heiligkeit unnötigem Stress ausgesetzt sein, und das für einen Militärangehörigen, dessen

Ego zweifellos gewaltig gestreichelt sein würde, dass der Papst ihn mit einer Privataudienz in den Hundstagen des Sommers ehrte.

Seine Heiligkeit sah die Sache anders. Generale Claudio Carrousso war nicht nur irgendein Militärangehöriger, denn im letzten Jahr war der General womöglich zum berühmtesten Soldaten der Welt aufgestiegen – abgesehen von General Norman Schwarzkopf.

Carrousso hatte mit großer Tapferkeit im Golfkrieg gedient, wo er eine italienische Staffel von Tornados bei gefährlichen Tiefflugangriffen gegen irakische Ziele geführt hatte.

Nach seiner Rückkehr aus dem Golfkrieg hatte der General um ein Sabbatjahr gebeten, in dem er das Buch schrieb, das ihn schließlich bekannt machen sollte: *Die Anwendung von Luftmacht für den Frieden.*

Obwohl ein solcher Titel normalerweise nicht in den Bestsellerlisten auftauchte, war Carroussos Talent als Autor für Militärwissenschaftler und Laien gleichermaßen offensichtlich. Sein Stil war eine subtile Mischung aus Tom Clancy und John le Carré, und Buchrezensenten wiesen schnell darauf hin, dass er das Unmögliche geschafft hatte, indem er eine Brücke zwischen staubtrockener Strategie und dem schnellen, packenden Tempo eines Technothrillers schlug. Sechs Monate nach dem Erscheinen des italienischen Originals war *Die Anwendung von Luftmacht für den Frieden* in elf Sprachen übersetzt und veröffentlicht worden und stand in ebenso vielen Ländern an der Spitze der Sachbuchlisten.

Seine Heiligkeit sah den General als einen Agenten des Weltfriedens und war der Meinung, dass der Soldat als solcher offen von der Kirche als außergewöhnliche Kraft für das Gute in dieser bösen Welt anerkannt werden sollte.

So kam es, dass der Papst trotz der Proteste seiner Berater an einem heißen Augustmorgen die Reise nach Rom antrat und sich eine ganze Stunde lang mit Generale Claudio Carrousso in den päpstlichen Privatgemächern im Vatikan traf.

Es war kurz nach halb drei am Nachmittag, als der General aus einer privaten Tür im Herzen der Vatikanstadt trat und zu seinem Adjutanten und einem Sicherheitsbeamten des Vatikans ging.

Die Entourage des Generals war absichtlich durch ein Seitentor in das verwinkelte Straßenlabyrinth hinter dem Petersdom eingelassen worden, das nur speziell zugelassene Fahrzeuge befahren durften. Obwohl das übliche Tosen des römischen Verkehrslärms deutlich zu hören war, während sie auf den Wagen des Generals warteten, hätten sie sich auch durchaus in einer anderen Stadt und in einer anderen Geschichtsepoche befinden können. Innerhalb der Mauern des Vatikans, so sagte Carrousso, schien die Zeit stillzustehen. Während sie also in dieser seltsamen Zeitblase warteten, sprach der General mit ehrfürchtiger Stimme von der Heiligkeit des Papstes und seinem überraschenden Wissen über militärische Angelegenheiten.

Die kleine Gruppe nahm das knatternde Geräusch des Motorrollers nur vage wahr, obwohl der General aufblickte und leicht amüsiert eine Nonne in voller Ordenstracht bemerkte, die sich mit geradem Rücken auf einem knatternden Roller näherte, gefolgt von seinem eigenen Dienstwagen, der respektvoll Abstand hielt.

Der General hob seine Aktentasche auf und blickte an der Nonne vorbei zu seinem Auto mit den roten und blauen Wimpeln, die in der Sonne flatterten. Für ihn war es ein großartiges und einprägsames Erlebnis gewesen.

Nur der Sicherheitsbeamte des Vatikans erstarrte plötzlich besorgt und musterte die Nonne. Nur sehr wenige weibliche Glaubensgemeinschaften trugen noch die schwarze Tracht ihres Ordens in voller Länge und der Mann stutzte über den Anachronismus dieser Gestalt in ihrer aus der Zeit gefallenen Kleidung.

Als sein Gehirn diese Information verarbeitete, sah er mit plötzlichem Schrecken, dass die Nonne auf dem Motoroller eindeutig nicht war, was sie zu sein vorgab. Diese Art von Ordenskleid sah man nur noch in historischen Filmen oder an Schauspielerinnen, die mittelalterliche Nonnen auf der Bühne spielten.

Keiner von ihnen sah das Gesicht der Nonne, obwohl der Sicherheitsbeamte eine Warnung rief, als der Roller gerade auf der Höhe der drei Männer war. Die Nonne drehte sich auf dem schmalen Sitz und die Mündung einer Maschinenpistole lugte kaum sichtbar aus den Falten ihrer Ordenstracht hervor.

Später würden die forensischen Experten die Waffe als eine standardmäßige 9-mm-Uzi-Maschinenpistole identifizieren, aber zu diesem Zeitpunkt kümmerte das den General schon nicht mehr. Die Nonne feuerte drei kurze, akkurate Salven ab, was bewies, dass es sich bei ihr um eine Scharfschützin von großem Können handelte. Die Uzi war mit einer Art Schalldämpfungssystem ausgerüstet, sodass die leisen Schüsse fast komplett vom Knattern des Motorrollers übertönt wurden.

Als sie verschwunden war, lag der General tot auf dem blutgetränkten Pflaster und seine beiden Begleiter krümmten sich vor Schmerzen durch die gut platzierten Fleischwunden.

Es bestand kein Zweifel daran, dass der General das Hauptziel gewesen war, denn es war kein Versehen, dass sein Adjutant und der Sicherheitsbeamte des Vatikans lediglich außer Gefecht gesetzt, aber nicht tödlich verwundet worden waren. Alles in allem war die Ermordung von Generale Claudio Carrousso minutiös geplant und meisterhaft ausgeführt worden.

Für die Zeitungen war das natürlich ein gefundenes Fressen. MORD IM VATIKAN und GENERAL ERMORDET stand groß auf den Titelseiten, während Terrorismusexperten mindestens drei mögliche pro-irakische Terrorgruppen als die naheliegenden Täter benannten.

Das zweite Attentat ereignete sich am folgenden Tag in London.

Der Parlamentsabgeordnete Archie Shaw war einer der beliebtesten Politiker des Landes, was ein Grund dafür sein mochte, dass er nie einen wirklich einflussreichen Posten in der Regierung erlangt hatte. Zwar gehörte er dem Kabinett des jetzigen Premierministers an, aber nur als Kulturminister, ein Posten, der ihn weit von allen Entscheidungen über Leben und Tod in der Innen- und Außenpolitik seines Landes oder seiner Partei fernhielt.

Nichtsdestotrotz war Archie Shaw ein wahrer Kunstfreund und kämpfte verbissen für höhere staatliche Subventionen in Angelegenheiten, die in seinen Zuständigkeitsbereich fielen – eine Tatsache, die ihn zum Liebling aller Schauspieler,

Regisseure, Musiker, Maler und aller anderen machte, die sich mit dem befassten, was sie als das wichtigste Exportgut des Vereinigten Königreichs betrachteten: Theater, Musik, Ballett, Oper und dergleichen.

An jenem Montag im August aß Archie Shaw im Le Chat Noir zu Mittag, seinem Lieblingsrestaurant in Chelsea. In seiner Begleitung waren seine Frau, die umwerfende Angela Shaw, und zwei international bekannte Theaterregisseure. Später erfuhr die Öffentlichkeit, dass es bei dem Gespräch um den Versuch gegangen war, riesige Geldsummen in die inzwischen nicht mehr existierende Filmindustrie des Landes zu stecken. Es sei ein Skandal, hatte Archie gegen Ende des Essens gesagt, dass Großbritannien, früher ein Land für Filmschaffende erster Güte, der Einrichtungen beraubt worden sei, die einst Regisseure und Schauspieler aus der ganzen Welt angezogen hätten.

Das Mittagessen endete um genau drei Uhr. Draußen auf dem Bürgersteig vor dem Restaurant verabschiedete man sich und »Die Archie-und-Angela-Show« – wie das Paar in der Presse genannt wurde – ging langsam zu seinem Auto, das etwa fünf Minuten entfernt in einer Seitenstraße geparkt war. Sie schlenderten Hand in Hand wie junge Verliebte. Er groß und breitschultrig, mit einem dieser Profile, die an die Patrizier auf den Münzen des großen alten Römischen Reichs erinnern, sie zierlich, stupsnasig und mit feuerrot glänzendem Haar, das ihr bis auf die Schultern fiel.

Sie erreichten das Auto und Archie schloss auf. Er ging schnell um das Fahrzeug herum und öffnete die Beifahrertür, um seine Frau einsteigen zu lassen, bevor er zurückging und sich auf den Fahrersitz setzte. Sie hatten vor, zu ihrem kleinen

Landhaus etwa sechzehn Kilometer südlich von Oxford zu fahren.

Archie drehte den Zündschlüssel um und starb, zusammen mit seiner Frau und drei unschuldigen Passanten. Die Explosion, die das Auto zerriss und Metallsplitter in alle Richtungen schleuderte, war noch über acht Kilometer entfernt zu hören. Einer der Toten war ein vorbeifahrender Taxifahrer, dessen Fahrgast nicht einmal einen Kratzer davontrug. »Ich habe diesen großen blutroten Feuerball gesehen«, sagte der Mann, der Glück im Unglück gehabt hatte, in die Fernsehkameras. »Ich kann mich nicht mal daran erinnern, die Explosion gehört zu haben, aber das Feuer hat sich wohl in mein Gedächtnis eingebrannt. Ich werde es nie vergessen. Ich schwöre, dass ich gesehen habe, wie ein Arm aus der Mitte des Feuers geflogen ist.«

Später zeigten die Spuren, dass die Bombe fast achtundvierzig Stunden zuvor angebracht und von einem raffinierten Gerät gezündet worden war, dessen Quecksilberzünder erst aktiviert worden war, um die zehn Kilo Plastiksprengstoff detonieren zu lassen, die in einem Paket direkt hinter dem Armaturenbrett steckten, nachdem das Auto achtmal angelassen und gefahren worden war.

Niemand war überrascht, als der Leiter des Bombenentschärfungskommandos, ein Commander der Metropolitan Police, am Abend in einer Pressekonferenz verlautbarte, dass der Sprengsatz die Handschrift der Irish Republican Army trug. Es wurde viel über Barbarei und einen vollkommenen Mangel an Respekt vor der Unantastbarkeit des menschlichen Lebens geredet.

Am nächsten Morgen bestritt die IRA vehement, die Bombe platziert zu haben, und an ebendiesem Dienstagnachmittag fand ein drittes Attentat statt. Diesmal in Paris.

Pawel Gruskotschew war ebenfalls ein bekannter Name. Er war ein Überlebender des Kalten Krieges und ungefähr zur gleichen Zeit wie ein anderer großer russischer Schriftsteller, Alexander Solschenizyn, bekannt geworden.

Schon 1964 war Gruskotschew ins politische Asyl in den Westen geflohen, nachdem sein bahnbrechendes Werk *Ein kleiner Tod* in der Sowjetunion verboten worden war. In der Tat schaffte er es nur mit Mühe und Not, aus Russland zu fliehen, die Hunde des KGB auf den Fersen.

Der Roman wurde 1965 in London und Paris und Anfang 1966 in den Vereinigten Staaten veröffentlicht. Er war ein riesiger literarischer Erfolg, ein Triumph, der sich drei Jahre später mit *Die Schalen der Zwiebel* wiederholen sollte. Beide Bücher rissen die marode Fassade des Kommunismus nieder und nutzten dabei alle Mittel, die dem Romancier zur Verfügung standen – Satire, Romantik, die Schatten der wahren Geschichte, Angst und wunderbar lebendige Erzählungen, die den Geist belebten.

Jetzt, an diesem Dienstagnachmittag im August, dem Monat, in dem die Pariser ihre Stadt traditionell den Touristen überließen, kündigte Pawel Gruskotschew eine Pressekonferenz an. Jede Zeitung und jedes Magazin der Welt hatte jemanden vor Ort, denn der Russe war bekannt für sein Desinteresse an der Presse und sein fast einsiedlerisches Leben.

Neben Presseleuten und Fernsehreportern eilten auch viele Anhänger des Autors herbei, die von der Pressekonferenz gehört hatten. Als der große Mann im Büro seines französischen Verlags an das mit Mikrofonen bestückte Podium trat, blinzelte er, überrascht von der Menge, die den Raum ausfüllte.

Seine Erklärung war kurz, prägnant, leicht emotional und hätte ohne Weiteres auch als schriftliches Dokument herausgegeben werden können.

»Ich habe Sie hierhergebeten, weil diejenigen, die mich beraten, es für notwendig halten, dass ich Ihnen sage, was ich zu sagen habe, und zwar hier in der Öffentlichkeit und nicht bloß als eine körperlose Stimme auf Papier«, begann er mit immer noch starkem Akzent in seinem stockenden Englisch.

»Ich glaube, das ist ein bisschen so, als wollte man den Brunnen erst zudecken, nachdem das Kind ertrunken ist, denn so viele meiner russischen Freunde sind bereits an den Ort ihrer Geburt zurückgekehrt. Ich habe gezögert, und das zu Recht, denn bis vor Kurzem galt ich offiziell noch als Unperson. Diese seltsame Bezeichnung, mit der das alte Regime Menschen bedacht hat, die die Wahrheit sagten. Nun, ich bin keine Unperson mehr.« Er hielt ein kleines Stück Papier und einen Reisepass hoch.

»Heute Morgen wurde ich darüber informiert, dass ich wieder russischer Staatsbürger bin. Mit großem Stolz und Freude kehre ich morgen an den Ort meiner Geburt zurück, zu meinen Wurzeln, die auch im langen Exil intakt geblieben sind.«

Er sprach noch ein wenig weiter und dankte Leuten in Frankreich, Großbritannien und den Vereinigten Staaten für ihre Freundschaft, ihre Hilfe und ihr Verständnis während der

Jahre, die er weit weg von seinem Heimatland verbracht hatte, dann war die Konferenz so schnell vorbei, wie sie begonnen hatte.

Leute drängten sich um ihn, Reporter löcherten ihn mit Fragen, Männer und Frauen drückten ihm Blumen in die Hand und eine sehr große, dunkle Frau, die einen breiten, eleganten Hut trug, der ihr Gesicht fast verdeckte, reichte ihm ein eingewickeltes Paket.

Später schworen diejenigen, die in der Nähe von Pawel Gruskotschew gestanden hatten, dass die Frau ihn auf Russisch angesprochen hätte, woraufhin er sie angelächelt und das Paket an sich gedrückt hätte, als wäre es etwas sehr Kostbares. Es gab sogar ein Foto von diesem Moment, das ihn zeigte, wie er fast ehrfürchtig zu seiner Wohltäterin blickte.

Zehn Minuten später, als er allein auf dem Rücksitz eines Taxis saß, explodierte das Paket und löschte den großen Schriftsteller aus, als hätte es ihn nie gegeben. Sein Fahrer wurde schwer verletzt und der Verkehr rund um die Champs Elysées kam für mehrere Stunden zum Erliegen.

Am Mittwoch folgte das vierte Attentat, obwohl zu diesem Zeitpunkt noch niemand einen Zusammenhang zwischen diesen Todesfällen herstellte.

Zwölf Uhr mittags, Eastern Standard Time, Washington DC, Vereinigte Staaten von Amerika.

Mark Fish war den meisten Menschen unbekannt. Nur Insider und politische Korrespondenten kannten ihn so gut, wie sie einen Mann in seiner Position nur kennen konnten. Als Assistent des Direktors der Central Intelligence Agency hielt er sich meist im Hintergrund, denn die CIA war wie ein

Eisberg: Jeder wusste, dass es sie gab, aber Außenstehende sahen nur die Spitze, der Rest war verborgen. Mark Fish blieb normalerweise verborgen.

An diesem Mittwoch war der Direktor außer Landes und so war es Fish, der die Fahrt von Langley, Virginia, zur Pennsylvania Avenue und zum Weißen Haus auf sich nahm, um dem Präsidenten den wöchentlichen persönlichen Bericht zu liefern. Das hatte er schon mehrere Male getan, es war also nichts Ungewöhnliches.

Die Besprechung dauerte etwas länger als sonst und kurz vor Mittag kehrte er zu seinem Auto zurück. Der Fahrer nahm das Seitentor und bog dann auf die Pennsylvania Avenue.

Er musste etwa zwei Minuten auf eine Lücke im Verkehr warten, sodass sich der Wagen recht langsam in die rechte Spur einordnete. An diesem Punkt änderte Mark Fish seine Position und lehnte sich zum Fenster auf der Beifahrerseite, als bräuchte er mehr Licht, um das Dokument in seinen Händen studieren zu können.

Niemand sah oder hörte den Schuss. Das Fenster zersplitterte und Fish wurde gegen die Rückenlehne seines Sitzes geschleudert, wobei der obere Teil seines Kopfs explodierte und die blutigen Stücke gegen das Leder und das Glas geschleudert wurden. Er war von einer Equalloy-Kugel getroffen worden. Die im Vereinigten Königreich hergestellte Equalloy-Munition war inzwischen so gut wie überholt, aber immer noch erhältlich. Die Equalloy war eine AET-(Accelerated Energy Transfer)-Munition der vierten Generation, die so konzipiert war, dass sie beim Einschlag im Ziel zersplitterte. Außerdem erfüllte sie alle Anforderungen in puncto

Durchschusshemmung der heutigen Spezialeinheiten, was das Risiko minimierte, Unbeteiligte zu töten. Bei den ersten Tests durchschlug die Equalloy nur sechs Zentimeter ballistische Seife – der Ersatz für menschliches Gewebe, den Munitionsentwickler bei Tests verwenden.

Später berechnete die Washingtoner Polizei mithilfe des FBI und des Secret Service die Flugbahn der Kugel und konnte so abschätzen, woher sie gekommen war.

Unter den vielen Umstehenden am Tatort hatte sich auch ein Tourist befunden, der zu diesem Zeitpunkt Fotos gemacht hatte. Ein Bild seiner 35-mm-Kamera lieferte einen kleinen Hinweis, denn es zeigte einen älteren Mann, der fast genau an der Stelle stand, von der aus die Kugel abgefeuert worden war.

Es schien sich um einen Mann um die achtzig zu handeln, der Jeans, ein kariertes Hemd von L. L. Bean und eine blaue Schirmmütze trug, auf der der legendäre Ausspruch »Toto, ich glaube, wir sind nicht mehr in Kansas« stand. Der »alte Kerl«, wie ihn die Ermittler nannten, trug einen dicken Gehstock mit einem Messinggriff in Form eines Entenkopfs. In dem Moment, als das Foto gemacht wurde, hatte er den Stock erhoben und direkt auf das Auto von Mark Fish gerichtet. Nachdem dieses Foto vergrößert und höher aufgelöst worden war, gab es kaum noch Zweifel daran, dass es sich bei dem »alten Kerl« um den Attentäter handelte und sein Gehstock in Wirklichkeit eine tödliche Waffe war.

Nur ein paar internationale Zeitungen griffen die Tatsache auf, dass drei berühmte Persönlichkeiten und ein hochrangiger Geheimdienstmitarbeiter in ebenso vielen Tagen und in ebenso vielen Ländern ermordet worden waren, aber keine der beteiligten Strafverfolgungsbehörden stellte offiziell eine Verbindung her. Doch die Wahrheit war, dass in weniger als einer Woche vier prominente Opfer durch verschiedene ruchlose, brutale Gewalttaten gestorben waren. Obwohl niemand einen Zusammenhang zwischen den Todesfällen herstellte, war eines sicher: Jeder von ihnen war ein Ziel gewesen, jeder von ihnen war verfolgt, beobachtet und mit einer gewissen Sorgfalt und Vorbereitung getötet worden, und obwohl die Terrorismusexperten mögliche Gruppen als Täter dieser Morde benannt hatten, hatte keine Organisation die Verantwortung für diese Taten übernommen – eine Merkwürdigkeit, die die einzige Konstante in den vier Todesfällen war, denn terroristische Gruppen zögerten selten, wenn es darum ging, nach einer sorgfältig geplanten Operation ihren Erfolg zu verkünden.

Am Freitag der gleichen Woche gab es einen weiteren Mord. Diesmal geschah er in der Schweiz und das Opfer konnte man beim besten Willen nicht als berühmt bezeichnen. Die Frau war sogar das genaue Gegenteil und es war dieser fünfte Todesfall, der James Bond auf den Plan rief.

2

Blick hinab auf die Jungfrau

Sie verließ ihr Hotel in Interlaken um etwa halb elf morgens. Das Berner Oberland hatte immer eine beruhigende Wirkung auf sie gehabt und Laura March hatte Ruhe und Frieden nötiger als je zuvor.

Als Kind hatten ihre Eltern sie häufig in diesen Teil der Schweiz mitgenommen und sie erinnerte sich, wie ihr Vater ihr vor Jahren gesagt hatte, wie therapeutisch es war, einfach dazusitzen und die Berge zu betrachten. Sie musste dringend nachdenken, den Schmerz verarbeiten und ihr Leben neu sortieren.

Am vorherigen Tag hatte es immer mal wieder ein wenig geregnet, aber an diesem Morgen war der Himmel wolkenlos und in ein tiefes, perfektes Blau getaucht, wie man es nur in großen Höhen sah. Die Berge mit ihren ewigen Schneekappen zeichneten sich scharf und deutlich vor dem Himmel ab und in der Ferne konnte sie gerade so den großen Felsen sehen, der wie die Brust einer jungen Frau geformt war – was der Grund war, warum dieser spezielle Berg Jungfrau genannt wurde.

An der Station Interlaken West stieg Laura in den Zug nach Grindelwald. Es erstaunte sie immer, dass sich seit ihrer Kindheit so wenig verändert hatte. Selbst ihre Reisegenossen kamen ihr bekannt vor: eine Gruppe schnatternder junger Leute auf einem Tagesausflug, die von einer ernsten, molligen Frau geführt wurde, die herrisch und arrogant wirkte, ein ernst wirkender junger Mann, der feste Wanderstiefel trug und seinen Rucksack auf die Gepäckablage gelegt hatte, um sein Gesicht in irgendeinem Reiseführer zu vergraben, offensichtlich in der Absicht, einen oder zwei Tage ernsthaft wandern zu gehen, dann ein Paar mittleren Alters, gesund und rotbäckig, das Jeans und Pullover trug, und ein Dutzend weiterer Leute, die sie alle an die längst vergangenen Tage erinnerten, in denen sie voller Staunen aus den Fenstern des ratternden Zuges geblickt hatte, die Hand ihres Vaters fest umklammert.

Alles war vertraut, von den langen, schrägen Dächern der Berghütten bis zu den bunten Blumenkästen an den Fenstern und dem Geruch. Alle Länder, dachte sie, hatten einen bestimmten Geruch, der sich im Gedächtnis der Besucher einprägte und den sie bei einer Rückkehr sofort wiedererkannten. Ihr Vater hatte oft gesagt, er erinnere sich eher an den Geruch der Schweiz als an die Aussicht, und sie wusste, was er meinte. Ihre Mutter hatte immer gesagt, es sei der Geruch von Geld, aber das war ein Scherz innerhalb ihrer Familie. Der Geruch der Schweiz war eine Art von Sauberkeit, die man heutzutage nur noch an wenigen Orten fand.

Als sie in Grindelwald ankam, spazierte sie langsam durch das Dorf, wich anderen Touristen aus, schlenderte die überfüllten Bürgersteige entlang und hielt inne, um sich die Schaufenster anzusehen: Ansichtskarten, Samen von Bergblumen, Aufnäher für Jeans, kleine Metallanhänger für Wanderstöcke und Berge von Lebensmitteln. Geführt wurden die Geschäfte von ernst dreinblickenden Männern und Frauen. Für die Schweizer waren alle Arten von Geschäft eine ernste Angelegenheit und Grindelwald war zu Recht ein wohlhabender Ort, da es am Rand des Grindelwaldgletschers lag. Seit Jahrzehnten war der Ort Sommer wie Winter ein Tummelplatz für Bergsteiger, Touristen und Skilangläufer.

Es war nach halb zwölf, als sie den Sessellift erreichte, die paar Francs bezahlte und sich in den Sessel schwang, in dem sie fast geräuschlos den langen Hang nach oben schwebte, über das helle, saftig grüne Gras der Bergausläufer und das Rauschen eines plätschernden Baches unter ihr.

Sie stieg an dem Aussichtspunkt aus, der First genannt wurde und der nur eine große Blockhütte beherbergte, in der köstliches Essen serviert wurde – zu dieser Tageszeit war die Hütte voll, aber trotzdem der perfekte Ort, um ein Omelett, Bratkartoffeln und knuspriges Brot zu essen und es mit einem Glas Apfelsaft hinunterzuspülen.

Nachdem sie gegessen hatte, ging Laura ein Stück den Hang hinauf und setzte sich ins weiche Gras. Sie blickte auf das Mittaghorn und seinen Felskamm, die dunklen, grüblerischen Hänge des Schwarzmönchs, die Spielzeughäuser von Grindelwald weit unten, die Farbkontraste der Grün- und Gelbtöne, das saftige Schwarzgrün der Tannen und die wunderbare Silhouette der Jungfrau, die ganz rechts von ihr gerade noch zu sehen war, die Furcht einflößende Gletscherschlucht, der Gletscher selbst und in der Ferne, die Krönung des Ganzen – der Gipfel des Eigers.

Die Berge, dachte sie, sahen aus wie maßstabsgetreue Modelle aus geschickt gefaltetem grauen Papier, deren Gipfel mit weißem Puder bestäubt waren. David hatte es hier geliebt, aber das war aus und vorbei. Jetzt war es an der Zeit, ihre geschundene Seele zu heilen. Kein David mehr, denn das war vorbei und sie musste sich von dem kleinen Tod erholen, den sie erst vor Kurzem erlitten hatte.

Während sie sich an dem Anblick sattsah, war es so, als würde ihr Geist durch irgendeinen Trick der Zeit und des Lichts von den Felsen, Gipfeln und Schluchten umarmt. Ihr Vater hatte recht gehabt, die Pracht und Schönheit der Aussicht halfen ihr, ihre kleinen Sorgen und ihren menschlichen Schmerz zu relativieren. Es war, als könnte dieser Ort ihr unbedeutendes Leiden in seine Schranken weisen. Der Ehrfurcht gebietende Anblick der weitläufigen Bergketten leistete ganze Arbeit.

Als sie den unerwarteten Stich in ihrem Nacken spürte, dachte sie fast schon träge, dass sie von einer Biene gestochen worden sei. Sie versuchte, das Insekt mit der Hand zu verscheuchen, und war verblüfft, als sie ihren Arm nicht über Schulterhöhe heben konnte.

Sie verfiel nicht in Panik. Es war, als würde sie ihre eigenartige Lage von weit weg betrachten. Das Taubheitsgefühl schien sich von der Stelle, an der sie in den Nacken gestochen worden war, auszubreiten. Zuerst wurden ihre Arme taub, dann hatte sie das nicht unangenehme Gefühl, dass ihr ganzer Körper durchdrungen wurde, bis sie sich überhaupt nicht mehr bewegen konnte.

Das ist ein Traum, ich wache gleich auf, dachte sie und versuchte vergeblich zu lächeln, denn da war ihr toter Vater, der winkend den blumengesäumten Hang zu ihr hinauflief. Dann verschlang die Dunkelheit alles.

Die Leute, die das kleine Restaurant betrieben, fanden ihre Leiche kurz vor der Dämmerung.

Am nächsten Morgen trank James Bond gerade seine letzte Tasse Frühstückskaffee und überlegte, sich ein faules Wochenende zu gönnen – einschließlich eines Essens an diesem Abend mit einer jungen Dame namens Charlotte Helpful –, als das Telefon klingelte und alle Pläne für die nächsten Wochen zunichtemachte, ganz zu schweigen von Spiel und Spaß mit der so reizend benannten Ms Helpful.

»Bevor wir anfangen, Captain Bond, möchte ich Sie bitten, einen Blick auf dieses Foto zu werfen.« M schob einen matten Schwarz-Weiß-Druck im Format acht mal zehn über seinen Schreibtisch. Seine Stimmung war von dem Moment an, als Bond den Raum betreten hatte, finster gewesen.

Es war Moneypenny, die Sekretärin des Chefs, die Bond in Ms Bürosuite im neunten Stock des anonymen Gebäudes mit Blick auf den Regent's Park gerufen hatte.

»Du solltest direkt reingehen, beachte *das da* gar nicht.« Sie nickte in Richtung der Tür, über der das vertraute rote »Betreten verboten«-Licht leuchtete. Als Bond einen Schritt nach vorne tat, senkte Moneypenny ihre Stimme. »Er hat ein paar von unseren Schwestern da drin.« Sie schenkte ihm ein flüchtiges Lächeln, bevor sie den Blick abwandte, wobei ihre Wangen eine heftige Röte überkam. Ihre Schwärmerei für James Bond war für niemanden in diesem Gebäude ein Geheimnis.

Bei den »Schwestern« handelte es sich um einen Mann und eine Frau vom Sicherheitsdienst MI5, die Bond als Mr Grant und Ms Chantry vorgestellt wurden – ein korpulenter Mann in der dunklen Whitehall-Uniform und eine etwas altmodisch gekleidete junge Frau, die steif auf der Kante ihres Stuhls saß. Beide Offiziere wirkten unbehaglich, denn Mitglieder von Geheimdiensten fühlten sich selten wohl, wenn die Umstände sie dazu zwangen, den Secret Intelligence Service um einen Gefallen zu bitten. Und Bond hatte kaum Zweifel daran, dass sie hier waren, um M um einen Gefallen zu bitten.

Er warf einen Blick auf das Foto einer jungen Frau, vielleicht Anfang dreißig, mit hellblondem Haar und einem schalkhaften, freundlichen Gesicht.

»Sollte ich die Dame kennen, Sir?« Bond hob fragend die Augenbrauen.

»Das können nur Sie beantworten, Captain Bond.« M behielt seinen ernsten Ausdruck bei. »Ich bin mir bewusst, dass es gelegentlich zu einem fruchtbaren Austausch zwischen unserem Service und unseren Schwestern kommt.«

»Sie gehört zu Ihnen?«, wandte Bond sich an Ms Chantry.

»Sie *gehörte* zu uns.« Sie wirkte ungeduldig, aber irgendwie voller Misstrauen.

Er glaubte, einen winzigen Anflug von Schmerz in ihrer Stimme zu hören und ihn auch über ihr Gesicht huschen zu sehen. Da in der einen Minute, in der nächsten wieder verschwunden. Er wandte sich wieder an seinen Chef: »Nein, Sir, ich erkenne die junge Dame nicht.«

M nickte, dann sah er zu Grant hinüber. »Sagen Sie ihm, was Sie mir gerade gesagt haben.« Sein Ton war nicht unfreundlich, aber niemand konnte daran zweifeln, dass der alte Mann in einer harten, rein geschäftlichen Stimmung war.

Grant, Mitte vierzig, hatte ein hochnäsiges Gesicht und neigte zu Nervosität. Seine Hände strichen ständig seine Krawatte glatt oder bürsteten imaginäre Fusseln von seiner Hose. Bond hielt ihn für einen Schreibtischhengst – Personalabteilung oder Buchhaltung.

Nachdem er sich ein paarmal geräuspert und an seinen Manschettenknöpfen herumgefummelt hatte, setzte Grant zaghaft an: »Ihr Name ist Laura March. Fünfunddreißig Jahre alt, seit zehn Jahren im Dienst. Sie hat fünf Jahre bei der Watcher Division gearbeitet, dann ist sie zum Antiterrordienst abgewandert. Hauptsächlich Analyse von Primärinformationen. Sehr erfolgreiche Bilanz. Sie hat ihr Handwerk verstanden.« Eine Sekunde lang hielt er inne, als würde er sich auf unsicherem Terrain bewegen.

»Und?« Bond schenkte ihm ein ermutigendes Lächeln. »Ist sie mit den Familienjuwelen verschwunden?«

»Sie ist tot«, kam die Antwort tonlos und unruhig.

»Ermordet, wie es den Anschein hat«, ergänzte M.

»In der Schweiz«, fügte Ms Chantry hinzu. »Sie war im Urlaub.«

»Aha.« Und da lag der Hase im Pfeffer, dachte Bond. Die Zuständigkeit des MI5 beschränkte sich auf das Vereinigte Königreich und die dazugehörigen Territorien und Besitzungen, was häufig zu bösem Blut zwischen den beiden Organisationen führte.

Grant klang jetzt leicht bockig. »Deswegen brauchen wir Ihre Hilfe. Sie war in Interlaken – in der Schweiz ...«

»Ich weiß, wo Interlaken ist.« Diesmal war Bond weder ermutigend noch lächelte er. »Ein kleiner Ort mit vielen Seen und Bergen. Und vielen Banken und Schokolade.«

Grant runzelte die Stirn. »Sie kennen sich aus in Interlaken?«

»Ich weiß, dass es ein touristisches Zentrum für das Berner Oberland ist.« Bond wollte die explosive Stimmung entschärfen, vielleicht sogar diesem recht wichtigtuerischen Mann ein Lächeln entlocken. Also setzte er an zu singen: »›Gazing down on the Jungfrau, from our secret chalet for two.‹ Sie wissen schon, *Kiss me Kate*.«

»›Gazing down‹? Die einzige Möglichkeit, auf die Jungfrau hinabzublicken, ist von einem Hubschrauber oder Flugzeug aus.« Grant wirkte verwirrt.

»Das ist ja der Sinn der Sache«, schnaubte Bond. »Cole Porter hat diesen Song als Satire darauf geschrieben, wie dämlich manche Operetten sind ...«

»Captain Bond«, blaffte M. »Wir brauchen keine Nachhilfe in Sachen musikalischer Komödie. Das hier ist eine ernste Angelegenheit. Lassen Sie sich von Mr Grant die Fakten darlegen.«

Bond, immer noch ein wenig irritiert davon, von einem vielversprechenden Wochenende und möglicherweise zwei verwegenen Nächten mit der attraktiven Ms Helpful abberufen worden zu sein, wusste, wie weit er es mit M treiben konnte, und die Stimme des Chefs hatte jetzt jenen Tonfall erreicht, den er heimlich den »*Meuterei auf der Bounty*«-Ton nannte. Er schloss den Mund und nickte Grant höflich zu.

»Es ist ein wunderschöner Teil der Welt«, fuhr Grant lahm fort, »und es scheint, dass sie ihn besonders ins Herz geschlossen hatte. Sie war schon zwei Tage dort und am gestrigen Morgen hat sie den Sessellift hinauf zum First genommen, einem Aussichtspunkt über Grindelwald. Gestern Nacht wurde sie tot aufgefunden, etwa einen Kilometer von der Sesselliftstation entfernt.«

»Durch natürliche Umstände gestorben oder auf die andere Art?«

»Wie es aussieht, auf die andere Art.«

»Wie genau?« Bond sah zu Ms Chantry, die bleich geworden war. In ihren Augen blitzte wieder der Schmerz auf, der ihm schon zuvor aufgefallen war.

»Wie Sie wissen, neigen die Schweizer Behörden dazu, alles nach Vorschrift zu machen, Captain Bond. Die Polizei wurde gerufen und hat die Angelegenheit als möglichen Mord oder Selbstmord behandelt und die üblichen Untersuchungen vorgenommen, dann wurde die Leiche nach Interlaken überführt. Heute in den frühen Morgenstunden wurde eine Autopsie durchgeführt und die Ergebnisse sind gleichermaßen verwirrend wie unerfreulich.«

»Ich bin Unerfreuliches gewohnt.« Bond hatte jetzt selbst eine ernste Miene aufgesetzt. *Wenn du sie nicht besiegen kannst, schließe dich ihnen an*, dachte er. »Ich habe die letzte Woche damit verbracht, Fotos und Autopsieberichte von vier terroristischen Anschlägen durchzugehen, die möglicherweise einen geheimdienstlichen Bezug haben, also wird mich eine fünfte Obduktion auch nicht umwerfen.«

Grant nickte. »Das einzige ungewöhnliche Mal, das man an der Leiche gefunden hat, war ein übler Bluterguss am Hals, direkt unterhalb des rechten Ohrs. Die Haut war aufgerissen und es wurde ein winziges Stück Gelatine gefunden. Ein Teil einer Kapsel, die durch die Haut eingedrungen war.«

»Wie das?«

»Das wissen wir nicht. Die Schweizer wollen sich nicht festlegen.«

»Was war also die Todesursache?«

Grant runzelte die Stirn. »Sie führen immer noch Tests durch. Es ist noch nichts bestätigt, außer dass das, was sie getötet hat, mit ziemlicher Sicherheit über die Kapsel in sie eingedrungen ist. Soweit ich weiß, haben sie jetzt einen spezialisierten Gerichtsmediziner aus Bern hinzugezogen.«

»Und weil das Ganze in der Schweiz passiert ist, kommen Sie jetzt zu uns?«

»Sowohl das Auswärtige Amt als auch die Schweizer Sicherheitsbehörden haben uns die Erlaubnis verweigert, in ihrem Hoheitsgebiet zu operieren. Sie wissen von Ms Marchs Verbindung zu uns und sind ziemlich paranoid.«

»Der Punkt ist«, schaltete sich M ein, als ärgere er sich über Grant, weil dieser zu lange brauchte, um die ganze Situation zu erklären. »Der Punkt ist, dass sie Scotland Yard oder einen von unseren Leuten akzeptieren werden.«

»Und wir haben kein Interesse daran, Scotland Yard daran arbeiten zu lassen«, fügte Grant hinzu.

»Also bin ich der glückliche Gewinner?« Bonds Laune hob sich ein wenig. Ein bezahltes Wochenende in der Schweiz – selbst in einer so düsteren Angelegenheit – war recht verlockend.

»Sie fliegen heute Nachmittag ab.« M sah ihn nicht einmal an.

»Die Untersuchung findet am Montag statt, sodass Sie genügend Zeit haben, sich über den Fall zu informieren.«

»Haben wir niemanden mehr in der Schweiz, Sir?«

»Sie wissen, wie das ist, Bond. Budgetkürzungen, Umstrukturierungen. Ja, wir haben jemanden in der Botschaft in Genf …«

»Kann dieser jemand dann nicht …?«

»Nein, kann er nicht. Er ist im Urlaub. In den alten Zeiten hätten wir jemanden gehabt, der für ihn übernimmt, aber einen solchen Luxus können wir uns nicht mehr erlauben. Sie übernehmen und fliegen heute Nachmittag nach Bern. Die treffen sie am Flughafen und bringen Sie nach Interlaken.«

»Wer sind ›Die‹? Die Polizei?«

»Nein. Der Schweizer Geheimdienst. Das frühere Department Siebenundzwanzig – das letzten Januar aufgelöst wurde. Die haben sich wie alle anderen auch umstrukturiert und einer von ihren Leuten wird Sie vom Flughafen abholen, Ihnen den Tatort zeigen, Sie auf dem Laufenden halten und Ihnen bei der Ermittlung auf die Finger schauen. Ihr Auftrag ist es, einfach nur die Details zu sammeln und sicherzustellen, dass die Schweizer Polizei ihre Arbeit gründlich macht …«

»Sie machen ihre Arbeit immer gründlich«, murmelte Grant. »Es sind Schweizer, und die Schweizer verleihen dem Wort barsch eine ganz neue Bedeutung.«

»Stellen Sie einfach sicher, dass sie gründlich sind.« M ließ sich nicht aus der Ruhe bringen. »Und sorgen Sie auch dafür, dass der Gerichtsmediziner Ihnen die Leiche übergibt …«

»Und dann soll ich die unglückliche Lady nach Hause bringen?«

»So kann man es zusammenfassen, ja.«

»Und wenn ich irgendwelche Hinweise finde, was die Umstände ihres Todes betrifft?«

»Sie berichten alles, was Sie finden, an mich.« M machte eine kleine, abweisende Geste, die bedeuten sollte, dass dieses Meeting seiner Meinung nach beendet war.

»Sir, darf ich unseren Freunden hier ein paar Fragen stellen?« Wenn er schon als Detektiv eingesetzt werden würde, musste er sich auch wie einer verhalten.

»Wenn es sein muss.«

Bond nickte und drehte sich zu Grant und Chantry. »Ms March hat für die Terrorismusaufklärung gearbeitet. War sie an einer bestimmten Operation beteiligt? Hatte sie mit einer bestimmten Gruppe zu tun?«

Grant rutschte auf seinem Sitz hin und her und ließ sich für Bonds Geschmack ein wenig zu viel Zeit mit seiner Antwort. »Sie hat die gesamte Bandbreite bearbeitet«, sagte er schließlich. »Und sie kannte sich hervorragend aus. Sie kannte alle bekannten Gruppen, von der IRA bis zu denen des Nahen Ostens …«

»Sie hatte ein unglaubliches Gedächtnis.« Ms Chantry hatte eine leicht heisere Stimme, die sehr attraktiv und, wie Bond fand, sehr sexy war. Er sah sich die junge Frau genauer an, während sie sprach. »Laura wusste immer, wer von den bekannten Terroristen sich momentan im Vereinigten Königreich aufhielt.«

»Sie wusste von denjenigen, die bei der Einreise gesichtet worden waren«, unterbrach Grant sie schnell. »Ja, sie hat die

Informationen aus den täglichen Berichten behalten – die Sichtungen durch unsere Leute an den Flughäfen und anderen Einreisepunkten.«

Bond schnaubte, er war immer noch dabei, Ms Chantry zu begutachten. Auf den ersten Blick hatte sie wie eine Lehrerin gewirkt: dunkles Haar, das von der hohen Stirn straff nach hinten gekämmt und im Nacken zu einem Dutt gebunden war, eine Oma-Brille und ein strenger, einfacher Hosenanzug, der nichts für ihre Figur tat. Jetzt, wo Bond genauer hinsah, erkannte er deutlich, dass Ms Chantry ihr Licht unter einer Maske aus wenig Make-up und viel Strenge zu verstecken schien. Ihre großen braunen Augen blickten unverwandt in die seinen und die Kurven ihrer Oberschenkel und Brüste unter dem abschreckenden Anzug vermittelten den Eindruck eines außergewöhnlichen Körpers. Unter ihrem strengen Äußeren war Ms Chantry wahrscheinlich eine Vollblutfrau.

»War Ms March wegen einer bestimmten Person besorgt? Irgendein bekannter Terrorist, der sich gerade im Land aufhält?«, fragte er.

Die beiden MI5-Agenten schüttelten den Kopf.

»Ich nehme also an«, fuhr Bond fort, »dass Sie beide recht eng mit ihr zusammengearbeitet haben?«

»Ich bin der Leiter der Abteilung für Terrorismusaufklärung.« Grant klang paradoxerweise überheblich und zugleich unglücklich darüber, seine herausragende Stellung im System des MI5 preisgeben zu müssen. »Sie war mir unterstellt. Ms Chantry ist meine Stellvertreterin und als solche stand sie täglich mit ihr in Kontakt.«

Bonds Instinkt sagte ihm immer noch, dass sie bei diesen knappen Antworten eine ganze Menge ausließen. »Und was ist mit der Kehrseite der Medaille? Wusste Ihrer Kenntnis nach eine der terroristischen Gruppen von ihrer Existenz?«

»Wer kann das schon sagen?« Grant zuckte mit den Schultern. »Wir denken gern, dass wir unsichtbar sind, aber Ihr eigener Geheimdienst hatte in der Vergangenheit Probleme mit Infiltrationen, Captain Bond. Keiner von uns kann hundertprozentig sicher sein, dass wir nicht kompromittiert sind.«

»Falls sie kompromittiert war, gibt es dann Grund zu der Annahme, dass eine bestimmte Terrororganisation ein Motiv hatte, sie auszuschalten?«

»Nein!« Die Antwort kam von Ms Chantry. Ihre Stimme war hoch und brach, als das einzelne Wort ein wenig zu schnell herauskam. »Nein! Nein, ich denke, das können wir ausschließen.«

»Was ist mit ihrem Privatleben?«

»Was soll damit sein?« Jetzt klang Grant fast schon aggressiv, seine Brauen waren streitlustig zusammengezogen.

»Wenn sie eines unnatürlichen Todes gestorben ist, könnte das von großer Wichtigkeit sein.«

»Sie war sehr verschlossen. Sie hat nicht viel über ihr Privatleben gesprochen«, sagte Ms Chantry, wieder etwas zu schnell und vorsichtig.

»Was ist mit ihrer Sicherheitsüberprüfung?«, fragte Bond und bezog sich dabei auf die regelmäßigen Hintergrundüberprüfungen von Agenten, die in den Labyrinthen der Geheim- und Sicherheitsdienste arbeiten. Er sah Grant mit hochgezogener Augenbraue an. »Wir führen doch immer noch Sicherheitsüberprüfungen durch, selbst in diesen herrlichen Friedenszeiten. Sie waren ihr Vorgesetzter, Mr. Grant.«

»Ja. Ja. Aber natürlich. Ja.« Diesmal fummelte Grant an seiner Krawatte herum. »Ich habe regelmäßig die Ergebnisse ihrer Sicherheitsüberprüfung eingesehen.«

»Und?«

Grant sprach wie ein kleiner Mann, der versuchte, sich größer zu machen. »Es wäre nicht angemessen, wenn ich die Ergebnisse der Sicherheitsüberprüfung einer Kollegin in der gegenwärtigen Gesellschaft preisgeben würde.«

»Dann geben Sie uns einfach einen groben Einblick.«

»Ich weiß nicht …«

»Mr Grant, ich würde vorschlagen, dass Sie Ms Chantry entweder erlauben, den Raum zu verlassen, oder endlich mit der Sprache rausrücken«, knurrte M. »Wir sind hier alle erwachsen. Tun Sie, was Captain Bond vorschlägt. Ein grober Einblick, eine Übersicht, ja?«

Grant stieß einen bockigen Seufzer aus. »Nun gut.« Er sprach nicht direkt mit zusammengebissenen Zähnen, aber er war kurz davor. »Sie war fünfunddreißig. Sie ist in den Dienst eingetreten, nachdem sie im Alter von fünfundzwanzig die Prüfung für das diplomatische Korps abgelegt hatte. Ein Einser-Abschluss in modernen Sprachen aus Cambridge. Keine Brüder oder Schwestern. Beide Eltern sind bei dem schrecklichen PanAm-Bombenanschlag ums Leben gekommen – sie verbringt Weihnachten bei Freunden in Neuengland. Keine offensichtlichen politischen Zugehörigkeiten. Im Prinzip sauber.«

»Hatte sie einen Freund?«

»Zurzeit nicht, nein.«

»Eine Freundin?«

»Sie war heterosexuell, Captain Bond, wenn Sie darauf hinauswollen.«

»Wollte ich nicht, aber es ist gut, das zu wissen. Sie sagten, dass sie zurzeit keinen Freund hatte. Was soll das genau bedeuten?«

Grant zögerte den entscheidenden Moment zu lange. »Sie war verlobt. Die Verlobung wurde vor einem Monat oder so gelöst.«

»Was ist mit dem Verlobten? Ist er sauber?«

»Blitzblank.«

»Ein Agent?«

»Nein, weder einer von uns noch einer von Ihnen.«

»Wollen Sie mir von ihm erzählen?«

»Ich denke, das wäre unklug.«

»Gut. Ich danke Ihnen, Mr Grant.« Bond erhob sich. »Ich denke, wir haben genug gehört, und ich vermute, ich habe noch viel zu tun, bevor ich nach Bern aufbreche …«

M bedeutete ihm, sich wieder hinzusetzen, und wandte sich dann an Grant und Chantry: »Sie können Ihrem Generaldirektor sagen, dass die ganze Angelegenheit effizient und diskret gehandhabt werden wird.« Er machte eine Geste mit seiner rechten Hand und ließ diesmal keinen Zweifel daran, dass die Besucher entlassen waren.

Als er seinen Arm bewegte, erschien Moneypenny in der Tür. Sie hatte auf ein verstecktes Signal reagiert, das der alte Mann aktiviert hatte.

»Moneypenny, unsere Freunde werden uns jetzt verlassen. Wenn Sie so freundlich wären, sie von jemandem aus dem Gebäude eskortieren zu lassen.«

Grants Gesicht war eine Maske kaum kontrollierten Zorns. Chantry hingegen schien Ms unverhohlen unhöfliche Anweisungen als Teil des normalen Kreuzes zu akzeptieren, das sie zu tragen hatte.

Kaum hatten sie das Büro verlassen, stieß M ein halb amüsiertes Lachen aus. »Ich bin immer wieder erstaunt über unseren Schwesterdienst, James.« Er wirkte jetzt fast liebenswürdig.

»Ich würde Grant nicht mal damit betrauen, einen Brief für mich zu verschicken.« Bond blickte zur Tür und seine Lippen verzogen sich zu einem grausamen Lächeln. »Was diese Chantry angeht, sie scheint sehr aufgebracht über Marchs Tod zu sein. Grant hat sie an der kurzen Leine gehalten und ich vermute, er wäre lieber allein gekommen. Irgendetwas verschweigen sie uns, Sir.«

»Eine ganze Menge, mein Junge. Eine ganze Menge. Man sollte sich vor Danaergeschenken in Acht nehmen, besonders, wenn der MI5 um Hilfe bittet. Sie können es nicht ertragen, die ganze Geschichte zu erzählen, und irgendetwas ist da mit dieser Ms March, das sie uns nicht erzählen wollen. Passen Sie einfach auf sich auf, James. Es würde mich nicht wundern, wenn Grant in der Schweiz einen Blutegel auf Sie ansetzt. Halten Sie also die Augen offen.« Er fing an, seine Pfeife zu stopfen, und drückte den Tabak fast mit Gewalt hinein. »Bevor Sie gehen, noch ein paar Dinge. Erstens: Es gibt keinen passenden Linienflug nach Bern, also werden Sie mit dem

Firmenjet fliegen, der in Northolt bereitsteht.« Bei dem sogenannten »Firmenjet« handelte es sich um eine weiß lackierte, in die Jahre gekommene Hawker Siddeley 125 Series 700 der RAF mit dem Logo des Transworld Consortiums auf Rumpf und Heck. Vorsichtig, wie er war, benutzte M das Flugzeug nur, wenn es absolut notwendig war. Seit die russische Bedrohung geringer geworden war, hielt er es für viel zu auffällig. »Übrigens werden Sie sich als trauernder Verwandter tarnen. Ms March hatte nur eine alte Tante, die in Birmingham lebt, sodass Sie sich als Cousin zweiten Grades ausgeben werden. Rufen Sie mich an, wenn Sie glauben, dass der MI5 Sie überwachen lässt. Die sind wie ein Flohzirkus, wenn sie paranoid werden. Und jetzt …« Er fing an, seinem Agenten einige spezifische Anweisungen bezüglich der Schweiz zu geben.

Um fünf Uhr Schweizer Zeit am selben Nachmittag setzte der Firmenjet auf der Landebahn auf und kam am Huptterminal des Berner Flughafens zum Stehen. Bond ging schnell in das Hauptgebäude.

Die Einreiseformalitäten verliefen wie immer mürrisch und effizient. Seinen kompakten Kleidersack aus Schweinsleder über die Schulter geworfen, betrat er die Ankunftshalle und suchte die Schilder, die die Limousinenfahrer hochhielten, nach seinem Namen ab.

M hatte ihm den Namen der Kontaktperson genannt. »Freddie von Grüsse. Ich habe den Kerl nie getroffen, aber er ist ein ›von‹, also wahrscheinlich ein unerträglicher Langweiler und obendrein noch ein Snob. Sie wissen ja, wie die Schweizer Oberschicht ist, James.«

Es gab keinen Fahrer, der eine Karte für Bond hochhielt, also ging er weiter in die Ankunftshalle und wollte sich gerade dem Auskunftsschalter nähern, als eine tiefe, angenehme Frauenstimme in sein Ohr flüsterte: »James Bond?«

Er nahm den subtilen Duft von Chanel wahr, drehte sich um und blickte in zwei große, funkelnde grüne Augen.

»Mr Bond, ich bin Freddie von Grüsse.« Ihre Hand lag fest in seiner und ihre Eleganz war von einer Art, die man selten abseits der Seiten der Modemagazine sah. »Eigentlich Fredericka von Grüsse, aber enge Freunde nennen mich Flicka.«

»Darf ich mich zu diesen engen Freunden zählen?« Es war ein lahmer Spruch, aber sie hatte ihm buchstäblich den Atem verschlagen.

Sie lachte und ein fast greifbares silbernes Glitzern schien in der Luft zu liegen. »Oh, ich denke, wir werden wahrscheinlich sehr enge Freunde werden, Mr Bond, oder darf ich Sie James nennen?«

»Nennen Sie mich, wie Sie wollen.« Ein paar Sekunden später wurde ihm klar, dass er das tatsächlich ernst gemeint hatte. Sie hätte ihn auch Schwachkopf nennen können und er hätte sie immer noch fröhlich angelächelt.

Flicka

Sie war groß, etwa ein Meter achtundsiebzig, was bedeutete, dass sie in hohen Schuhen locker über einen Meter achtzig war. Groß und schlank, aber nicht, was schlechte Journalisten gertenschlank nennen würden. Ein Blick genügte, um ihre Athletik in jedem Sinne des Wortes zu bestätigen. Sie hatte das Aussehen von jemandem, der regelmäßig trainierte und sein Erscheinungsbild mit großer Sorgfalt pflegte. Sie strahlte auch diese undefinierbare Elektrizität aus, die bei manchen Frauen sofort spürbar war und besagte, dass sie im Bett ein absoluter Knaller waren, aber zu ihren eigenen Bedingungen. Die Art von Frau, die genau das bekam, was sie wollte, wenn *sie* es wollte.

Sie trug einen weißen, ausgestellten Rock, der knapp über den Knien endete und bei jeder Bewegung um ihre Oberschenkel schwang. Ein breiter, mit Nieten besetzter schwarzer Ledergürtel trennte den Rock von ihrer hellblauen Seidenbluse, ihren Hals zierte ein locker geknoteter Schal. Ihr schwarzes, schulterlanges Haar hatte eine dichte, seidige Textur. Die rechte

Seite – länger geschnitten als der linke – neigte dazu, über ihr Auge zu fallen, und sie schob sie mit ihren langen, feingliedrigen Fingern zurück, wobei sie den Kopf neigte und ihre grünen Augen im Einklang mit ihrem Lachen funkelten. Ihr gesamtes Haar fiel an seinen Platz zurück, als hätte sie es nicht einmal berührt. Die meisten Frauen, dachte Bond, würden Flicka von Grüsse wahrscheinlich nicht mögen.

»Dann kommen Sie mit, James. Wir haben eine schöne Fahrt vor uns. Wollen Sie erst etwas essen oder sollen wir uns unterwegs darum kümmern?« Sie ging ein paar Schritte vor ihm und er sah, wie sich ihre Schenkel und ihr fester Po unter dem Rock bewegten. Halb erinnerte er sich an eine Zeile aus einem Gedicht, das er vor langer Zeit gelesen hatte: »… dann, so denke ich, wie süß sie fließt; die Verflüssigung ihrer Kleider.«

Sie hielt inne und warf einen Blick zurück über ihre rechte Schulter. »James, wo wir hingehen, gibt es eine noch viel bessere Aussicht.«

Bond ging ein wenig schneller und seine Schritte waren so beschwingt wie schon lange nicht mehr. »Das bezweifle ich, aber wohin gehen wir überhaupt?« Er spürte, wie sich ihre Schultern berührten und der leiseste Funken von gegenseitiger Anziehung zwischen ihnen übersprang.

»Nach Interlaken natürlich. Wohin sonst?« Diese Frau war eine Hexe, die ihre unsichtbaren Emotionen geschickt miteinander verwob.

»Dann bin ich ganz bei Ihnen, wir sollten uns in Bewegung setzen. Können wir in Thun essen gehen?«

»Aber natürlich.«

»Oh, eine Sache noch.« Er legte ihr sanft eine Hand auf die Schulter. Durch die Seide spürte er ihre Haut wie Elektrizität an seinen Fingern.

»Ja?« Sie drehte sich um und hielt an.

»Tut mir leid, das tun zu müssen, Flicka, aber ich muss Ihren Ausweis sehen. Man kann heutzutage nicht vorsichtig genug sein.«

Wieder versprühte sie den Silberstaub ihres Lachens um sie herum. »Okay, James. Ich zeige Ihnen, was ich habe, wenn Sie mir zeigen, was Sie haben.«

»Das wäre zu schön.« Er klappte seine Brieftasche auf, um seinen Dienstausweis unter der Schutzfolie zu zeigen, und Flicka griff in eine große Umhängetasche aus Leder, um ihren eigenen herauszuholen. Als sie den Ausweis wieder wegsteckte, erhaschte er einen Blick auf eine automatische Pistole, die in einem in die Tasche eingebauten Holster steckte. Es war ihm verboten worden, eine Waffe ins Land zu bringen, und er fühlte sich plötzlich nackt und verwundbar.

Innerhalb von zehn Minuten hatten sie sich in ihren drei Jahre alten weißen Porsche gesetzt, der mal wieder gewaschen werden müsste, und verließen Bern über die A6. Sie folgten dem Fluss Aare nach Thun, der entzückenden alten Stadt, die Bond immer an die *Frankenstein*-Geschichte erinnerte. Wenn man auf dem kleinen Rathausplatz in Thun stand und am Rathaus vorbeiblickte, konnte man das große Schloss über sich sehen. Der ganze Ausblick erinnerte stark an jeden *Frankenstein*-Film, der je gedreht worden war.

Flicka fuhr schnell, aber mit Können und Erfahrung. Sie hatte ihre Schuhe ausgezogen und ihre Füße in den

Seidenstrümpfen tanzten über die Pedale, während ihr langer, schlanker Arm fast lässig die Gangschaltung bediente. Von dem Moment, als sie den Parkplatz am Flughafen verlassen hatten, hatte sie deutlich gemacht, keine geschäftlichen Unterhaltungen führen zu wollen.

»Wir sollen den Anschein erwecken, ein Paar zu sein«, sagte sie mit einem schnellen Blick zu ihm, wobei ein köstliches Lächeln ihren Mund und ihre Augen umspielte. »So haben es meine Leute bestimmt, und wer bin ich, ihnen zu widersprechen?«

»In der Tat.« Bond hielt sich an seinem Sitz fest, als sie eine lange Kurve für seinen Geschmack ein wenig zu schnell nahm. Aber sie blieb in der Kurve und hielt das Auto davon ab, auszubrechen. »Wir sollen uns also als Verliebte ausgeben, meinen Sie?«

»Korrekt. Wir steigen im selben Hotel wie Ms March ab und meine Papiere zeigen, dass ich gerade mit Ihnen aus London eingeflogen bin. Sie sind mit ihr verwandt, nicht wahr?«

»Ein entfernter Cousin. Kam die Idee von Ihren Leuten?«

»Eine gemeinsame Entscheidung mit Ihrem Chef. Den Rest erzähle ich Ihnen beim Abendessen. Oh, und keine Sorge, ich werde nicht darauf bestehen, alle Details unserer Tarnung einzuhalten.«

»Wozu dann überhaupt eine Tarnung haben?«

»Später. Ich erzähle es Ihnen beim Abendessen.«

Sie schwiegen für einen halben Kilometer. Dann meinte er: »Sie sprechen außergewöhnlich gut Englisch.« Er merkte zu spät, wie platt das klang, und hörte sie wieder lachen.

»Und wir hatten diesen August gutes Wetter, nicht wahr?« Als sie eine gerade Strecke erreichten, gab sie etwas Gas. »Ich sollte auch gut Englisch sprechen, schließlich stammt meine Mutter aus Hastings, wo Ihr König Harald von Wilhelm dem Eroberer gefangen genommen wurde.«

»Ich kenne die Geschichte. Harald hat einen Pfeil ins Auge bekommen.«

»Wissen Sie, was einer der normannischen Bogenschützen gesagt hat? ›Das muss Harald wohl ein Dorn im Auge sein.‹« Wieder das Lachen. »Mein Vater war Schweizer, aber ich habe meinen Abschluss in Cambridge gemacht.«

»In welchem Fach, Geschichte?«

»Moderne Sprachen. Wie kommen Sie darauf …?«

»Geschichte? Ihr außergewöhnliches Wissen über die Schlacht von Hastings.«

»Oh, ich habe außergewöhnliches Wissen über viele Dinge, James.«

»Darauf würde ich wetten. Sie waren nicht zufällig eine Studienkollegin der Verstorbenen in Cambridge?«

»Später, James. Ich erzähle Ihnen alles später.«

In weniger als einer Stunde waren sie in Thun. Sie parkten und gingen hinüber zum Alten Falken, einem Hotel, in dem Bond vor Jahren viele glückliche Tage verbracht hatte. Keine fünfzehn Minuten später saßen sie im Restaurant, wurden umsorgt und freuten sich auf das Abendessen, denn der Falke war für sein gutes Essen bekannt.

Zum ersten Mal seit ihrem Treffen am Flughafen hatte Bond nun wirklich die Gelegenheit, mehr als nur Flicka von Grüsses Körper zu studieren. Die lachenden grünen Augen und der Carly-Simon-Mund waren ihre besten Vorzüge, denn während ihre Haut klar und makellos war, war der Rest ihres Gesichts lang, ihre Nase leicht schief und ihr Kiefer ein wenig kantig. Sie war nicht im klassischen Sinn schön, aber interessant und hatte Charakter. Sie blickte ihn zufrieden über den Tisch hinweg an und machte ihm bewusst, dass hinter ihren Augen und ihren Lippen mehr als nur oberflächlicher Humor lauerte.

»Also, Flicka. Sind Sie bereit, mir eine Geschichte zu erzählen?«

»Einen Teil davon, ja.« Sie rollte ein Stück Räucherlachs auf ihre Gabel und schob es elegant zwischen ihre Lippen. »Sie hatten natürlich recht. Man hat mich unter anderem deshalb mit dieser Mission beauftragt, weil ich mit Laura March in Cambridge war. Ich habe sie nicht gut gekannt, aber wir haben dieselben Vorlesungen besucht und hatten denselben Betreuer. Nach Cambridge habe ich sie gelegentlich gesehen – schließlich waren wir beide in der gleichen Branche tätig –, aber ich kannte sie wirklich nicht gut.«

»Warum also die Tarnung? Zwei Liebende im Urlaub. Wir, meine ich.«

»Sie *wurde* ermordet, James. Das ist eine Tatsache. Das wissen jetzt alle und in unserem Beruf …«

»Kann man nicht vorsichtig genug sein.«

»Ganz genau. Haben Sie eine Ahnung, warum sie ermordet wurde?«

»Wissen Sie es?«

»Ich hätte nicht gefragt, wenn ich es wüsste. Wir tappen völlig im Dunkeln, und wie Sie sich vorstellen können, herrscht hier eine gewisse Panik. Haben wir es mit einer Terrorzelle zu tun, die auf unserem Boden operiert? Hat sich jemand die Schweiz ausgesucht, um hier Attentate durchzuführen? Ich weiß, das ist paranoid, aber wir brauchen Informationen, und die bekommen wir nicht von ihren Kollegen. Das ist einer der Gründe, warum wir ihnen die Zustimmung verweigert haben, herzukommen und an dem Fall zu arbeiten.«

»Sie wissen also genauso viel wie ich.« Bond lehnte sich zurück, schob seinen Teller beiseite und schluckte den letzten Bissen Lachs hinunter. »Tatsächlich wissen Sie sogar mehr als ich. Ihre Kollegen waren ungefähr so gesprächig wie ein Haufen Schildkröten. Ich habe ihre unmittelbaren Vorgesetzten zusammen mit meinem Chef getroffen und wir wussten beide sofort, dass sie uns etwas verheimlichen. Sie wussten, dass sie in der Antiterrorabteilung gearbeitet hat?«

»Natürlich, deshalb sind wir ja auch so nervös. Außerdem war die Mordmethode seltsam und riecht stark nach dem alten bulgarischen DS.« Sie sprach vom Darschawna Sigurnost, dem ehemaligen bulgarischen Geheim- und Sicherheitsdienst. Dem DS gehörte einst eine skrupellose Todesschwadron an, die Zugang zu dem streng geheimen Labor hatte, das von der Operativen und Technischen Abteilung des KGB betrieben wurde. Durch die Verbindung zwischen der Ersten Hauptdirektion des KGB, dem DS und der OTA wurden Pläne für die geheime Ermordung einer Reihe von bulgarischen Emigranten geschmiedet, wobei exotische Gifte wie das gefürchtete Rizin verwendet wurden, das fast nicht nachweisbar war.

»Erzählen Sie mir davon, wie sie ermordet wurde.« Er lehnte sich vor, als eine stämmige, lächelnde Kellnerin ihre

Teller abräumte und ein paar saftige Lammkeulen, Rösti und Tomaten, die mit gehackter Lammleber und verschiedenen Gewürzen und Kräutern gefüllt waren, servierte.

Flicka hatte Bond gebeten, für sie beide zu bestellen. »Ich weiß nie, was ich will.« Sie hatte unter ihren koketten Wimpern zu ihm aufgesehen. Jetzt nickte und lächelte sie, während die Kellnerin sie bediente und den Beaujolais brachte, an dem Bond nippte und dann zustimmend nickte.

Erst als sie angefangen hatten zu essen, sprach Flicka weiter. »Die Methode? Ich habe den ganzen Bericht dabei.« Ihr Blick huschte zu ihrer Schultertasche, die sie immer in der Nähe behielt, wobei eine Hand ständig zu der Tasche wanderte und das Leder berührte, als wolle sie sich beruhigen, dass sie noch da war. »Die Waffe war zweifellos ein Hochleistungsluftgewehr oder eine Luftpistole. Vielleicht eine mit CO_2-Ladung. Sie wissen von der Kapsel in ihrem Nacken?«

Bond nickte. »Was war drin?«

Sie schluckte ein Stück Lammfleisch hinunter und hob dabei den Blick zum Himmel, um zu zeigen, dass das Fleisch unglaublich gut war. Selbst die Art, wie sie aß, hinterließ den Eindruck einer sehr sinnlichen Frau. Auch ihren Tastsinn vernachlässigte sie nicht. Sie streckte ihre Hand aus, um Bonds Handrücken mit ihren Fingerspitzen zu berühren, fuhr mit ihren Fingern über ihre eigene Brust und stieß dann einen kurzen Seufzer aus. »Wir haben außergewöhnliches Glück gehabt. Sonst wären unsere Leute noch Wochen damit beschäftigt gewesen. Zufällig hat die Polizei in Bern drei japanische Gerichtsmediziner zu Gast. Sie sind für ein Jahr hier, um die europäischen Methoden zu studieren und uns in einigen ihrer

Techniken zu unterweisen. Es war eine ganz spontane Sache. Sie haben gedacht, einer dieser Leute könnte vielleicht Interesse haben. Er hat ein paar Dinge erkannt, auf sie hingewiesen und die Tests vorgeschlagen. Kurz gesagt, die Kapsel enthielt Tetrodotoxin.«

»Wie bei Kugelfischen?«

»Sie haben es erfasst. Exotischer geht es nicht.«

»Helfen Sie mir auf die Sprünge.«

Während sie also aßen, sprach Flicka, zunächst fast beiläufig, über Tetrodotoxin.

Tetrodotoxin war das bevorzugte Gift der alten japanischen Schattenkrieger gewesen, den Anhängern des Ninjutsu, der Ninjas. Sie benutzten es, um die heute allseits bekannten *Shuriken* – Wurfsterne – damit zu präparieren, und jahrhundertelang war die Methode zur Herstellung des tödlichen Nervengifts eine der geheimsten Künste des Ninjutsu gewesen.

Während des Zweiten Weltkriegs ging unter den Dschungelkämpfern eine Legende um, die Geschichte von den lautlosen Nachtkillern, die sich mit Kapuzen vermummt wie Katzen durch das dichte Blattwerk bewegten, um Wachposten oder schlafende Soldaten zu berühren, die dann an einem »Schlangenbiss« starben. Erst später erkannten die Militärärzte, dass der vermeintliche Biss von einem angespitzten Stück Bambus stammte, das in Tetrodotoxin getaucht war.

Das Gift stammt aus dem Fortpflanzungsorgan einer Familie von Kugelfischen namens Tetrodontidae. Diese Fische sind in den Küstengewässern Japans und Hawaiis beheimatet. Da es hübsche Tiere sind, sieht man sie oft in tropischen Aquarien, sowohl in Privathaushalten als auch in Zoos.

Tetrodotoxin kommt in den weiblichen Fischen vor, und auch meist nur während der Paarungszeit im Februar.

Zu diesem Zeitpunkt ist der Eiersack des Weibchens mit etwa zwei bis drei flüssigen Gramm Tetrodotoxin angeschwollen, was genug ist, um drei- bis vierhundert Menschen zu vergiften. Will man den Eiersack entnehmen, ohne ihn zu beschädigen, muss man den Fisch aufschrecken, damit er seinen aggressivsten Trick anwendet und sich auf das Zwei- bis Dreifache seiner normalen Größe aufbläst. In diesem Moment schlitzt man dem Tier mit einem rasiermesserscharfen Messer die Seite auf und entfernt den Beutel unversehrt.

In den letzten Jahren haben viele Schulen der japanischen Kochkunst das uralte Geheimnis zur Entfernung des Giftsacks offen gelehrt, denn es ist notwendig, um eine bestimmte Delikatesse genießbar zu machen. Erfahrene Köche wenden diesen Trick an, denn Tetrodontidae ist die Hauptzutat für das Gourmetgericht *Fugu*. Doch selbst heute ist nicht jeder fähig, den Beutel vollständig zu entfernen, und jedes Jahr gibt es in Japan noch immer eine Reihe von Todesfällen durch den Verzehr von *Fugu*, der unsachgemäß zubereitet wurde.

»Das ist eine schreckliche Art zu sterben.« Sie erschauderte, ihr Gesicht wurde bei dem Gedanken plötzlich blass. »Vollständige Lähmung und Atemstillstand in zwanzig Sekunden, hat der japanische Gerichtsmediziner gesagt.«

»Aber es geht schnell.« Bond nippte an seinem Wein, behielt ein wenig davon im Mund und schluckte erst dann, um den Geschmack zu genießen. »Im Handumdrehen vorbei. Hat er erwähnt, dass es immer noch für Selbstmorde verwendet wird?«

Sie schüttelte den Kopf: eine Mischung aus einem Nein und dem Versuch, das Gespenst des Todes durch diese Art von Gift aus ihren Gedanken vertreiben.

»Ich habe irgendwo gelesen, dass Leute, die ihrem Leben ein Ende setzen wollen, das Zeug von Köchen kaufen können. Sie betrinken sich und stechen sich dann mit einer Nadel, die mit dem elenden Gift getränkt ist.«

»Die Polizei hat die Stelle gefunden, an der sich der Scharfschütze verschanzt hat.« Sie distanzierte sich von der Wirkung und kehrte zurück zur Ursache. »Wir können morgen da hoch. Wer auch immer geschossen hat, hat sich ein wenig höher auf dem Berg ein gemütliches Nest eingerichtet.«

»Er muss sich seines Ziels wohl ziemlich sicher gewesen sein, es sei denn, unsere Ms March war ein Zufallsopfer.«

»Genau das hat die Polizei auch gesagt. Tatsächlich ist es genau das, wovor sie Angst haben: dass ein Killer wahllos mit Giftpfeilen oder Kapseln auf Leute schießt. Kein besonders schöner Gedanke, dass ein willkürlicher Giftmörder herumläuft.«

»Mit welcher Situation ist leichter umzugehen? Mit Schlagzeilen über einen wahllosen Killer oder eine Terrororganisation, die Rache will?«

»Beides gleich schlecht, würde ich sagen. Macht mir höllisch Angst.«

»Sie wirken nicht sehr schreckhaft.«

»Tue ich nicht?«

»Sie sind ein Profi, also …«

»Haben Sie nie Angst, James? Haben wir nicht alle Angst?«

»Doch, natürlich, aber nur, wenn die Situation auch beängstigend ist. Wir gehen hier nach Vorschrift vor und ermitteln in einem Mordfall. Wir arbeiten wie zwei Mordermittler, das ist nicht gefährlich.«

Sie zog eine Augenbraue hoch und schluckte ein weiteres Stück Lamm hinunter. »So sehen Sie das?«

»Aber natürlich.«

»Ich habe die Leiche gesehen und die Beweisakte gelesen. Es ist, als wäre sie von einer tödlichen Schlange gebissen worden, und bis jetzt hat niemand diese Schlange eingefangen.«

»Ja, aber …«

»Aber nichts, James. Hat man Ihnen nicht gesagt, Sie sollen vorsichtig sein und die Augen offen halten?« Ihr Gesicht war immer noch blass und in ihren Augen lag ein neuer, besorgter, ruheloser Blick.

»Das hat mein Chef erwähnt, ja, aber nur im Zusammenhang mit dem Arbeitgeber der armen Ms March.« »Nun, vielleicht hat er die Sache einfach nur heruntergespielt. Mein Chef hat es offen ausgesprochen. Jeder, der diesen Tod untersucht, ist in Gefahr. Wenn es ein einmaliger Terroranschlag sein sollte, dann hat bis jetzt niemand die Verantwortung dafür übernommen, was dafürspricht, dass sie erwarten, dass wir eine lange Zeit brauchen werden, um die Todesursache herauszubekommen – oder sie überhaupt zu entdecken.«

»Und wenn es irgendein Verrückter ist, könnte er womöglich noch in der Nähe lauern. Wollen Sie darauf hinaus?«

»Ganz genau. Uns wurde gesagt, wir sollen äußerste Vorsicht walten lassen. Wenn es wirklich ein Verrückter ist, sind wir alle in Gefahr. Wenn es Terroristen sind, auch. Also ja, James, ich *habe* Angst, und es würde mich überraschen, wenn Sie morgen auf dem Berg nicht dasselbe fühlen.«

»Gibt es noch etwas anderes?« Irgendwie hatte er das Gefühl, dass sie etwas zurückhielt. Sie zögerte, mit der Wahrheit herauszurücken. »Also, was wissen Sie noch, Flicka? Sie haben herausgefunden, wo sich der Schütze versteckt hat. Wir wissen, wie die Frau getötet wurde. Hat die Polizei noch andere Ideen?«

»Sie war schon öfter dort.«

»In Interlaken?«

»Im selben Hotel. Im Victoria-Jungfrau. Drei Mal. Jedes Mal mit demselben Mann. Einmal pro Jahr in den letzten drei Jahren.«

»Wurde ihr Freund identifiziert?«

»Nein. Ich habe die Registerauszüge gesehen. Mr und Mrs March. Auf seinem Pass stand March, wir haben die Nummer und ihre früheren Arbeitgeber haben eine Überprüfung durchgeführt. Der Pass wurde vor drei Jahren auf die übliche Weise beantragt. Das wird Ihnen gefallen, James, und vielleicht jagt es ihnen genauso viel Angst ein wie mir. Es ist der Pass ihres Bruders. Sein Name war David.«

Bond runzelte die Stirn und sah ihr plötzlich ins Gesicht. »Sie war ein Einzelkind. Das hat zumindest ihre Behörde behauptet.«

Flicka lächelte und ihr nervöser, gequälter Blick verschwand für eine Sekunde, dann kehrte er zurück. »Das hat ihre Behörde auch gedacht. Ich habe nur den Signalverkehr gesehen und die Dokumente eine halbe Stunde vor Ihrer Ankunft erhalten. Es scheint, dass sie nicht ganz die Wahrheit gesagt hat. Sie hatte tatsächlich einen Bruder. Einen älteren Bruder. Das schwarze Schaf der Familie. Er ist vor fünf Jahren in einer Klinik für kriminelle Geisteskranke gestorben.«

Jetzt war es an Bond, eine ernste Miene aufzusetzen. »Welche Klinik?«

»Rampton. Er war dort seit seinem zwanzigsten Lebensjahr und er war fünf Jahre älter als sie.«

»Und …«, setzte Bond an, aber die Kellnerin stand schon wieder neben ihnen und fragte nach dem Dessert. Ohne große Begeisterung bestellte Flicka die Kirschtorte und Bond entschied sich für die Käseplatte. »Wenn man schon mal hier ist«, lächelte er.

Sie blieb unbewegt, als befände sich das Gespenst dieses Mannes, David March, zwischen ihnen auf dem Tisch. »Es scheint«, sagte sie, »dass die Familie nach dem Vorfall von Nordengland nach Hampshire gezogen ist. Das war ein ziemlich großer Fall damals.«

»David March«, sinnierte Bond, der Name schwirrte in seinem Gedächtnis herum, aber er konnte weder den Mann noch sein Verbrechen richtig einordnen.

»Er hat in Nordengland vier Mädchen ermordet«, sagte sie mit ruhiger Stimme. »Damals hat die Presse irgendeine Parallele zwischen March und … oh, wie hießen sie noch gleich? Diese Monster? Die Moormörder?«

»Brady und Hindley, ja. Sie haben Kinder entführt und missbraucht und sie dann getötet und in den Mooren nördlich von Manchester vergraben. Ein berüchtigter Fall. Brady ist jetzt in einer Sicherheitseinrichtung für kriminelle Geisteskranke und Hindley ist immer noch im Gefängnis. Der Fall ist irgendwann in den frühen Sechzigern an die Öffentlichkeit gekommen … furchtbare Angelegenheit. Schrecklich … ja, ungeheuerlich.«

»Nun, David March lässt die beiden wie Pfadfinder aussehen. Er hat in den frühen Siebzigerjahren sein eigenes Ding gemacht. Ich habe die Akte gelesen, während ich darauf gewartet habe, dass Ihr Flugzeug landet. Er war ruhig, bescheiden, höflich, hat in Oxford Jura studiert. Die Berichte der Psychiater sind interessant, die Details der Morde sind … nun ja, ich würde es vorziehen, wenn Sie sie es selbst lesen, James. Ich hatte schon vorher Angst, aber nachdem ich gelesen habe, was ihr Bruder getan hat …«

»Wir haben also eine ganze Reihe von Schreckgespenstern – Terroristen, einen verrückten Einzelgänger und ein Opfer, dessen Bruder …« Er hielt inne, als sich der Name David March plötzlich wie ein Puzzleteil in seine Erinnerung einfügte. »*Der* David March?« Er sah sie an und wusste, dass sich seine Augen geweitet hatten. »Der, der die Köpfe behalten hat?«

Sie nickte nur kurz. »Sehen Sie selbst.« Flicka griff nach der ledernen Schultertasche, aber Bond schüttelte den Kopf.

»Nein, erst wenn wir da sind. Ich werde es dann lesen. Wie um Himmels willen? Ich meine, wieso haben ihre Leute das nicht bei ihrer Sicherheitsüberprüfung entdeckt?«

»Das frage ich mich auch. Ich vermute, in London wird vielen die Schamesröte im Gesicht stehen. Sie hat nicht mal ihren Namen geändert. Niemand, der bei klarem Verstand ist, hätte ihr einen so sensiblen Job geben dürfen, wenn sie diese Familienleiche im Keller hat.«

»Es war ihr Bruder, nicht sie.«

»Lesen Sie, was die Psychiater zu sagen haben, bevor Sie solche Behauptungen aufstellen. Mein Gott, James, denken Sie mal nach. Selbst wenn Sie sich nur an kleine Details des Falles erinnern, war er ein grauenhaftes Monster. Aber zwei Jahre nach seinem Tod lässt seine Schwester, die süße kleine Laura, jemanden einen Pass mit seinen Geburtsdaten fälschen. Was sagt das über sie aus? Dass sie jemandem erlaubt, seinen Namen und seine Daten zu verwenden? Lesen Sie es, James. Bitte lesen Sie es einfach.« Sie griff nach unten und holte eine schwere Akte aus der Tasche, als die Kellnerin kam und fragte, ob sie einen Kaffee trinken wollten. Sie könnten die Gäste-lounge benutzen, bot sie an.

Inmitten des normalen, angenehmen Geplauders der Gäste, die ihren Urlaub genossen oder geschäftlich unterwegs waren, warf Bond einen Blick auf Flicka, die teilnahmslos neben ihm saß, als er die Akte öffnete und begann, über Laura Marchs Bruder zu lesen.

Er hatte erst zwei Absätze in der Akte gelesen, als sich die Haare in seinem Nacken sträubten und vor Angst aufstellten.

4

Der Bruder David

Kaum hatte er die ersten vier Absätze gelesen, erinnerte er sich schlagartig wieder an die ganze Geschichte. Zumindest erinnerte er sich lebhaft an die Fakten, die er damals in den Zeitungen gelesen hatte. Manches davon war reißerisch aufgebauscht gewesen mit dem üblichen morbiden Taktgefühl der britischen Presse, aber er war sich sicher, dass trotz der grausamen Details, die nach dem Gerichtsprozess an die Öffentlichkeit gelangt waren, einige Dinge ausgelassen worden waren. Er dachte an ein Gespräch zurück, das er vor ein paar Jahren mit einem hohen Polizeibeamten geführt hatte, der geholfen hatte, die Leiche eines Kindes zu identifizieren, die im tiefen Wald vergraben und gute sechs Monate nach dem Mord gefunden worden war.

»Manche Dinge machen wir selbst vor Gericht nicht publik«, hatte der Detective gesagt. »Ja, ich habe die Fingerabdrücke des Kindes identifiziert, aber sie mussten dafür die Hände abtrennen und nach London bringen. Ich habe die Leiche des armen Kindes nie gesehen.«

Der größte Teil der Akte war ein detaillierter und kommentierter Bericht des zuständigen Polizeibeamten, ein Detective Superintendent Richard Seymour, und obwohl das umfangreiche Dokument im offiziellen Polizeijargon gehalten war, trug die Sprache nicht dazu bei, das Gefühl des nackten Grauens zu mindern.

Die Sache ereignete sich in der Stadt Preston – etwa fünfundfünfzig Kilometer nordwestlich von Manchester –, tief im ehemaligen Gebiet der Baumwollindustrie. Bond dachte an graue Granitgebäude und an die kompromisslosen, nüchternen, aber fröhlichen Menschen in Lancashire, die die Darsteller in diesem Stück des Schreckens gewesen waren.

Als Christine Wright, wohnhaft 33 Albert Road, Preston, kurz vor Weihnachten 1971 verschwand, wurde ihr Name einfach in die Vermisstenkartei aufgenommen. Sie war zweiundzwanzig, blond, sehr hübsch und stritt ständig mit ihren Eltern, die sie, wie sie ihren Freunden erzählte, immer noch wie ein Kind behandelten. Die Akte landete zwar auf dem Schreibtisch von Superintendent Seymour, aber alles deutete darauf hin, dass die junge Christine weglaufen war: Sie sprach ständig davon, wegzugehen, auf eigene Faust zu leben oder Mr Wright zu finden – Letzteres war natürlich ein kleiner Scherz unter ihren Freunden. Später hatte es den Beigeschmack von grimmigem Galgenhumor.

Ihrer engsten Vertrauten – einer Jessie Styles, die mit ihr bei der National Westminster Bank arbeitete – erzählte sie, dass sie einen wirklich aufregenden Mann kennengelernt hätte. Der Bericht gab die genauen Worte der Freundin wieder: »Chrissy hat gesagt, sie glaubt, dieser Kerl wäre der

Richtige für sie. Sie wollte nicht viel darüber reden. Sie hat gesagt, er wäre ein kleiner Schnösel und hätte Geld. Sie hat gesagt, das könnte ein neues Leben für sie bedeuten. Sie waren verliebt, aber Chrissy war immer in ihren aktuellen Freund verliebt. Der Unterschied war, dass sie mir dieses Mal keine Details erzählt hat. Normalerweise hatte sie Fotos. Normalerweise hat sie mir alles erzählt. Sie wollte mir nicht mal den Namen von dem Kerl sagen.«

Im Frühjahr 1972 stolperten zwei Wanderer buchstäblich über die Überreste des vermissten Mädchens. Christine Wright wurde anhand ihrer Fingerabdrücke identifiziert – die Polizei hatte Fingerabdrücke in ihrem Zimmer im Haus ihrer Eltern in der Albert Road genommen.

Was die Wanderer fanden, war lediglich der Torso, der sich im Anfangsstadium der Verwesung befand. Der Kopf war abgehackt worden und die Überreste in einem weniger als zwanzig Zentimeter tiefen Grab in der Nähe einer der Straßen, die durch die Moore oberhalb von Manchester führen, vergraben worden. In diesem Teil Englands konnte es sehr kalt werden und durch die eisigen Temperaturen, die von Anfang Dezember 1971 bis April 72 geherrscht hatten, war die Leiche in einem guten Zustand erhalten geblieben, denn erst mit der ersten Frühlingswärme fing sie an, zu verwesen.

Superintendent Seymour hatte mit seinen Ermittlungen am Tag nach der Identifizierung der Leiche begonnen. Er kam nicht sehr weit. In seinen Notizen stellte er Fragen nach dem Vater und den ständigen Auseinandersetzungen zwischen ihm und seiner ermordeten Tochter, aber der Polizist stellte nach einigen langen Verhören fest, dass er glaubte, Christines Vater sei nicht einmal »im Bilde«, wie es im englischen Polizeijargon heißt.

Am Osterdienstag sagte Bridget Bellamy ihren Eltern, dass sie die Nacht bei ihrer Freundin Betsy Sagar verbringen würde. Als sie am Mittwochabend noch nicht wieder zurück war, rief ihre Mutter bei Betsy zu Hause an. Zunächst war sie wütend. Obwohl Bridget einundzwanzig war, glaubte Mrs Bellamy gern, dass ihre Tochter ihr immer die Wahrheit sagte. Bridget hatte weder bei den Sagars übernachtet noch war sie an diesem Mittwoch bei der Arbeit erschienen.

Erst nachdem Betsy Sagar alles zugegeben hatte, rief Mrs Bellamy die Polizei. Die Woche davor sei für Bridget wie ein Traum gewesen. Sie hätte den Mann ihrer Träume getroffen, hatte sie ihrer Freundin Betsy gesagt. Sie liebten sich und er hätte ihr einen Heiratsantrag gemacht. Seine Mutter sei tot und die Familie hätte ein wunderbares Haus, das ihr neuer Freund zusammen mit einem Vermögen erben würde, sobald sein alter, kränklicher Vater starb. Bridget Bellamy war blond und die eine Sache, die sie Betsy nicht erzählte, war der Name dieses wundervollen Mannes, obwohl sie erwähnte, dass er in seinem eigenen Haus in der Nähe seiner Eltern wohnte.

Auch Bridgets Überreste wurden im frühen Juli im Moor gefunden. Bei ihr war es schwieriger, sie zu identifizieren, aber es gab keine Zweifel, genauso wenig, wie es Zweifel gab, dass ihr Kopf abgetrennt worden war – womöglich mit einer Axt und einer Säge.

Im Sommer gab es zwei weitere Fälle. Beides Blondinen Anfang zwanzig, beide wurden ohne ihren Kopf gefunden, kurz nachdem sie Freunden erzählt hatten, dass sie bald ihre Verlobung bekannt geben würden.

In diesen Tagen existierte der Begriff »Serienmörder« noch nicht im Vokabular der Polizei oder der Öffentlichkeit, aber niemand musste Seymour sagen, dass in seinem Zuständigkeitsbereich ein Killer sein Unwesen trieb. Jemand, der bereits viermal gemordet hatte, Blondinen bevorzugte und dessen diabolisches Werk beinhaltete, ihnen den Kopf abzutrennen – und ihn wahrscheinlich als Trophäe zu behalten.

Die Notizen des Superintendents über die nächsten zwei Wochen erweckten den Eindruck, dass er unter großem Stress stand. Es gab keine Spuren, keine Hinweise und er tat sein Bestes, die Presse im Zaum zu halten. Einmal schrieb er: »Wenn das so weitergeht, werde ich die Wahrheit enthüllen müssen. Alle jungen blonden Frauen in der Gegend sind offensichtlich in Gefahr, aber wenn ich alle Details aufdecke, wird es eine Panik geben und die Presse wird sich auf uns stürzen und wissen wollen, warum wir niemanden verhaftet haben. Wenn es noch einen Mord gibt, werden wir einfach nachgeben und die Tatsachen umfassend darlegen müssen. Dieser Mann ist ein Wahnsinniger. Ich bin kein Forensiker, aber sicher ist, dass die Enthauptungen in einem Rausch der Gewalt durchgeführt wurden, und die Gerichtsmediziner, die mir bei diesem Fall geholfen haben, sind beide der Meinung, dass die Frauen durch Schläge in den Nacken gestorben sind – oder anders gesagt, durch Enthauptung. Ich fürchte mich vor der nächsten Meldung, dass jemand vermisst wird.«

In der letzten Augustwoche trat ein, was er befürchtet hatte. Janet Fellowes, einundzwanzig und so blond wie nur möglich.

Allerdings war Janet anders. Ihre Freunde nannten sie, ohne Bosheit, das Pony-Mädchen – »weil sie jeden mal reiten ließ«, sagte eine von ihnen. Außerdem redete Janet. In der Nacht, in der sie verschwand, erzählte sie Annie Frick, die, wie der Superintendent notierte, wahrscheinlich Mitglied desselben Ponyclubs war, dass sie sich mit einem hochnäsigen jungen Mann amüsieren würde. »Ich hab ihn so scharfgemacht, dass er nicht mehr klar denken kann«, sollte sie gesagt haben. »Er sagt ständig, dass er in mich verliebt ist, aber ich weiß, was er wirklich will – und heute Abend bekommt er es.«

Janet hatte auch gesagt, dass sie eine Weile ihren Spaß mit ihm haben würde, es aber nicht von Dauer sei. Denn wie sie Annie erzählte, sei er Student. »Er sagt, er studiert in Oxford und muss zum neuen Semester wieder hin.« Diese Worte bedeuteten den ersten – und finalen Durchbruch.

In der Gegend um Preston gab es vierundzwanzig Studenten. Nur fünfzehn von ihnen studierten in Oxford. David March war der dritte junge Mann, der von Superintendent Seymour befragt wurde.

Als er bei der Gerichtsverhandlung, in der David March auf unzurechnungsfähig plädierte – was zu diesem Zeitpunkt seine einzige wirkliche Option war –, die Beweise präsentierte, sagte Seymour lediglich, dass March nach einer Reihe von Fragen die Taten gestanden habe. Bond hatte recht gehabt. Nicht alles kam vor Gericht ans Licht. Der offizielle Bericht des Superintendents erzählte die ganze erschreckende Geschichte.

Die Familie March lebte in einem großen Haus aus dem achtzehnten Jahrhundert, das in einem vier Hektar großen

Garten am Stadtrand von Preston lag. Hinter dem Haupthaus befanden sich zahlreiche Nebengebäude, von denen eins ursprünglich ein Kutschenhaus gewesen war. Dieses hatte Davids Vater vollständig restauriert und in ein geräumiges, zweistöckiges Cottage verwandelt, damit David, der ein Stipendium für das College Christ Church in Oxford erhalten hatte, seine Privatsphäre hatte und während der Ferien nicht an seine Familie gebunden war.

David war gerade dabei, seine Sachen zu packen und sich auf das neue Semester an der Universität vorzubereiten, als Seymour in Begleitung eines Detectives der Kriminalpolizei eintraf. Sein erster Eindruck war, dass er es mit einem jungen Mann zu tun hatte, der hervorragend aufgestellt war: ein ruhiger, gut aussehender Gelehrter, selbstbewusst und mit einem hohen IQ. Später gab Seymour zu, dass er March sofort von der Liste gestrichen hatte. Sie saßen in einem großen, mit Büchern vollgestellten Wohnzimmer und der Detective fing an, ihn vorsichtig auszufragen. Er zeigte ihm Fotos der Mädchen, als sie noch gelebt hatten, sprach über Davids Zukunft und schob Fragen über seine Aktivitäten zum jeweiligen Tatzeitpunkt ein. Gleichzeitig hatte Seymour die Gelegenheit, einen Blick auf die Bücher in den Regalen zu werfen. Die meisten befassten sich mit Recht, aber eine ganze Abteilung war mit Büchern über Okkultismus und vergleichende Religionswissenschaft bestückt.

David March verhielt sich die ersten knapp dreißig Minuten lang völlig normal. Er beantwortete die Fragen bereitwillig, entschuldigte sich für die Unordnung und bot Kaffee an. Dann bemerkte Seymour eine plötzliche Veränderung in ihm. Er schien sich von den beiden Polizisten zu distanzieren, legte den Kopf schief und wirkte, als würde er auf etwas oder jemanden in der Nähe lauschen. Als er gerade eine Frage darüber beantwortete, was er für Hobbys hatte und welchen anderen Aktivitäten er in Oxford nachging, sagte David plötzlich: »Sie sagen, Sie sind gekommen, um sich um sie zu kümmern.« Seine Stimme war jetzt verträumt und monoton.

»Wer?« Der Superintendent merkte, dass er einfach mit Ja hätte antworten können.

»Die Orakel. Sie sind noch nicht alle versammelt – aber das wissen Sie. Isis sagt, es müssen mindestens sechs sein. Ich habe nur fünf versammelt.«

»Spricht Isis oft zu Ihnen, David?« Der Polizist hatte ein Interesse an Ägyptologie, er kannte also die Fakten. Isis war womöglich die wichtigste Gottheit der alten Ägypter, und unter den okkulten und religiösen Werken in Marchs Bücherregalen hatte er mindestens vier Bücher ausmachen können, die sich mit der Götterverehrung der alten Ägypter beschäftigten.

»Es ist eine Ehre. Eine sehr große Ehre, aber das wissen Sie, wenn sie Sie geschickt hat.« Hier schrieb Seymour, dass David in einen tranceartigen Zustand verfallen zu sein schien. »Isis, Mutter aller Dinge, Herrin der Elemente, der Anbeginn der Zeit. Schwester-Gattin des Osiris. Sprich ... sprich durch die Orakel, die ich für dich geschaffen habe.«

Auf den Seiten war deutlich zu lesen, wie Seymour einräumte, dass diese Worte das recht dramatische Gerede eines geistig Verwirrten zu sein schienen. Er schrieb in seinem Bericht: »Davids Stimme schien sich zu verändern, wie durch ein Echo verzerrt. Es war die beängstigendste Veränderung, die ich bei einem Menschen je mit angesehen habe. Selbst sein Gesicht schien sich zu verändern. Mir lief ein Schauer über den Rücken und Detective Bowles gab später zu Protokoll, dass er das Gefühl hatte, etwas furchtbar Böses sei mit uns im Raum gewesen.«

»Sie spricht durch die Orakel. Sie sagt, es sind genug. Und dass Sie sie übernehmen werden.« David March war völlig in diesem bizarren Glauben aufgegangen. »Es ist, wie sie es mir gesagt hat. Sie haben angefangen, im Chor zu sprechen.«

»Es schien ihm sehr wichtig zu sein, dass wir glaubten, was er sagte«, fügte der Superintendent hinzu. »Eine Sache von höchster Bedeutung, aber nicht in einem legalen oder juristischen Sinn. Wir sahen uns einem Mann gegenüber, der behauptete, getan zu haben, was von ihm verlangt worden war.«

»Alles«, fuhr March fort. »Ich habe alles getan, was sie verlangt hat. Sie wurden mit großer Sorgfalt ausgewählt. Weiße Frauen mit hellem Haar. Ich habe ihnen Liebe gegeben, wie Isis befohlen hat, und jede von ihnen wurde genau so geopfert, wie sie es mir gesagt hat, zur genauen Zeit und unter den korrekten Bedingungen. Ich verspreche Ihnen, dass es nach ihrem Wort geschehen ist, denn sie ist die Mutter des Lebens. Sie spricht nur durch die Orakel. Durch sie hat sie gesagt, dass Sie sie mir wegnehmen würden.«

»Gut, David.« Seymour merkte, dass er zitterte. »Wo sind sie?«

»Sie sind in Sicherheit. Ich habe sie sicher aufbewahrt.«

»Dann ist es an der Zeit, dass wir sie sehen.«

Die Köpfe befanden sich in großen Gläsern – versiegelte Glasballons –, wo sie in Formaldehyd schwammen. Sie waren rosa gefärbt von dem Blut, das aus den entsetzlich ausgefransten Hälsen geflossen war. Die abgetrennte Haut bewegte sich, was ein unheimliches Gefühl von Lebendigkeit vermittelte. Die Glasballons waren offensichtlich in einer bestimmten Anordnung in den großen Kühlschrank in David Marchs Küche gestellt worden: zwei auf dem obersten Regal, einer in der Mitte und zwei weitere im untersten Fach.

March hatte sogar ein Paar große Vorhängeschlösser an der Tür angebracht und die Köpfe bewegten sich, als er sie öffnete. Ihre Haare hoben sich in der Flüssigkeit, ihre toten Augen starrten halb überrascht und halb entsetzt, der rosige Fleck unter den schrecklichen abgetrennten Hälsen hob sich und schien in dem schwachen Licht fast übernatürlich zu schimmern.

»Sprechen Sie mit ihnen«, sagte March in einem Flüsterton, der einen Hauch von Staunen in sich trug. »Sind sie nicht wunderbar, wie sie so leise sprechen?«

Detective Bowles erbrach sich und es gab eine Randnotiz des Superintendents, die besagte, dass er danach einige Zeit lang unter Albträumen litt.

Der Prozess von David March war zwar eine Sensation, aber nicht alles gelangte an die Öffentlichkeit. Sein Plädoyer auf Unzurechnungsfähigkeit war überzeugend und wurde sowohl von der Verteidigung als auch von der Staatsanwaltschaft unterstützt, sodass nur die nackten Tatsachen ans Licht kamen. Natürlich veröffentlichte die Presse aufgebauschte Geschichten, die sie von den Freunden der Opfer und dem Gärtner und der Köchin des March-Anwesens aufgeschnappt hatte – aber erst, nachdem das Urteil »schuldig, aber unzurechnungsfähig« gefällt und David zu einer lebenslänglichen

Sicherheitsverwahrung in einer Anstalt für kriminelle Geisteskranke verurteilt worden war.

Der Prozess war fast zweitrangig. Die Brutalität der Morde und die Entdeckung von David March überschattete alles andere. Das Bild war so lebendig in Bonds Kopf, dass es ihn fröstelte und er sich, als er aufblickte, wunderte, dass er in diesem angenehmen Schweizer Hotel saß, um ihn herum das Lachen und die Gespräche der anderen Gäste. Er hatte fast eine halbe Stunde gebraucht, um den langen Bericht zu lesen, und obwohl er nüchtern und emotionslos geschrieben war, hatte der Superintendent trotzdem irgendwie die ganze Abscheu und den Schock vermittelt. Sekunden zuvor hatte Bond das Gefühl gehabt, in dieser Küche zu stehen, mit March und dem Kühlschrank, und den abscheulichen Anblick der fünf Köpfe zu sehen, die in ihren klaren, dicken Glasballons schwammen.

Jetzt starrte er direkt in Flickas grüne Augen, die ihn auf hypnotische Weise anzuziehen schienen, als wären sie Strudel, in denen er ertrank. Dann schüttelte er es ab und sah, dass sie ihn anblickte, als würde seine eigene Furcht sich auf sie übertragen. Der Schrecken sprang zwischen ihnen über wie ein elektrischer Funke.

»Verstehen Sie jetzt, was ich meine?« Sie schenkte ihm Kaffee ein. »Schwarz?«, fragte sie.

»Mit ein wenig Zucker.« Seine eigene Stimme schien von weit weg zu kommen. Der nüchterne Bericht des Superintendents besaß die Fähigkeit, den Leser zu bewegen, wie eine längst vergessene Macht, die zurückkehrte, um Geist und Handeln zu beeinflussen. »Und das ist der Bruder des Opfers?«, murmelte er, fast wie zu sich selbst.

»Lesen Sie, was die Psychiater zu sagen haben. Das ist der springende Punkt und einer der Gründe, warum Laura die Sache geheim halten musste.«

Er griff nach der Tasse, nahm einen Schluck Kaffee und sagte dann: »Ich glaube nicht, dass ich mir die Schlussfolgerungen der Psychiater überhaupt ansehen muss.« Bond hatte schon immer an den Fähigkeiten von Psychiatern gezweifelt. »Lassen Sie mich raten, was sie zu sagen hatten«, lächelte er in dem Versuch, den Humor in Flickas Augen zurückzubringen. »Ich nehme an, eins der ersten Dinge, auf die sie gestoßen sind, war, dass David March schon in jungem Alter ein ungesundes Interesse an okkulten Dingen hatte. Stimmt's?«

Sie nickte. »Am Anfang war Ägyptologie für ihn eine Art Hobby, harmlos und lehrreich. Als er älter wurde, fing er an zu glauben, dass die fundamentalen Wahrheiten über das Universum nur im alten Ägypten zu finden seien. Seine Eltern fingen an, sich Sorgen zu machen, als er erst sechzehn war und sie herausfanden, dass er im Garten einen Altar gebaut hatte, um Isis zu verehren.«

»Ich will nicht Sherlock Holmes spielen«, sagte er mit einem kurzen, fast humorlosen Lachen, »aber meine nächste Vermutung ist, dass die Mutter eine dominante Persönlichkeit war. Dass ihr Wille im Haushalt der Marchs Gesetz war und dass das nicht nur Einfluss auf David hatte, sondern auch auf seine Schwester Laura – was der Grund ist, warum das für uns so wichtig ist.«

»Ja. Zwei der Psychiater haben viel Zeit damit verbracht, mit David seine Kindheit und Jugend durchzugehen. Mrs March scheint eine ganz schöne Zuchtmeisterin gewesen zu sein. Sie war auch eine religiöse Fanatikerin. Laura war erst – was, fünfzehn, sechzehn? –, als ihr Bruder verhaftet wurde, aber das Trauma ging tief, denn zu diesem Zeitpunkt hatte ihre Mutter in religiösen Dingen die absolute Kontrolle über sie. Mrs March war eine gläubige Christin, aber sie hat es auf die Spitze getrieben. Die Sonntage im Haushalt der Marchs waren wie eine Reise in die viktorianische Zeit. Morgens und abends in die Kirche, dazwischen Bibellektüre oder ein anderes Buch von ähnlichem Kaliber: keine Spiele, nichts Frivoles.«

»Ich könnte mir vorstellen, dass der junge David jedem seiner Opfer dieselbe Geschichte erzählt hat«, vermutete Bond.

»Welche Geschichte?«

»Dass sein Vater alt und kränklich und seine Mutter tot wäre. Wir wissen, dass er das auch dem zweiten Opfer, Bridget Bellamy, erzählt hat.«

»So viel hat er zugegeben. Es wirkte, als hätte er seine Mutter wirklich für tot gehalten.«

»Das ergibt Sinn. Haben sie ihm irgendwie helfen können – ich meine in der Anstalt?«

»Sie haben eine komplexe Reihe von Symptomen diagnostiziert. Es schien eine sehr ungesunde Mischung zu sein, ein Hexenkessel aus einigen der schlimmsten psychischen Probleme – manisch-depressiv, psychotisch, hysterisch, psychopathisch. Sie haben ihn eine Zeit lang mit Drogen ruhiggestellt, aber er war hochintelligent. Er hatte lange Phasen – ich rede hier von Monaten am Stück –, in denen er völlig normal, sympathisch und freundlich wirkte. Dann, aus heiterem Himmel, kam der Schrecken zurück …«

»Er hatte das Bedürfnis zu töten?«

»So wurde es mir gesagt. Er hat versucht, einen anderen Patienten zu ermorden, und hat auch einmal eine Krankenschwester angegriffen. Er hätte sie fast umgebracht.«

»Hm. Und Sie glauben, dass auch Laura davon betroffen war?«

»Ich wüsste nicht, wie sie das hätte vermeiden können. Einer der Psychiater hatte eine sehr lange Sitzung mit dem Vater und kam zu dem Schluss, dass er ernsthaft labil war. Die gesamte Familiensituation war mit Gefahren behaftet. Eine hyperreligiöse, superdominante Mutter und ein schwacher, psychisch instabiler Vater. Sie haben ein Monster hervorgebracht. Da fragt man sich, ob sie nicht noch ein zweites hervorgebracht haben.«

»Nehmen wir mal an, Laura March *war* psychisch labil. Sie ist hier das Opfer, also müssen wir, wenn wir ihren Mord untersuchen, ihren möglichen Geisteszustand in Betracht ziehen.« Er gab ein weiteres Lachen von sich, das vor Ironie triefte. »Ihre Kollegen müssen gerade durch die Hölle gehen. Untersuchungsausschüsse, Ermittlungen gegen diejenigen, die ihre Hintergrundüberprüfung durchgeführt haben. Es hätte keine besseren Leute treffen können.«

Er blickte auf und sah die Angst, die noch immer tief in Flickas Augen lag. Er berührte die dicke Akte auf seinem Knie. »Diese Sache jagt Ihnen wirklich Angst ein, was?«

»Mehr, als ich sagen kann. Oben am Tatort auf dem Berg habe ich mir Sorgen gemacht. Diese ganze Geschichte ist so schrecklich, dass ich ernsthaft verängstigt bin. Verdammt, James, unsere Geheimdienste wollen in ihrer Weisheit, dass wir da reingehen und unsere eigene, geheime Ermittlung starten. Ich werde schon nervös bei dem Gedanken, Lauras Habseligkeiten durchzusehen.«

»Die Polizei hat sie nicht weggebracht?«

»Auf unseren Wunsch hin wurde das Zimmer, das sie im Victoria-Jungfrau in Interlaken gebucht hatte, so gelassen, wie es vorgefunden wurde.«

»Die Polizei hat nichts entfernt?«

»Das behaupten sie. Aber wer weiß das schon, wenn man mit der Polizei zu tun hat? Das Zimmer ist versiegelt. Das Hotel erwartet uns, aber seit ich diesen Bericht gelesen habe, ist das das Letzte, was ich tun will.« Sie hielt inne und ihre Hand wanderte zu ihrem Haar, das sie wieder mit ihren gespreizten Fingern kämmte. »James, wollen wir nicht diese Nacht hierbleiben? Und uns erst morgen darum kümmern?« Ein schwaches Lächeln leuchtete kurz in ihren Augen auf und ihre Absichten waren unmissverständlich. »Es ist so nett hier und es gibt keine Geister. Wir könnten uns gegenseitig Trost spenden.«

Die Stille hing für fast dreißig Sekunden in der Luft.

»Wir können uns genauso gut in Interlaken Trost spenden, wenn es das ist, worauf Sie hinauswollen, Flicka.«

»Ja, aber …«

»Aber es ist am besten, solche Dinge gleich anzugehen. Sie sagen, das Hotel erwartet uns. Wir sollten hinfahren. Das sollten wir wirklich.«

Sie wandte sich ab und sah dann mit einem matten Lächeln wieder zu ihm, wobei sie die Hand über den niedrigen Tisch ausstreckte und mit den Fingerspitzen seinen Handrücken berührte. Dann nickte sie nachdrücklich und hob langsam ihre Schultertasche auf, um sich bereit zu machen.

Als sie vom Parkplatz losfuhren, konnte Bond sehen, wie die Scheinwerfer eines anderen Wagens aufleuchteten. Es war eins dieser fast unterschwelligen Erlebnisse: Er war sich bewusst, dass das Auto ein paar Parkplätze hinter und rechts von ihnen ansprang und darauf wartete, loszufahren. Im Schein der Laternen, die den Parkplatz beleuchteten, hielt er es für einen roten VW, aber er hätte nicht darauf gewettet. Als sie die Abzweigung zur Hauptstraße Sechs erreichten, meinte er, dasselbe Auto noch einmal zu sehen, beunruhigend nah, aber vielleicht doch zu nah, als dass es sich um einen Profi handeln konnte. Er schloss die Möglichkeit eines Verfolgers zwar nicht aus, aber er verdrängte sie wieder. Kein erfahrener Beschatter würde ein rotes Auto benutzen, und er würde auch nicht so unverhohlen Aufmerksamkeit auf sich ziehen, indem er so nah dranblieb.

Weniger als eine Stunde später hielten sie vor dem imposanten Hotel Victoria-Jungfrau – ein Gebäude, das noch immer den Glanz bewahrte, den der Einfluss des viktorianischen Architekturstils auf so viele große Schweizer Hotels gehabt hatte. Von dem roten Auto war nichts mehr zu sehen gewesen, sobald sie richtig unterwegs waren.

Drinnen herrschte die übliche Ernsthaftigkeit eines gehobenen Empfangsbereichs. Eine adrette, ernste, dunkelhaarige Empfangschefin, deren kleines Plastikschild sie als Marietta Bruch auswies, beobachtete sie, als wollte sie ihre Fingerabdrücke nehmen. Dann ging sie die Routine mit ihren Pässen durch, bevor sie ihnen ihr Beileid über das, wie sie es nannte, »vorzeitige Ableben Ihrer Verwandten« aussprach. Und dann fügte sie hinzu: »Sie haben, wie ich hoffe, Papiere von der Polizei?«

Flicka lächelte und kramte in ihrer großen Schultertasche, die sie bewusst unter dem Empfangstresen hielt, damit niemand einen Blick auf die Pistole erhaschen konnte. »Ja, die habe ich, nicht wahr, Schatz?« Sie strahlte und warf Bond einen schnellen Blick mit hochgezogener Augenbraue zu.

»Ich habe sie dir gegeben, aber ich habe schon öfter erlebt, dass Dinge aus dieser Handtasche verschwinden.« Er drehte sich weg und zwinkerte dem Portier zu. Dieser sah ihn an, als hätte er gerade Seezunge mit Malzessig bestellt.

Sie holte die offiziellen Dokumente heraus und reichte sie an das Ehrfurcht gebietende Fräulein Bruch weiter. Die Frau nahm sie so genau unter die Lupe, als hielte sie nach möglichen Bakterien Ausschau. »Die scheinen in Ordnung zu sein«, erklärte sie schließlich. »Möchten Sie zuerst das Zimmer Ihrer Cousine sehen, bevor Sie zu Ihrem eigenen gehen? Oder möchten Sie sich erst einmal einrichten?«

Es war nur allzu offensichtlich, dass das Hotel wollte, dass sie so schnell wie möglich das Zimmer von Laura March besichtigten.

»Die Polizei hat bereits die Erlaubnis erteilt, dass wir das Zimmer aufräumen, sobald Sie ihre Sachen durchgesehen haben.« Marietta Bruch schenkte ihnen ein verkrampftes Lächeln, hinter dem Bond den nicht unnatürlichen Wunsch der Hotelleitung erkannte, die Habseligkeiten der ermordeten Frau wegzuschaffen und das Zimmer wieder vermieten zu können. »Wir haben reichlich Stauraum für ihre Koffer, falls Sie diesen nutzen möchten …«

»Ja«, sagte Bond entschlossen. »Ja, wir verstehen, und ich denke, es wäre am besten, wenn wir ihre Sachen jetzt durchsehen. Das wird auch für uns einfacher sein. Und wir werden Sie natürlich bitten, ihre Koffer aufzubewahren, bis die Angelegenheit geklärt ist.«

Fräulein Bruch nickte zackig und offiziell, dann fragte sie: »Was ist mit dem Ehemann von Mrs March? Als sie dieses Mal angekommen ist, sagte sie, er sei krank und würde nicht zu ihr stoßen. Ich hoffe, es ist nichts Ernstes. Zumindest meinte sie das.«

»Dann hat sie Ihnen nicht die Wahrheit gesagt. Der Ehemann von Mrs March ist vor einigen Monaten verstorben«, log Bond.

»Oh!« Zum ersten Mal wirkte Fräulein Bruch aufrichtig schockiert. Dann wiederholte sie: »Oh! Sie waren so ein hinreißendes Paar. Vielleicht ist das der Grund …?« Sie sprach den Gedanken nicht aus, als sie einen Schlüssel vom Schlüsselbrett nahm. »Wenn Sie mir bitte folgen würden?« Sie ging zu ihrer Seite der Rezeption, jetzt wieder völlig professionell, und wies einen Portier an, Mr und Mrs Bonds Koffer in Zimmer 614 zu bringen. Sie betonte das *Mrs* Bond, als wolle sie damit deutlich sagen, dass sie ihnen kein Wort glaubte.

Laura March hatte sich für ein günstiges und fröhliches Zimmer entschieden. »Das ist keine unserer Luxusunterkünfte.« Unterführerin Bruch – wie Bond sie jetzt für sich getauft hatte – durchbrach die Siegel und drehte den Schlüssel im Schloss herum. »Sie hat kurzfristig reserviert und gesagt, eins unserer günstigeren Zimmer würde zweckdienlicher sein.«

Es war ein einfaches Hotelzimmer: ein schmales Bett mit einem Nachttisch und einem Telefon, ein Einbauschrank, ein

Stuhl, ein kleiner Schreibtisch und ein schrankgroßes Bad, das mit den üblichen Annehmlichkeiten ausgestattet war.

Die Empfangschefin nickte ihnen zu und sagte, wenn sie fertig seien und wieder zur Rezeption kämen, würde sie sie zu ihrem Zimmer begleiten, das »eine unserer luxuriöseren Suiten« sei. Das Lächeln flackerte auf und erlosch, schnell wie eine Neonreklame, und sie verließ das Zimmer.

Bond sah sich im Bad um und stellte fest, dass Laura nicht genug Platz gehabt hatte, um ihr Make-up und ihre Toilettenartikel auszubreiten. Sie hatte es gerade so geschafft, das meiste davon in einem Spiegelschrank über dem Waschbecken unterzubringen. Sie schien eine Vorliebe für Lancôme zu haben und er bemerkte ein kleines Plastikdöschen mit ärztlich verschriebenen Tabletten. Auf dem Etikett stand die Adresse einer Apotheke in Knightsbridge. Die Polizei hatte wahrscheinlich ein paar davon zur Analyse entnommen. Er steckte das ganze Döschen in seine Tasche und verließ das Bad, um Flicka dabei zu beobachten, wie sie die im Schrank hängenden Kleider durchsuchte.

»Nichts Außergewöhnliches.« Sie wühlte sich durch die Kleidungsstücke. »Ein einfaches schwarzes Abendkleid, ein weißer und ein grauer Anzug – das ist schön«, sie schielte auf das Etikett, »ah, Marks and Spencer. Ziemlich billige Sachen, aber mit einem guten Preis-Leistungs-Verhältnis, denke ich. Zwei Hosenanzüge, eine zweite Jeans. Schuhe. Nichts weiter.«

»Durchsuchen Sie die Taschen.« Es klang wie ein Befehl.

»Nein, James, Sie durchsuchen die Taschen. Ich kümmere mich um die Accessoires.« Auf der rechten Seite des Schranks befanden sich drei kleine Schubladen, und während Bond damit anfing, die Taschen der aufgehängten Kleidungsstücke zu durchsuchen, begann Flicka, die Schubladen zu öffnen, wobei sie wie jeder gute Einbrecher die unterste zuerst öffnete.

»Nichts in den Taschen.« Er war gerade mit der Jeans fertig, als sie die oberste Schublade öffnete.

»Hm.« Flickas Hände verschwanden in Spitze und Seide. »Sie muss wohl Stammkundin bei Victoria's Secret gewesen sein. Sehen Sie, James. Wie hübsch.« Flicka hielt mehrere Teile sehr femininer Unterwäsche hoch, damit er sie sehen konnte.

Er nickte. »Sagt Ihnen das etwas?«

»Dass sie sexuell aktiv war, zumindest, bis sie hierherkam.«

»Wirklich?«

»Mädchen kaufen Unterwäsche wie diese, damit Männer sie sehen und ihnen ausziehen können. Ich kaufe auch bei Victoria's Secret ein, auch wenn mir das in letzter Zeit nichts gebracht hat.«

»Laura könnte also im selben Boot gesessen haben.«

»Ich glaube nicht. Diese Dinger sind … nun ja, sie sind auffällig und entsprechen einem Muster. Sie hatte einen Freund, der bestimmte Dinge mochte. Ich schieße einfach ins Blaue. Was mir wie gesagt bisher nicht viel gebracht hat.«

»Das könnte sich noch ändern, Flicka. Wer weiß, was in der guten Schweizer Luft alles passieren kann?« Er war zu dem kleinen Schreibtisch hinübergegangen und begann, die Hotelmappe durchzusehen, in der sich Broschüren, Briefpapier und … »Meine Güte. Ich kann nicht glauben, dass die Polizei das nicht gefunden hat.« Er zog zwei Blätter Hotelpapier heraus, die in der Mitte gefaltet waren. Ein Brief, unterschrieben von Laura. Sie hatte eine große, klare Handschrift. Sehr groß sogar, denn sie schrieb nur wenig und schaffte es trotzdem, anderthalb Seiten zu füllen, mit großen Schleifen und kleinen Kreisen, die sie für die Punkte auf dem ›i‹ benutzte.

»Was haben Sie da?« Flicka stand an seiner Schulter. Er konnte ihren Duft und den köstlichen Moschus ihres Haars riechen.

Bond bewegte sich ein wenig, damit sie den Brief lesen konnte. Er war an niemanden adressiert, aber Laura hatte geschrieben:

Mein liebster David,

tja, wie ich dir gesagt habe, bin ich wieder an unseren alten Lieblingsort gereist. Nichts hat sich verändert, die Berge sind genau da, wo sie schon immer waren. Ich denke auch die ganze Zeit an dich, aber du sollst wissen, dass du für mich gestorben bist. Und trotzdem bist du hier allgegenwärtig. Vielleicht hätte ich nicht kommen sollen, aber ich brauchte die Nähe zu etwas, das wir beide miteinander geteilt haben.

Es hat den ganzen Tag geregnet und ich habe mir im Hotel die Zeit vertrieben, habe versucht, zu lesen und die Berge zu erspähen, die in den Wolken unsichtbar sind. Sie sagen, morgen wird das Wetter gut, also werde ich dann unseren Lieblingsort besuchen.

Oh Gott, David, mein Bruder, mein Liebster, ich weiß nicht, was ich tun soll.

Wie immer, meine tote Liebe,
deine Laura

»Himmel«, sagte Flicka leise. »James, lassen Sie uns von hier verschwinden.«

Er nickte, denn er hatte ein schreckliches, unheimliches Gefühl, als wäre die tote Frau mit ihnen im Zimmer. Hätte er auch nur ein Quäntchen Glauben an das Übernatürliche besessen, hätte Bond vielleicht sogar geglaubt, dass das Monster David March und seine Schwester Laura beide dort waren und heimlich auf dem kleinen Bett vor sich hin kicherten. Zum zweiten Mal an diesem Abend spürte er, wie sich ihm die Nackenhaare aufstellten.

Bond faltete den Brief vorsichtig zusammen und steckte ihn in seine Tasche, dann drehte er sich zu Flicka um. Sie war aschfahl, zitterte und Tränen standen ihr in den Augen. Die Spuren des Schocks traten hervor, als hätte sie eine Wunde erlitten. Er schlang seine Arme um sie und wusste, dass auch er zitterte.

»Ja, Flicka. Solche Dinge würden jedem einen Schrecken einjagen. Lassen Sie uns gehen.«

Er schloss die Tür hinter ihnen und sie fuhren schweigend mit dem Aufzug hinunter zur Rezeption, wo das strenge Fräulein Bruch aufblickte, ohne zu lächeln.

»Ich fürchte, wir können uns heute Abend nicht um die gesamten Habseligkeiten meiner Cousine kümmern.« Seine Stimme war wieder normal: ruhig und selbstbewusst. »Es war ein langer Tag, deshalb müssen wir Sie bitten, bis morgen zu warten. Ich werde mich persönlich gleich morgen früh darum kümmern.«

Marietta Bruch erlaubte sich einen kurzen Blick der Ungehaltenheit, bevor sie sagte, dass sie das vollkommen verstehe.

Sie schnippte mit den Fingern nach dem Portier und wies ihn an, Mr und Mrs Bond zu ihrem Zimmer zu bringen.

Sie hatten ein Schlafzimmer mit einem Kingsize-Bett mit einem nachgebildeten viktorianischen Kopf- und Fußteil – mit schwarzen Metallstäben, die wie Käfige an den beiden Enden aufragten, und riesigen polierten, glänzenden Zierknöpfen aus Messing. Das geräumige Wohnzimmer war renoviert worden und bildete einen seltsamen Kontrast zum Schlafzimmer. Dort standen eine Garnitur schwarzer Ledermöbel, ein geschäftsmäßiger Schreibtisch, ein runder Glastisch, ein Fernseher und ein Kühlschrank mit Minibar. Bond verspürte einen unwillkürlichen Schauer, denn der winzige Kühlschrank rief lebhafte Bilder von David Marchs schrecklichem Kühllager hervor.

Die großen Fenstertüren am anderen Ende des Wohnzimmers führten auf einen langen Balkon mit Blick auf die Vorderseite des Hotels. Flicka war direkt auf den Balkon gegangen, als der Portier sein Trinkgeld erhalten und wieder hinausgegangen war.

Bond folgte ihr und blickte auf den stetigen Schwarm von Einheimischen und Touristen hinunter, die nach dem Abendessen durch die gut beleuchteten Straßen spazierten, was zum Ritual eines jeden Schweizer Touristenorts gehörte. Die Luft war inzwischen kühler geworden, aber sie standen noch einige Augenblicke schweigend eng beieinander, bis er ihr sanft einen Arm um die Schultern legte und sie zurück ins Zimmer und zu dem langen schwarzen Sofa führte.

»Es muss eine rationale Antwort auf das alles geben.« Er hielt den Brief zwischen zwei Fingern und dem Daumen seiner rechten Hand. »Sind wir sicher, dass David March vor fünf Jahren gestorben ist?«

»Ganz sicher. Daran gibt es keinen Zweifel.« Die Farbe war in ihre Wangen zurückgekehrt, aber in ihrer Stimme lag noch immer eine Spur von Angst. »Ich habe die Sterbeurkunde gesehen – zumindest eine Kopie – und …«

»Woran ist er gestorben?«

»An einem Gehirntumor. Das hatte nichts mit seinem geistigen Zustand zu tun, der sich in der Zwischenzeit weiter verschlechtert hatte. Trotz der Medikamente ist David March am Ende nur noch dahinvegetiert. Drei Monate vor seinem Tod haben die Ärzte Anzeichen für starke Kopfschmerzen und Augenprobleme bemerkt. Sie haben alle üblichen Verfahren angewandt, Röntgenaufnahmen, eine Computertomografie und so weiter. Der Tumor war inoperabel. Er ist unter großen Schmerzen gestorben, trotz hochdosierter Schmerzmittel.«

»Und wissen wir, ob Laura ihn gesehen hat?«

»Nein. Niemand aus seiner Familie hat ihn je besucht. Für sie war es, als hätte er aufgehört zu existieren.«

»Dann gibt es drei Möglichkeiten.« Er zeigte wieder auf den Brief. »Das hier ist entweder eine Fälschung, die nachträglich platziert wurde, was recht plausibel erscheint – schließlich hat die Polizei ihn nicht entfernt –, oder Laura hat jemand anderem geschrieben, der für sie wie ein Bruder und Geliebter war, oder, als letzte Theorie, sie war ebenfalls psychisch labil, was bedeuten könnte, dass dieser Brief nur ihrer Fantasie entsprungen ist. Der erste Schritt, denke ich, ist, sicherzustellen, dass sie das hier wirklich geschrieben hat.«

Er durchquerte das Zimmer, hob seine Aktentasche auf, betätigte die Sicherheitsschlösser mit den Daumen und öffnete sie, sodass ein Laptop und ein tragbares Faxgerät zum Vorschein kamen. »Wie sehr sich unser Beruf doch gewandelt hat«, lachte er. »Es gab mal eine Zeit, als meine Aktentasche voller tödlicher Waffen war, und jetzt ist mein Arsenal fast vollständig elektronisch.« Er erwähnte nicht, dass der Koffer tatsächlich ein paar verborgene Gerätschaften enthielt, die tödlich sein konnten, wenn sie richtig eingesetzt wurden.

Nachdem er die Telefonstecker umgesteckt und das Faxgerät eingeschaltet hatte, nahm er ein sauberes Blatt des Hotelpapiers, legte es auf die gläserne Tischplatte und schrieb eine angemessen kryptische Nachricht als Faxdeckblatt. Dieses fütterte er in das Gerät und wählte die sichere Faxnummer in London. Das Deckblatt ging durch, gefolgt von den beiden Seiten, die sie aus Laura Marchs Zimmer mitgenommen hatten.

»Bis morgen früh sollten wir ein einfaches Antwortfax auf dem Gerät des Hotels erhalten. Es wird nur ja oder nein besagen. Wenn es ein Ja ist, werden wir herausfinden müssen, was die kleine Laura wirklich motiviert hat – Fantasie oder Realität.«

»Sie haben nur nach dem Brief gefragt?«

»Ich habe sie gebeten, die Handschrift als die von Laura zu identifizieren und die Fakten über den Tod von David March zu überprüfen. Morgen früh werden wir ein paar Hinweise bekommen und gleich als Erstes werde ich ihr Zimmer noch einmal durchsuchen. Sie bleiben währenddessen hier. Dieser Ort hat eine schlechte Wirkung auf Sie.«

Sie stieß ein trockenes kleines Lachen aus. »Sie hat das alles also völlig kaltgelassen, ja?«

»Nein. Sie wissen, dass das nicht stimmt. Es hat uns beiden einen ordentlichen Schrecken eingejagt.« Er ging zu der kleinen Minibar hinüber. »Brandy? Wodka? Whisky? Worauf haben Sie Lust?«

»Brandy, glaube ich.«

Er lächelte sie an, und nachdem er die Gläser auf den Tisch gestellt hatte, ließ er seine Finger über ihre Schulter streichen. Sie wirkte immer noch völlig erschüttert.

Bond schenkte aus zwei Miniaturfläschchen Remy Martin ein. Er schwenkte sein Glas und beobachtete, wie die bernsteinfarbene Flüssigkeit darin herumwirbelte. Dann nahm er einen Schluck. »Das sollte uns beiden helfen, uns zu entspannen. Wir sollten uns wirklich so gut wie möglich ausruhen. Morgen wird ein langer Tag werden.«

Sie sah ihn nicht an, sondern nickte nur, während sie das Glas ansetzte.

»Ich werde die Couch nehmen. Sie nehmen das Bett.«

Flicka antwortete immer noch nicht und nach einer Weile sagte Bond, er würde duschen und sie in Ruhe lassen. Sie saß da und starrte ins Leere, als er zurückkam, nachdem er seinen Kleidersack ausgepackt und geduscht hatte und in den Bademantel geschlüpft war, den das Hotel bereitgelegt hatte.

Sie verließ das Wohnzimmer und sagte nur, dass sie noch einmal nach ihm sehen würde, bevor sie zu Bett ging. Bond, der sich rastlos fühlte, schüttete den letzten Rest Brandy in sein Glas und lehnte sich zurück, um die Nachrichten auf CNN zu sehen. Eine halbe Stunde später hörte er, wie leise die Tür zum Schlafzimmer geöffnet wurde, und nahm nur das Flüstern von Kleidung hinter sich wahr. Als er sich umdrehte, sah er Flicka, die ihm Türrahmen lehnte. Sie trug nichts als ein hauchdünnes Dreieck aus Seide und Spitze, ihr Haar glänzte und die grünen Augen hatte sie weit aufgerissen, sodass er wieder das Gefühl hatte, er könne in ihrem Blick ertrinken.

»Ah, das ist also dein Schuss ins Blaue.«

»Gefällt es dir, James?«

Er stand auf und sie kam auf ihn zu, schmiegte ihren Körper an den seinen und legte eine Hand mit gespreizten Fingern an seinen Hinterkopf, um seine Lippen auf ihre zu ziehen.

»Es ist schon eine Weile her«, flüsterte sie. »Aber ich brauche heute Abend etwas Trost. Bitte.« Das letzte Wort war kein Flehen, sondern etwas anderes, das tief aus ihrem Inneren kam. Dann führte sie ihn langsam ins Schlafzimmer.

Als er in sie eindrang, stieß sie einen kleinen Freudenschrei aus, der sich rau ihrer Kehle entrang. Ein Geräusch von jemandem, der kurz vor dem Verdursten stand und eine Möglichkeit sah, seinen Durst zu stillen. Für eine Sekunde sah er statt Flicka das Gesicht einer anderen, einer längst Verlorenen, dann war es verschwunden, als ihr eigenes Gesicht und ihr Körper ihre besondere Magie ausübten.

Keiner von beiden hörte, wie die Tür zum Wohnzimmer geöffnet wurde, und auch nicht die leisen Schritte der Person, die vor ihrer Tür vorbeiging, denn zu diesem Zeitpunkt war das Schlafzimmer für kurze Zeit zu einem treibenden Floß fernab vom Land geworden.

Dann, ohne Vorwarnung, legte Bond sanft seine Hand auf Flickas Mund.

»Was …?«, setzte sie an, aber er rief laut: »Wer ist da?«

Aus dem Wohnzimmer meldete sich eine verlegene Frauenstimme: »Das Zimmermädchen, Sir. Es tut mir leid, ich dachte, Sie wollten vielleicht, dass ich das Zimmer herrichte.«

»Nein, nein, das ist schon in Ordnung.« Er lächelte Flicka an und verzog das Gesicht. »Das hätte sehr peinlich werden können«, flüsterte er. »Ich gehe besser mal hin und hänge das ›Bitte nicht stören‹-Schild auf.«

»Wenn es sein muss. Aber bitte schnell, sonst mache ich allein weiter.«

Er ging ins Wohnzimmer, hängte das Schild auf und verriegelte die Tür. Auf dem Rückweg sah er seine Aktentasche und nahm sie vorsichtshalber mit ins Schlafzimmer. Irgendetwas nagte an ihm. Die Stimme des Zimmermädchens. Er meinte, sie schon einmal gehört zu haben, konnte sie aber nicht zuordnen.

Er stellte die Aktentasche am Bettende ab, nicht wissend, dass der Schaden bereits angerichtet war.

Später pflügte Flicka mit langen, gespreizten Händen Furchen in seinen Rücken und hinterließ tiefe Kratzer, sie bewegten sich im Einklang. Eine lange Zeit existierte nichts und niemand außer ihnen beiden, während sie dunklere Träume und tiefere Schrecken verdrängten.

Kleine rosa Zellen

Bond riss die Augen auf und war wach, unmittelbar bevor das Telefon leise summte. Der Weckruf, den er für sechs Uhr morgens bestellt hatte. Er streckte sich nach dem Hörer und schmunzelte, nachdem er zwei oder drei Sekunden gelauscht hatte.

Er war es gewohnt, von einer aufgenommenen Stimme geweckt zu werden. In den meisten Hotels hatten diese die persönlichere Note von echten Menschen ersetzt, die einem sagten, dass es sechs Uhr morgens war, das Wetter gut, schlecht oder durchwachsen war und dass sie einem einen schönen Tag wünschten. Auch der Weckruf im Victoria-Jungfrau war eine aufgenommene Nachricht, aber so elaboriert, wie es nur die Schweizer vermochten. Es ertönte das Klimpern einer Spieluhr, über das Frauenstimmen ein- und ausgeblendet wurden, die dem Hörer einen »Guten Morgen« auf Deutsch, Französisch, Italienisch, Niederländisch, Spanisch, Englisch, Japanisch und, soweit er das einschätzen konnte, Urdu wünschten. Diese ungewöhnliche Mischung erregte seine Aufmerksamkeit und er hörte ihr eine ganze Minute lang zu, bevor er den Hörer wieder auflegte und Flicka sanft an der nackten Schulter rüttelte.

Allmählich und unter vielen Protesten wachte sie auf, blinzelte ein paarmal und schenkte ihm dann ein langes, zufriedenes Lächeln – ein Blick wie von einer Katze, die von der Sahne naschen durfte, und von dem Bond dachte, dass er sich wahrscheinlich in seinem eigenen Gesicht widerspiegelte.

Sie wollte nur Kaffee zum Frühstück – »am liebsten intravenös« –, also wählte er den Zimmerservice und bestellte eine große Kanne Kaffee und Vollkorntoast.

Sobald er den Hörer auflegte, fing das Nachrichtenlicht an zu leuchten: Ein Fax, hieß es in der Nachricht, sei über Nacht aus England geschickt worden. Er wies das Personal an, es sofort aufs Zimmer zu bringen. Innerhalb weniger Minuten war ein Portier an der Tür und übergab ihm einen versiegelten Umschlag.

Auf der Bettkante sitzend und in den Frotteebademantel mit Wappen gewickelt, las er die Nachricht. Das Fax war kurz und auf den Punkt gebracht: »Identifizierung positiv. Senden Sie das Original sofort per Kurier.« Es war mit »Mandarin« unterzeichnet, dem Geheimcode mit der höchsten Priorität, den M verwendete, was bedeutete, dass der alte Mann wollte, dass Bond ein Kurierverfahren durchlief, das zwei Telefonanrufe nach Genf und seine persönliche Anwesenheit bei der Abholung des Briefs durch den Boten beinhaltete.

Flicka, immer noch nackt, beugte sich über seine Schulter.

»Hat dir schon mal jemand gesagt, dass es unhöflich ist, die Post anderer Leute zu lesen?« Er warf einen Blick zurück zu ihr.

»Sicher, aber gilt ein Fax als Post? Diese Dinger kann man direkt von der Telefonleitung abfangen. Unten an der Rezeption haben es alle gelesen, in der Hoffnung, es würde etwas Pikantes drinstehen ...«

»Aber das tut es nicht.«

»Nun, in gewisser Weise schon. Laura hat den Brief geschrieben. Wie ist euer Kurierdienst so?«

Bond schlug spielerisch ihre Hand weg. »Das würdest du wohl gern wissen, was? Wenn ich so darüber nachdenke, weißt du es wahrscheinlich schon, ihr Schweizer seid ja so effizient.«

Sie gab ihm einen sanften Kuss auf die Wange und zwinkerte ihm frech zu. »Tatsächlich benutzt ihr denselben kleinen Mann wie die Franzosen – Mr Hesk in Genf. Wir haben uns schon öfter gedacht, dass das eine furchtbar undichte Stelle sein könnte.«

Mit seinem muskulösen Körper drückte er sie zurück aufs Bett und küsste erst ihre Augen und dann ihren Mund. Bevor die Dinge wieder völlig aus dem Ruder laufen konnten, signalisierte ein Klopfen an der Zimmertür, dass das Frühstück eingetroffen war.

Sie saßen sich schweigend gegenüber. Sie nippte an einer Tasse starken schwarzen Kaffees nach der anderen, er musste sich zähneknirschend eingestehen, dass das Ei zwar fast, aber nicht ganz so hart gekocht war, wie er es mochte.

Schließlich ergriff Flicka das Wort. »Normalerweise bin ich nicht so.«

»Wie denn?«

»Na, so leicht zu haben.«

»Das wäre mir auch nicht in den Sinn gekommen. Die Chemie hat einfach gestimmt und es war eine denkwürdige Nacht. Eine hervorragende Nacht. Eine Nacht, von der ich noch lange träumen werde.«

»Das ist wahr. Eine hervorragende Nacht. Können wir das irgendwann mal wiederholen?«

»Wenn es nach mir geht, sicher. So sicher wie die Schweizer Banken.« Er lächelte sie an und ihre Blicke trafen sich. Wieder hatte er das vertraute Gefühl, in den grünen Tiefen ihrer Augen zu ertrinken und sich darin zu verlieren. Schnell schüttelte er es ab und sagte, er müsse den Kurier organisieren.

Er holte die Aktentasche aus dem Schlafzimmer, aber als er die Sicherheitsschlösser öffnen wollte, stellte er überrascht fest, dass sie bereits auf den korrekten achtstelligen Code eingestellt waren.

»Ich hätte schwören können …«, setzte er an, wohl wissend, dass er die Schlösser automatisch eingestellt hatte, nachdem er letzte Nacht das Fax losgeschickt hatte. Das war etwas, was er immer tat, ohne darüber nachzudenken, so wie atmen, und doch war er sich für einen Moment unsicher.

Mit einem schnellen Klicken öffnete er die Schlösser und hob den Deckel der Aktentasche. Alles sah ganz normal aus, bis er die kleine Mappe öffnete, in die er den Originalbrief gelegt hatte. Sie war leer. Es war, als hätte es Laura Marchs bizarren, nicht adressierten und nicht abgeschickten Brief an »David«, ihren »Liebsten und Bruder«, nie gegeben.

»Stimmt etwas nicht, mein Lieber?« Flicka saß an dem kleinen Tisch und sah ihn mit einem Ausdruck von Unschuld an, der ihn seltsamerweise beunruhigte.

»Weißt du das nicht selbst am besten?«, fragte er, ohne zu lächeln.

»Was ist los?«

»Ich habe gefragt, ob du das nicht selbst am besten weißt, Flicka. Gestern Abend waren wir nur zu zweit in dieser Suite. Du hast gesehen, wie ich meine Aktentasche verschlossen habe. Ich habe geschlafen wie ein Murmeltier …«

»Ich auch, irgendwann.« Der Anflug eines Lächelns lag auf ihren Lippen und ein Hauch von Verwirrung in ihren Augen.

»Sicher, dass du nicht geschlafwandelt hast?«

»Ich weiß nicht, was du meinst.«

»Dann erkläre ich es dir. Ich habe den Brief von Laura March gestern Abend in diesen Koffer gelegt. Dann habe ich ihn verschlossen, und zwar mit einer Sequenz, die nicht einmal meine Vorgesetzten in London kennen. Aber jemand hat ihn vorsichtig geöffnet und der Brief ist weg.«

»Aber …«

»Aber abgesehen von mir bist du die einzige Person, die das hätte tun können, Flicka. Na los, wenn du für deine Chefs Spielchen spielst, wäre es besser, es mir jetzt zu sagen. Und dir weitere Anschuldigungen und Unannehmlichkeiten zu ersparen.«

»Ich weiß nicht, was du meinst! James, ich war die ganze Nacht bei dir. Das musst du doch wissen. Warum sollte ich …?«

»Ich habe keine Ahnung, warum, aber du bist die einzig mögliche Verdächtige.«

Sie erhob sich langsam vom Tisch. »Dann bist du verrückt, James. Ich habe deine verdammte Aktentasche nicht angefasst, und wenn du andeuten willst, dass ich dich in mein Bett eingeladen habe, nur um etwas zu stehlen, dann ... ach, zum Teufel, welchen Sinn hat das denn? Ich habe den verdammten Koffer nie angefasst.« Von einer Sekunde auf die andere veränderte sich ihre Stimmung von warm und liebevoll zu eiskaltem Zorn. Rote Flecken erschienen auf ihren Wangen, als sie sich umdrehte und schnell in Richtung Schlafzimmer ging. »Ich schlage vor, du überlegst dir, was sonst passiert sein könnte, James. Und du kannst dir auch eine andere Frau suchen, die dir die Nächte versüßt.« Sie schlug die Tür hinter sich zu und ließ Bond neben der Aktentasche kniend zurück.

Sie klang tatsächlich aufrichtig wütend, meinte er, aber das war häufig die beste Verteidigung, um von der eigenen Schuld abzulenken. Er stieß einen leisen Fluch aus. Sie war eine ausgebildete Geheimdienstagentin, es wäre also ein Leichtes für sie gewesen, sich die Kombination zu merken, als er die Aktentasche geöffnet hatte. Schließlich hatte er selbst genau das schon Hunderte Male getan, wenn Leute Telefonnummern gewählt hatten. Niemand sonst hätte sich in der Nacht hereinschleichen können ... Er hielt inne und stieß einen weiteren Fluch aus. Natürlich, da war *doch* jemand anders gewesen. Das Zimmermädchen, das hereingekommen und sie fast im Schlafzimmer erwischt hatte – oder war es überhaupt so gewesen? Wie lange war das Zimmermädchen schon im Wohnzimmer gewesen, bevor er es gehört hatte? Er erinnerte sich, dass er meinte, seine Stimme schon einmal gehört zu haben.

Dann erinnerte er sich an das Auto, von dem er meinte, dass es ihnen von Thun aus gefolgt wäre. Es war also vielleicht doch möglich, dass jemand Unbekanntes sich Zugang zum

Zimmer verschafft und den Brief gestohlen hatte. Immerhin war er ziemlich beschäftigt gewesen, bevor er in einen süßen und traumlosen Schlaf gefallen war. Wie auch immer der Diebstahl durchgeführt worden war, die Schuld lag immer noch bei *ihm* und es blieb ihm nichts anderes übrig, als sich bei Flicka zu entschuldigen, ihr vorerst zu glauben und sie mit Argusaugen zu beobachten.

Er ging zur Schlafzimmertür und klopfte leise an, rief ihren Namen und versuchte dann, die Klinke herunterzudrücken. Sie hatte die Tür von innen verriegelt und die nächste Stunde verbrachte er damit, sich zu entschuldigen, gefolgt von dem nicht unangenehmen Ritual der »Versöhnung«.

Seine Nachricht an London war eine sorgfältig zusammengestellte Kombination aus notwendigen Informationen und einer Entschuldigung. Wie jeder Geheimdienstoffizier war Bond geschickt darin, sich aus der Verantwortung zu ziehen. Diesmal tat er es mit größerer Sorgfalt als sonst und verwies auf einen unerklärlichen Vorfall, der sich seiner Kontrolle entzog, als Grund für das Abhandenkommen des ursprünglichen Briefs. Bevor er in London vor M treten musste, würde er sich eine logische Entschuldigung ausgedacht haben. In der Nachricht bat er außerdem, mögliche Geheimdienstaktivitäten in der Schweiz zu überprüfen. Sicherheitshalber erwähnte er auch den roten Volkswagen. Nachdem er das Fax losgeschickt hatte, nahm Bond eine heiße Dusche, gefolgt von einer eiskalten, um die Poren zu öffnen und die Nervenenden zu stimulieren. Er rasierte sich und zog sich an, wobei er die ganze Zeit mit Flicka redete, die am Frisiertisch saß und ihr Gesicht für den bevorstehenden Tag herrichtete.

Sie waren bereits spät dran für ihr Treffen mit der örtlichen Polizei in Grindelwald, also ging Bond auf ihrem Weg nach draußen an der Rezeption vorbei, um der strengen Marietta Bruch mitzuteilen, dass sie Ms Marchs Zimmer bei ihrer Rückkehr noch einmal durchgehen würden. Sie antwortete mit einem knappen »Ja?« und einem Blick, der hätte töten können. Er war mit Sicherheit nicht ihr Lieblingsgast.

Obwohl sie seine Entschuldigung auf die bestmögliche Art akzeptiert hatte, zu der eine Frau imstande war, schien sich Flicka wieder zurückgezogen zu haben. Sie spielte nicht die Eiskönigin und stellte auch keinen offenen Ärger zur Schau, aber ihre Unterhaltung erschöpfte sich schließlich in einsilbigen, manchmal schroffen Antworten und die Fahrt nach Grindelwald verlief fast schweigend.

Die Polizeipräsenz war nicht zu übersehen. Zwei Autos und ein Polizeibus blockierten die kleine Straße zum Sessellift und ein großes Schild in drei Sprachen – Deutsch, Französisch und Englisch – verkündete, dass der Sessellift zum First mit seiner großartigen Aussicht auf das Grindelwalder Becken bis auf Weiteres geschlossen war. Der Zugang war außerdem mit gelbem Tatortband abgesperrt. Ein uniformierter Inspektor stand zusammen mit einem stämmigen, ungepflegt aussehenden Mann in Zivilkleidung am Eingang des Sessellifts. Der Mann in Zivil hielt eine Schweinsledermappe locker unter einem Arm und schenkte ihrer Ankunft kaum Beachtung.

Der Uniformierte kannte Flicka offensichtlich, denn er begrüßte sie mit Namen und sie stellte ihn Bond ihrerseits als Inspektor Ponsin vor. Er nickte ernst und wandte sich dem Zivilisten zu. »Das ist Kommissar Bodo Lempke von der Polizei

Interlaken, der mit den Ermittlungen betraut ist.« Er deutete von einem zum anderen.

»Ich kenne Herrn Lempke bereits«, sagte Flicka etwas distanziert.

Lempke schenkte ihnen ein Lächeln, das Bond an die Art von Begrüßung erinnerte, die er von einem Idioten erwarten würde, denn das Gesicht des Mannes hatte grobschlächtige, bäuerliche Züge und seine Lippen verzogen sich zu einem breiten Clownsmund.

»Tja«, sagte er. Seine Stimme war rau, tonlos und wenig enthusiastisch. »Sie sind also das, was meine Freunde bei der Metropolitan Police ›Funnies‹ nennen, ja? Ich hab diese Bezeichnung mal in einer Spionagegeschichte gelesen und wollte es nicht glauben, bis mir meine englischen Kollegen bestätigt haben, dass sie euch tatsächlich so nennen.« Er lachte, humorlos und ohne zu lächeln.

Alles in allem, dachte Bond, war Bodo Lempke die gefährlichste Art von Polizist. Wie bei den besten Spionen war die Persönlichkeit des Mannes völlig nichtssagend.

»Na dann«, fuhr Bodo fort, »Sie wollen also ein Auge auf den Tatort werfen, ja? Sie werden aber kaum was Interessantes finden. Wenig Anhaltspunkte, keine Motive, nur Hinweise, die uns den Namen – oder den falschen Namen – des Mörders verraten.«

»Sie haben einen Namen?«

»Oh, aber sicher. Hat Ihnen das niemand gesagt?«

»Nein.« Dieser Mann, dachte Bond, war mit allen Wassern gewaschen. Leute wie er wurden normalerweise beschrieben als jemand, der Schwierigkeiten hatte, die Aufmerksamkeit von Kellnern auf sich zu ziehen. Herr Lempke hätte schon Mühe gehabt, die Aufmerksamkeit eines Taschendiebs zu erregen, selbst wenn er gerade mit einem Bündel Geldscheine herumgewedelt und es sich dann in die Gesäßtasche gesteckt hätte.

Flicka fuhr mit Inspektor Ponsin mit dem Sessellift hinauf, während Bond sich mit dem behäbigen Bodo Lempke begnügen musste, der allein genug Gewicht mitbrachte, um den Doppelsessel leicht zum Kippen zu bringen. Es war eine schöne, kurze Fahrt den Hang hinauf, während der Lempke schwieg und nur eine Bemerkung zur Todesursache machte.

»Man hat Ihnen von dem Tetrodotoxin erzählt, ja?«

»Ja.« Er entschied sich, Stumpfsinn mit Stumpfsinn zu bekämpfen.

»Exotisch, nicht wahr?«

»Sehr.«

»Sehr exotisch?«

»Außergewöhnlich.«

»In der Tat.«

Am First-Aussichtspunkt waren mehrere Polizisten in Uniform und in Zivil. Bond vermutete, dass sie dabei waren, das Gebiet, das mit weiteren Absperrbändern abgegrenzt war, noch einmal gründlich zu durchsuchen. Eine kleine Gruppe von Männern und Frauen stand neben der langen Blockhütte des Restaurants. Sie sahen niedergeschlagen aus und hatten auch allen Grund dazu: Da der Sessellift geschlossen war, war das übliche Geschäft auf ein paar unzufriedene Polizisten zusammengeschrumpft, die auch nicht wussten, wonach genau sie suchten.

Die Luft war frisch und klar und der Blick von diesem Aussichtspunkt war fast wie aus einer anderen Welt. Bond hatte seine eigenen Gründe, sich von den Bergen überwältigt zu fühlen. Für ihn war ihre Erhabenheit – ein überstrapaziertes Wort, wenn man die Gipfel und Felsspitzen der hochgelegenen Orte der Welt beschrieb – von Respekt geprägt. Seine Eltern waren auf einem Berg gestorben und seit seiner Kindheit war er zwar oft von der Schönheit der Felsen, Klippen und zerklüfteten Vorsprünge, die in den Himmel ragten, beeindruckt gewesen, aber er war sich auch der Gefahren bewusst, die sie darstellten. Für ihn waren sie wie wollüstige, schöne Frauen, die ihm zuwinkten – Sirenen, die darauf warteten, erobert zu werden, die aber auch gefährlich waren und die, wie so viele von Gottes großen Wundern, Ehrfurcht und Vorsicht erforderten.

Trotz der warmen Sonne fröstelte er leicht, und als er sich umdrehte, sah er, dass Flicka aus dem Sessellift gestiegen war und sich dicht neben ihn gestellt hatte. Sie hatte gesagt, dass er an diesem Ort etwas Seltsames und Beängstigendes spüren würde, und sie hatte recht gehabt. Orte eines plötzlichen Todes oder des Bösen hatten oft eine Aura des Schreckens, genauso wie alte Orte – Häuser, Steinkreise, alte Kirchen – gute oder böse Schwingungen wie unauslöschliche Aufzeichnungen in ihrem Stein festzuhalten scheinen. In Flickas Augen lag ein Blick der »Hab ich doch gesagt« vermittelte, und Bodo Lempke hustete laut.

»Ich zeige Ihnen, wo die Gute gefunden wurde, ja? Wo der Mord passiert ist. Immer für einen Lacher gut.« Er schenkte ihnen wieder sein humorloses Lächeln und ging los. Er führte sie zwischen den Bändern hindurch, die einen Weg zu einem kleinen Bereich markierten. Die Abschirmungen, die die Polizei ursprünglich um die Leiche herum aufgestellt hatte, waren immer noch vorhanden und es gab noch Anzeichen des unerwarteten Todes – zwei Kerben im weichen, federnden Rasen, wo Laura Marchs Schuhe den Boden aufgeschürft hatten, als ihre Beine unwillkürlich hervorgeschnellt und erstarrt waren, als das Gift der tödlichen Kapsel in ihre Blutbahn gelangt war.

»Wir haben Schnappschüsse.« Lempke griff in die Schweinsledermappe.

»Das sind aber keine gewöhnlichen Schnappschüsse aus dem Urlaub, oder?« Bond blätterte durch den Stapel von acht mal zehn Zentimeter großen Hochglanzfotos, die alle die tote Laura March an genau dieser Stelle zeigten. Abgesehen von einer unnatürlichen Starre wirkte sie seltsam friedlich.

»Eine schlafende Schönheit, was?« Bodo nahm die Fotos wieder entgegen.

»Eine tote Schönheit«, korrigierte Bond, denn zu Lebzeiten war Laura March zweifellos attraktiv gewesen. Er ärgerte sich über Bodos scheinbare Gefühllosigkeit, aber er zügelte seine Wut. Polizisten auf der ganzen Welt schienen eine harte zweite Haut zu entwickeln, wenn es um unvorhergesehene Todesfälle ging.

Lempke drehte sich um und deutete den sanften grünen Hang hinauf zu einem kleinen Felsvorsprung. »Als sie die Leiche untersucht haben, haben mich die Gerichtsmediziner auf den blauen Fleck an ihrem Nacken aufmerksam gemacht – davon habe ich auch Schnappschüsse. Von der Position der

Leiche ausgehend haben wir Berechnungen angestellt und eine mögliche Flugbahn ermittelt. Da oben, da hat sich der Scharfschütze sein Nest gebaut.«

»Aber Sie hatten keine Ahnung, dass der Bluterguss von etwas stammt, das auf das Opfer abgefeuert wurde.«

»Auch das ist wahr. Er hätte aus nächster Nähe zugefügt worden sein können, aber es gab keine Anzeichen dafür, dass jemand anders an dieser Stelle war. Ich habe mein Gehirn benutzt.« Er tippte sich an die Stirn. »Ich sehe mir manchmal die Fernsehserie mit diesem Detektiv Hercule Poirot von Agatha Crusty an …«

»Christie«, korrigierte Bond.

»Genau. Er nennt das Gehirn seine kleinen grauen Zellen, ja?«

»Ja.«

»Das ist es, was ich benutze. Kleine graue Zellen. Nur denke ich, dass meine vielleicht rosa sind. Denn ich habe eine Vorliebe für Rotwein. Klar?«

Darauf fiel ihm wirklich keine Antwort ein, also folgten Flicka und Bond einfach Bodo auf dem sauber markierten Weg, der zu dem kleinen Felsvorsprung hinaufführte, der ebenfalls mit Tatortband abgesperrt war.

»Hier hat der Scharfschütze seine Eier gelegt.« Bodo machte eine kleine Geste in Richtung des Bereichs unmittelbar hinter den Felsen.

Seine Eier gelegt?, dachte Bond und wusste in diesem Moment, dass sein erster Eindruck von dem Mann richtig gewesen war. Trotz seines verschlafenen Äußeren und seiner vorgetäuschten Naivität gepaart mit einem entwaffnenden

Gebrauch der englischen Sprache, war Bodo Lempkes Verstand rasiermesserscharf. Er verdächtigte mit ziemlicher Sicherheit jeden, irgendetwas verbrochen zu haben, bis er ihm persönlich das Gegenteil bewies.

»Sehen Sie hier«, fuhr Bodo fort. »Sehen Sie, dass der Schütze einen sauberen Schusswinkel hatte. Gerade nach unten, sechzig Meter: ein guter, freier Schuss mit viel Deckung.«

»Woher wissen Sie das? Hat der Schütze eine Visitenkarte hinterlassen?«

Bodo starrte ihn ausdruckslos an, gefolgt von dem dümmlichen Lächeln. »Sicher. Natürlich. Solche Leute hinterlassen immer Visitenkarten. Das gehört zum Handwerkszeug ihres Berufs. Sie wollen einen wissen lassen, dass sie da waren. Und dieser war lange da, über Nacht, um genau zu sein.«

»Über Nacht?«

»Er ist als eine Person raufgekommen und dann als jemand völlig anderes wieder runtergegangen. Am Tag vor dem Tod von Miss March hat es heftig geregnet, sogar geschüttet wie aus Eimern. Der Schütze ist nass geworden und am nächsten Tag getrocknet, als die Sonne rauskam und sein Opfer mit dem Sessellift herauffuhr. Sehen Sie, der Boden hier war durch den Regen aufgeweicht. Er hat perfekte Abdrücke seines Körpers hinterlassen.«

Hinter der kleinen Ansammlung von Felsen war der Boden eingedrückt, was zweifellos zeigte, dass dort jemand längere Zeit gelegen hatte.

Lempke schenkte ihnen sein schnelles, humorloses Lächeln. »Kommen Sie«, sagte er mit einem verschwörerischen Augenzwinkern.

Er führte sie die Anhöhe hinauf zu einer kleinen Ansammlung von Büschen, die ebenfalls von Tatortband abgesperrt waren. Am Fuß des Gebüschs befand sich ein flaches Loch, etwa einen halben Quadratmeter groß und ungefähr dreißig Zentimeter tief. »Vielleicht wollte er zurückkommen, um seine Sachen zu holen, aber wir waren schneller. Ich habe alles in meinem Auto.«

»Was genau haben Sie in Ihrem Auto?«, fragte Flicka.

»Alles, was er gebraucht hat – außer der Waffe natürlich und den anderen persönlichen Gegenständen, die er am nächsten Tag mitgenommen hat.«

»Die da wären?«

»Sie glauben mir nicht? Sie halten mich für einen trotteligen Ermittler. Na gut, da beißt die Maus keinen Faden ab. Kommen Sie, ich lade Sie zum Mittagessen in eins meiner Lieblingsrestaurants hier ein. Captain Bond, Sie begleiten die hübsche Dame, ich folge Ihnen. Ich treffe Sie unten, ich muss diese plattfüßigen Polizisten hier wegschaffen. Heute Nachmittag soll der Sessellift wieder in Betrieb genommen werden, damit die Massen wieder hochfahren und die Aussicht auf die Berge bewundern können.«

»Du magst ihn nicht besonders, oder?«, fragte Flicka, als sie auf wieder im Sessellift saßen und nach unten schaukelten.

»Er ist gerissen wie ein Fuchs und weiß viel mehr, als gut für ihn ist.« Bond ergriff ihre Hand. »Hast du mir schon verziehen?«

»Vielleicht. Warten wir's ab. Ich werde es dir heute Abend sagen.«

»Aha.«

»Was mich interessiert, James, ist, dass dieser Polizist viel mehr zu wissen scheint, als er uns glauben machen will.«

»Bozo Lempke.«

»Ich denke, er heißt Bodo, James.«

»Ich weiß, aber mir gefällt der Name Bozo besser. Bozo der Clown.«

Lempke fuhr wie ein kurzsichtiger Rennfahrer, der seine besten Jahre längst hinter sich hatte. Selten hatte sich Bond in einem Auto so unsicher gefühlt und Flicka sah blass und verängstigt aus, als der Polizist endlich vor einem kleinen Familienrestaurant ein paar Kilometer außerhalb von Interlaken anhielt.

Da es Sonntag war, der Tag, an dem Schweizer Familien in der Regel auswärts aßen, war das Lokal voll, aber man kannte Bodo und bald fanden sie sich in einem privaten Raum hinter dem Hauptrestaurant wieder. Lempke winkte alle Fragen zum Tod von Laura March ab, bis sie gegessen hatten. »Man geht in eine Kirche, um zu beten«, murmelte er, »also geht man auch in ein Restaurant, um zu essen. Das ist allgemein bekannt und ich esse gern.«

Das wurde in den nächsten anderthalb Stunden nur allzu deutlich, als er zwei Portionen Raclette verdrückte, dieses einfache, aber wunderbar aromatische Gericht mit geschmolzenem Käse auf Kartoffeln, serviert mit eingelegten Zwiebeln und Gurken. Außerdem aß er drei saftige Regenbogenforellen, von denen Bond zwei und Flicka eine aß. Es folgten zwei extragroße Stücke Kirschtorte mit viel Sahne und dazu trank er den Großteil einer Flasche Rotwein. Erst als der Kaffee serviert wurde, wirkte Bodo satt.

Er zwinkerte verschlagen, rieb sich die Hände und verkündete, dass sie jetzt zur Sache kommen sollten, da er wirklich nicht den ganzen Tag Zeit habe.

»Meine Vorgesetzten haben mir gesagt, dass ich Ihnen als dem für diesen Fall zuständigen Beamten so viel Hilfe und Informationen wie möglich zukommen lassen soll.« Er blickte von Bond zu Flicka und wieder zurück, als würde er auf Fragen warten.

»Also, was haben Sie da oben in dem Loch unter den Büschen gefunden, Bodo?«

»Alles, was er nicht vom Berg runterschaffen konnte. Zumal er als eine andere Person runtergehen wollte.«

»Was meinen Sie mit alles?« Flicka lehnte sich vor, um sich eine Zigarette anzuzünden.

»Alles, was er nicht runtertragen konnte. Das hat er alles da oben verstaut.«

»Wie zum Beispiel?«

»Wie zum Beispiel eine große Reisetasche. Durchnässt vom Regen und von seinem Inhalt.«

»Der da war?«

»Ein wasserdichter Overall in Tarnfarben mit Kapuze und Handschuhen, ein batteriebetriebener, wasserdichter beheizbarer Schlafsack, die Reste von Lebensmitteln – Militärrationen – und eine Thermoskanne. Außerdem eine Ersatz-CO_2-Patrone, sodass wir wissen, was er benutzt hat: ein leistungsstarkes gasbetriebenes Gewehr. Er hat auch dicke Schuhsohlen hinterlassen, mit denen er größer wirken wollte.«

»Und damit ist er auf den Berg gefahren? Hat ihn jemand gesehen?«

»Aber sicher haben sie ihn gesehen. Beim Hochgehen und beim Runterkommen. Einer der Leute, die den Sessellift bedienen, hat ihn identifiziert, auch wenn er beide Male ganz anders aussah.«

»Wie?«

»Wie was?«

»Wie sah er ganz anders aus?«

»Seine Größe, oder Kürze, je nach dem, von welchem Tag wir reden. Hier, ich habe eine Zeichnung dabei.« Er kramte in der Schweinsledermappe, die offensichtlich ergänzt worden war, seit sie auf dem Berg waren, und legte zwei Fotos von Strichzeichnungen vor ihnen auf den Tisch.

Die erste zeigte einen leicht orientalisch aussehenden Mann mittleren Alters mit einem kurzen, herunterhängenden Schnurrbart und einer Brille mit dicken Gläsern. Wie die Legende an der Seite der Zeichnung verriet, war er etwas über einen Meter achtzig groß. Der Regenmantel sah sehr englisch aus, wahrscheinlich von Burberry, und reichte bis zu den Waden. Dieser Mann trug eine Reisetasche und einen dicken Spazierstock.

Lempke berührte die Zeichnung mit einem pummeligen Zeigefinger. »Er ist als ein großer Mann mit einem Regenmantel hochgegangen.« Er berührte die zweite Zeichnung. »Und ist als rasierter, etwa eins siebzig großer Mann in schwarzen Cordhosen und einem Rollkragenpullover und mit einem kleinen Rucksack wieder runtergekommen. Allerdings war der Rucksack *zu* klein. Hätte er sich die Mühe gemacht, einen größeren mitzunehmen, hätte er alles wieder mitnehmen können.«

Die Zeichnung zeigte eindeutig einen ganz anderen Menschen. Viel jünger, das Gesicht offener. Das Einzige, was er mit der ersten Zeichnung gemeinsam hatte, war, dass auch er den schweren Stock trug.

Lempke lächelte und holte eine dritte Zeichnung hervor, die er zwischen die ersten beiden legte.

»So wurde er identifiziert?« Bond spannte den Mund an.

»Selbstverständlich. Durch seinen Spazierstock. Sehr dick, robust, mit einem Messinggriff in Form eines Entenkopfs.«

»Sie glauben, das war die Waffe?«

»Da bin ich mir sicher.« Lempke lachte wieder fröhlich vor sich hin. »Ich kenne sogar den Namen des Mannes, denn es war die echte Person, die runtergekommen ist – oder zumindest so nah, wie wir jemals an die echte Person herankommen werden. Sie haben ihn in seinem Hotel identifiziert. Ein Engländer mit dem Namen David Docking. Sie hatten seine Passdaten, ebenso wie die örtliche Polizei, wie es das Gesetz vorschreibt. Er kam am Freitagabend an und war so gekleidet, wie Sie ihn hier sehen.« Er berührte die zweite Zeichnung. »Das einzige Gepäck war der Rucksack – ziemlich klein – und er ist am Samstagmorgen abgereist. Der Hauptportier des Beau-Rivage, wo er untergekommen war, hat sein Flugticket gesehen. Er sollte am Samstagabend mit einem British-Airways-Flug von Zürich aus abfliegen. Es wird Sie allerdings wohl nicht überraschen, dass niemand namens David Docking auf dem fraglichen Flug war. Mr Docking verließ das Hotel Beau-Rivage am Samstagmorgen um zehn Uhr und wurde seitdem nicht mehr gesehen.«

»Also ist Mr Docking am Donnerstagmorgen auf den Berg gefahren …«

»Nachmittags. Gegen vier Uhr nachmittags.«

»… ist am Donnerstag*nachmittag* auf den Berg gefahren, wobei er aussah wie ein Mann mittleren Alters mit einem Spazierstock. Er ist über Nacht dortgeblieben und am Freitag, als er sein Zimmer im Beau-Rivage gebucht hat, als er selbst wieder heruntergekommen.«

Lempke nickte langsam. »So hat er es gemacht. Einem der Männer, die den Leuten in den Sessellift helfen, ist der ungewöhnliche Gehstock am Donnerstag aufgefallen. Derselbe Mann hatte auch am Freitagnachmittag Dienst und sein Blick ist noch mal auf den Stock gefallen. ›Hallo‹, hat er zu sich selbst gesagt. ›Es laufen aber viele Leute mit dicken Gehstöcken mit Entenkopfgriffen aus Messing rum.‹«

Bond schnaubte und dachte daran, dass man auch einen älteren Mann mit einem solchen Stock in Washington gesehen hatte, nur zwei Tage bevor Laura March gestorben war. Er machte sich eine geistige Notiz, dass er die Flüge überprüfen wollte. Könnte es sich bei dem älteren Mann mit dem Stock und dem komischen Hut, der am Mittwoch in der Nähe des Weißen Hauses gefilmt worden war, um denselben Mann handeln, der am Donnerstag den Sessellift in Grindelwald genommen hatte? Vom Timing her würde es passen und er hatte wenig Zweifel, dass es leicht zu bewerkstelligen gewesen wäre.

»Sie sehen, meine kleinen rosa Zellen haben Überstunden gemacht. Der Mann hat bereits auf sein Opfer gewartet und war durchaus bereit, kleinere Unannehmlichkeiten in Kauf zu nehmen – wie eine Nacht im Regen an einem kahlen Hang –, um es zu erwischen.«

Flicka ergriff das Wort. »Sie glauben, sie war eindeutig das Ziel? Sie glauben nicht, dass sie einfach nur Pech gehabt haben könnte? Dass David Docking, oder wie auch immer er heißt, auf das erstbeste zufällige Ziel gewartet hat?«

»Selbst im Regen waren am Donnerstag ziemlich viele Leute da oben, Fräulein von Grüsse. Nein, dieser Sauhund hat auf eine bestimmte Person gewartet. Er hat in Kälte und Regen auf Laura March gewartet.«

»Dann muss er ziemlich sicher gewesen sein, dass sie auftauchen würde«, überlegte Bond.

»Hundertprozentig sicher. Meine rosa Zellen sagen mir, dass sie das Ziel war und er nur auf sie gewartet hat. Er wusste, dass sie auftauchen würde.«

»Da Sie der für den Fall zuständige Polizeibeamte sind, glauben Sie, dass Sie ihn jemals fangen werden?«

»Diesen Docking oder wie auch immer sein echter Name ist? Oh, nein. Nein, ich werde ihn nie fangen. Ich denke, er hat die Schweiz längst verlassen. Wie dem auch sei, ich soll meinen Bericht an Ihre Leute von Scotland Yard übergeben, Captain Bond, damit sie die Ermittlungen fortführen können. Sobald die Untersuchung morgen vorbei ist, werde ich nur noch eine beratende Funktion haben. Hat man Ihnen das nicht gesagt?«

»Nein. Aus manchen Ecken wurde die Meinung geäußert, dass Scotland Yard nicht involviert werden sollte.«

Lempke nickte nachdenklich. »Soso. Ja, das verstehe ich, aber vor Kurzem wurde das alles geändert. Die Anweisungen haben auf mich gewartet, als ich vom First runterkam. Tatsächlich ist es ein kleiner Gefallen, dass ich gerade mit Ihnen rede. Ich werde so tun, als hätte ich die neuen Befehle noch nicht erhalten, bis ich ins Hauptquartier zurückkehre.« Wieder bedachte er sie mit einem verschwörerischen Blick. »Ich vermute, das bedeutet, Sie wissen auch das andere noch nicht.«

»Was weiß ich nicht?«

»Dass Ihnen der Fall entzogen wurde.«

»Der Fall ent...?«, setzte Bond an. »Was zum ...?«

Wieder berührte Lempke seine Nasenspitze mit dem rechten Zeigefinger. »Ich denke, ich bin ganz gut darin, den Charakter von Leuten einzuschätzen. Ich dachte nur, Sie sollten wissen, was ich weiß, bevor Sie in welcher Versenkung auch immer verschwinden, die man für ›Funnies‹ wie Sie bereithält. Ich denke, ich sollte Sie beide zurück nach Grindelwald fahren, damit Sie Ihr Auto abholen können. Dann kann ich erfahren, dass man Ihnen den Fall entzogen hat, und meine Bestürzung und Überraschung zeigen.«

»Glaubst du wirklich, dass sie uns beiden den Fall entzogen haben, James?« Sie fuhren zurück nach Interlaken und Flicka saß am Steuer.

»Wenn Bodo das sagt, dann ist es wahrscheinlich wahr, obwohl ich ihn einfach nicht durchschaue. Warum sollte er all diese Informationen weitergeben, wenn er weiß, dass wir bereits aus dem Verkehr gezogen wurden?«

»Vielleicht macht er sich Sorgen, dass jemand versucht, etwas zu vertuschen.«

»Wer sollte das tun wollen?«

»Euer Schwesterdienst? Der MI5?«

»Die haben nicht den nötigen Einfluss. Mein Chef würde sich nicht darauf einlassen. Vielleicht sind sie wütend auf mich, weil ich den Brief verloren habe, oder es droht Gefahr, wenn wir weiter herumschnüffeln.«

»Ich kenne die Gefahren, was soll sich also geändert haben?«

Er sagte, dass er ihr das nur einmal sagen würde, und ging dann schnell seinen Verdacht über die Ermordung des Assistenten des Direktors der Central Intelligence Agency in Washington durch – vor allem die Sache mit dem älteren Mann in dem L.-L.-Bean-Hemd, der Schirmmütze mit der »Toto, ich glaube, wir sind nicht mehr in Kansas«-Aufschrift und seinem Spazierstock mit dem Entenkopfgriff aus Messing. »Ich habe Zugriff auf gesperrte Akten, und den haben nicht viele. Die Wahrscheinlichkeit, dass zwei Personen innerhalb von achtundvierzig Stunden eine ähnliche Waffe benutzen, ist ziemlich gering. Ich möchte nur, dass du darüber Bescheid weißt, für den Fall, dass wir wirklich von dem Fall abgezogen werden.«

»Aber ich will nicht von dem Fall abgezogen werden, James. Ich liebe solche Rätsel. Ich möchte diesen Fall lösen.« Einen Moment lang klang sie wie ein trotziges Kind.

»Wir haben vielleicht gar keine andere Möglichkeit.«

»Willst du, dass man dir den Fall entzieht?«

»Natürlich nicht.«

»Was hast du dann vor?«

»Wenn ich von dem Fall abgezogen werde? Ich habe demnächst etwas Urlaub. Ich werde einen Monat davon sofort nehmen und meinen eigenen Ermittlungen nachgehen. Aber ich glaube nicht, dass das passieren wird.«

»Gib mir deine Privatnummer in London. Dann kann ich dich jederzeit anrufen.«

Die erste Person, die Bond sah, als sie schließlich das Foyer des Victoria-Jungfrau betraten, war Ms Stabschef Bill Tanner. Er war in ein ernstes Gespräch mit einer hager aussehenden Frau mit strengem Gesicht und eisengrauem Haar, das streng aus der hohen Stirn zurückgebunden war, vertieft.

»Verdammt«, flüsterte Flicka. »Das ist meine direkte Vorgesetzte. Gerda Bloom, in der Branche nur als Eiserne Gerda bekannt.«

»Das Ganze tut mir leid, James.« Tanner kam schnell auf sie zu, während die Eiserne Gerda Flicka umgehend von ihnen trennte.

»Es tut mir sehr leid, aber mein Befehl lautet, Sie mit dem ersten Flug von hier wegzubringen. M ist wütend, dass der Brief abhandengekommen ist, und es gab eine Beschwerde aus dem Hotel, die, wenn sie stimmt, bedeutet, dass Sie bis zum Hals in Ärger stecken. Ich soll Sie beim Packen beaufsichtigen und es wird keinen weiteren Kontakt mit Fräulein von Grüsse geben.«

Schall und Rauch

»Die Schweizer sind fuchsteufelswild, und ich auch!«, bellte M. Er wanderte hinter seinem Schreibtisch auf und ab, die Stirn in Falten gelegt und sein Gesicht vor Wut scharlachrot. »Wieso haben wir immer solche Probleme, wenn Sie mit einer weiblichen Agentin eines ausländischen Geheimdiensts arbeiten müssen, 007? Das geht nicht. Und das wissen Sie selbst ganz genau, wieso also haben Sie das Bedürfnis, uns ständig zu blamieren?«

Aus langer Erfahrung wusste Bond, dass es keinen Sinn hatte, mit seinem Chef zu streiten. Wenn der alte Mann vor Wut schäumte und ernsthaft glaubte, seine Anschuldigungen seien Fakt, konnte er nichts anderes tun, als den Kopf einzuziehen und darauf zu warten, dass der Sturm vorüberzog.

In dem Moment, als er nach seiner Rückkehr nach London Ms Büro betrat, wusste er sofort, dass er in Schwierigkeiten war. Der Chef zeigte sich eisig und schroff, als Bond seinen mündlichen Bericht ablieferte. Er wartete, bis er Bonds Sicht der Dinge gehört hatte, bevor er zu einem unkontrollierten

Angriff ansetzte, der auch nach fünfzehn Minuten noch andauerte.

»Sie haben offenbar ein wichtiges Beweisstück verloren, was höchst verwerflich ist. Außerdem haben Sie sich in einer Art und Weise verhalten, die sowohl gegen die Queen's Regulations als auch die Disziplin dieser Behörde verstößt. Ich vermute, dass der Verlust des Beweismaterials zum Teil auf Ihr Fehlverhalten zurückzuführen ist, das mir von Scotland Yard gemeldet wurde, die wiederum persönlich von den Schweizer Behörden informiert wurden.« Er hielt mitten im Redefluss inne und drehte sich um, um Bond anzustarren. »Also, 007? Was haben Sie zu Ihrer Verteidigung zu sagen?«

»Ich gebe zu, dass ich ein Dokument verloren habe, Sir. Zu meiner Verteidigung muss ich sagen, dass dieses Dokument gesichert war. Es befand sich in meiner Aktentasche in einem der Zimmer der Suite, die ich mit einem Mitglied des Schweizer Geheimdiensts bezogen hatte. Es gab keinen Grund zu der Annahme, dass etwas aus einem abgeschlossenen und gesicherten Zimmer gestohlen werden könnte.«

»Aber es *wurde* gestohlen!« Ms Stimme wurde bei »wurde« lauter und dröhnte bei »gestohlen«.

»Das bestreite ich nicht, Sir. Ich wusste nicht, dass ich mit dem Ding an mein Handgelenk gekettet schlafen sollte. Was uns betrifft, waren Fräulein von Grüsse und ich die Einzigen, die überhaupt von der Existenz des Briefs wussten.«

»Oh ja, Fräulein von Grüsse! Sie beide sind eine Schande. Sie kann sich glücklich schätzen, wenn sie nicht entlassen wird. Wenn Sie nicht schon so lange im Dienst wären, Bond, würde ich Sie noch vor Einbruch der Dunkelheit aus diesem

Gebäude entfernen lassen. In diesen Zeiten, in denen diverse Idioten im Parlament die Auflösung aller Geheimdienste fordern, können wir uns keine eklatanten moralischen Verfehlungen im Einsatz leisten.«

Er hielt inne und schüttelte ungläubig den Kopf. »Viele Leute, die sowohl hier als auch in den USA an der Macht sind, werden sich daran erfreuen, der Welt mitzuteilen, dass es keine Notwendigkeit mehr für Sicherheits- oder Geheimdienstoperationen gibt. Kürzlich habe ich sogar gehört, dass ein Bestsellerautor einen auf Chamberlain macht und den Frieden in unserer Zeit herbeischreibt. Wir alle wissen, dass die sogenannten reformierten Russen immer noch geheime Operationen durchführen und dass es eine Vielzahl neuer ›aktiver Maßnahmen‹ ausländischer Nachrichtendienste gibt, von denen die Politiker – geschweige denn die breite Öffentlichkeit – noch nie etwas gehört haben. Ich kann mir also keine Offiziere wie Sie leisten, die sich mit dem Geld der Regierung einen lauen Lenz machen.«

»Was wirft man Fräulein von Grüsse und mir vor, Sir?«

»Brünstigkeit, Captain Bond. Dass Sie den Frieden im Hotel Victoria-Jungfrau in Interlaken gestört und einen schweren moralischen Skandal verursacht haben.«

»Sagt wer, Sir?«

»Wer das sagt? Die Hotelleitung, 007. Sie hatten nicht weniger als sechs Beschwerden von Gästen. Ich habe weiß der Himmel schon oft ein Auge zugedrückt, wenn es um Ihr schamloses, unmoralisches Verhalten ging, aber dieses Mal kann selbst ich es nicht ignorieren. Es scheint, dass Sie mit Fräulein von Grüsse genug Lärm gemacht haben, um die Toten zu wecken.«

»Was für einen Lärm, Sir?«

»Den Lärm von wilden Tieren auf dem Feld. Ein Ehepaar im Ruhestand hat nach Mitternacht an der Rezeption angerufen und sich beschwert, dass in Ihrer Suite so etwas wie eine Orgie vor sich gehe. Innerhalb einer Stunde gab es fünf weitere Beschwerden von Leuten, die nebenan und auf der anderen Seite des Flurs Ihrer Suite wohnten. Eine ältere Dame war anscheinend besorgt, dass ein Mord begangen worden wäre. Schreie, Gelächter, Rufe und – ich bringe es kaum über mich, es auszusprechen – das Geräusch von misshandelten Möbeln. Um es klar zu sagen: das heftige Knarren von Bettfedern.«

»Ernsthaft, Sir?« Obwohl er der Erste war, der zugegeben hätte, dass Flicka und er die Gesellschaft des anderen in vollen Zügen genossen hatten, waren sie sehr leise gewesen. Zärtlichkeiten und Geflüster anstatt Gelächter und Freudenschreie. »Und wer, Sir, hat das alles der Polizei gemeldet?«

»Das Hotel hat es gemeldet.«

»Und dennoch hat man nichts unternommen, um diese angeblichen Beschwerden direkt an mich oder Fräulein von Grüsse heranzutragen. Würden Sie nicht sagen, dass so etwas in einem gut geführten Hotel der Normalfall sein sollte? Wenn es Beschwerden über Lärm aus dem Zimmer eines Gasts gibt, ist es dann nicht eher üblich, dass das Hotel diesen Gast informiert und darum bittet, sich ruhig zu verhalten?«

»Mag sein. In diesem Fall hat das Hotel die Sache der Polizei gemeldet – Sie wissen ja, wie die Schweizer sind. Die wiederum hat Ihre Namen überprüft, erkannt, warum Sie in Interlaken waren, und den Hinweis an Scotland Yard weitergeleitet, die mich informiert haben.«

»Ich wette, ich weiß, welches Mitglied des Hotelpersonals das getan hat, Sir.«

»Das ist nicht der springende Punkt ...«

»Doch, meiner Einschätzung nach schon, Sir. Ich möchte zu Protokoll geben, dass in dieser Nacht absolut kein Lärm aus der Suite von Fräulein von Grüsse und mir kam – keine Schreie, kein Lachen, kein Geschrei, keine Misshandlung von Möbelstücken. Ich gebe zu, dass ich die Nacht in der Gesellschaft von Fräulein von Grüsse verbracht habe, aber es fanden keine eklatanten Ungehörigkeiten statt. Außerdem möchte ich darauf hinweisen, dass es sich bei der Person, die diese Anschuldigungen erhoben hat, um eine Hotelangestellte handelt, und zwar um die Empfangschefin, wie ich glaube. Ihr Name ist Marietta Bruch.«

»Wirklich? Und können Sie mir einen Grund nennen, warum diese Marietta Bruch in einer so ernsten Angelegenheit wie dieser lügen sollte?«

»Ich habe absolut keine Ahnung, Sir. Sie war ein wenig verärgert, als wir die Durchsuchung des Zimmers der verstorbenen Ms March nicht abschließen konnten. Abgesehen davon wirkte sie von dem Moment an, als wir ankamen, etwas streitlustig.«

»Inwiefern?«

»Sie hat durch ihr Verhalten ziemlich deutlich gemacht, dass sie unsere Tarngeschichte nicht glaubt. Ich denke, wenn Sie die örtliche Polizei in Interlaken dazu bringen können, *ihre* Geschichte zu überprüfen – vielleicht sogar dazu, die Leute zu befragen, die sich angeblich beschwert haben –, werden Sie feststellen, dass es Fräulein Bruch ist, die Märchen erzählt.«

M gab einen Laut von sich, der halb Räuspern, halb zweifelhaftes Schnauben war.

»Tatsächlich, Sir, glaube ich, ich muss darauf bestehen, dass den Anschuldigungen von Fräulein Bruch nachgegangen wird, auch wenn das bedeutet, dass abgereisten Gäste durch halb Europa nachgejagt werden muss. Ich wiederhole, Sir, es gab *keinen* Lärm aus unserer Suite.«

Er sah seinen Chef an und hätte für einen Moment schwören können, in Ms Blick ein leichtes Zwinkern zu erkennen.

»Und was werden Sie tun, während ich der Sache nachgehe – falls ich ihr nachgehe?«

»Ich werde einen Monat Urlaub beantragen, Sir. Ich werde dieses Gebäude verlassen und erst wieder zurückkehren, wenn Sie – oder wen auch immer Sie damit beauftragen – diese Angelegenheit gründlich untersucht haben und ich und Fräulein von Grüsse von jeglichen Anschuldigungen über niederträchtiges Fehlverhalten entlastet wurden.«

Wieder sah er dieses leise Funkeln in Ms Augen. »Eine sehr gute Idee, Captain Bond. Ich würde vorschlagen, dass Sie in Ihr Büro gehen, Ihren Bericht schreiben und sich dann von dieser Einrichtung fernhalten, bis ich Sie zurückrufe.«

»Sie suspendieren mich vom Dienst, Sir?«

In der kurzen Pause, die folgte, sah Bond tatsächlich, wie sein Chef eine Augenbraue hochzog. »Nein, Captain Bond. Nein, ich suspendiere Sie nicht. Ich gebe Ihnen die Erlaubnis, genau das zu tun, was Sie für richtig halten. Gehen Sie und schreiben Sie Ihren Bericht und verschwinden Sie dann aus meinen Augen, bis alles geklärt ist.«

Bond erhob sich und machte sich auf den Weg zur Tür. Er hielt inne und drehte sich erst um, als M erneut das Wort ergriff. »Oh, Captain Bond, ich schlage vor, Sie räumen auch Ihren Safe aus und nehmen alle sensiblen Papiere aus Ihrem Schreibtisch. Ich werde Sie wissen lassen, wann Sie zurückkehren können.«

Diesmal waren die Signale unmissverständlich. Obwohl M immer noch seine steife, wütende Haltung beibehielt, zwinkerte er eindeutig.

»Sehr gut, Sir.« Bond erwiderte das Zwinkern. »Ich bitte um Ihre Erlaubnis in einer Angelegenheit.«

»Ja?«

»Ich würde gern der Beerdigung von Ms March beiwohnen.«

»Was mich betrifft, können Sie tun, was Sie wollen. Guten Tag, Captain Bond.« Ein weiteres Zwinkern, dieses Mal deutlich und unverhohlen.

Er brauchte weniger als eine Stunde, um den Bericht zu schreiben, den er in einem Umschlag versiegelte und per Bote zu M schickte. In seinen Schreibtischschubladen befand sich nicht viel Wichtiges, also öffnete er den kleinen Wandtresor, der allen langgedienten Offizieren in ihren Büros zur Verfügung stand. Als er am letzten Samstag aufgebrochen war, war der Tresor leer gewesen, aber Ms Anweisungen zusammen mit dem verschwörerischen Zwinkern waren ihm Hinweis genug gewesen.

In dem Tresor lagen vier dünne Aktenordner, jeder mit dem Vermerk »Vertraulich und geheim« versehen. Ein kurzer Blick in die erste Akte verriet ihm, dass es sich um die aktuellen Berichte über die vier Attentate handelte, die in der vorangegangenen Woche in Rom, London, Paris und Washington stattgefunden hatten. Er hatte keinen Zweifel daran, dass ihm M im Stillen befahl, die Ermittlungen fortzusetzen.

Schnell schob er die Mappen in seine Aktentasche, verriegelte die Zahlenschlösser und verließ sein Büro. Am Haupteingang meldete er sich ab mit den Worten »längerer Urlaub« und fügte »unter Privatnummer zu erreichen« hinzu. Dann ging er hinaus in den angenehm warmen und sonnigen Londoner Nachmittag.

Schon nach wenigen Minuten, als er zügig durch den Regent's Park in Richtung Clarence Gate und Baker Street ging, wusste er, dass er beschattet wurde. Wer sein ganzes Leben in der Welt der Geheimnisse verbracht hatte, Doppelexistenzen geführt hatte und durch die dunklen und labyrinthischen Gassen gestreift war, in denen die Wahrheit so oft Fiktion war und die Realität zur Illusion wurde, entwickelte zwangsläufig sensible Fühler – einen sechsten Sinn.

Er hätte nie jemandem eine logische Erklärung dafür geben können, wie seine Fühler funktionierten, aber sie funktionierten. Er *wusste,* dass er beobachtet und wahrscheinlich auch verfolgt wurde, obwohl er nicht in der Lage war, seine Beschatter sofort zu identifizieren.

Als er an der Baker Street ankam, beschloss er, die Spreu vom Weizen zu trennen, indem er ihre Fähigkeiten auf die Probe stellte. Er winkte ein vorbeifahrendes Taxi heran und sagte dem Fahrer, er solle ihn zum Austin-Reed-Shop in der Regent Street bringen. Als der Fahrer in den Verkehr einfädelte, warf Bond einen Blick zurück und sah gerade noch einen jungen Mann in Jeans und schwarzem Hemd, der verzweifelt versuchte, ein anderes Taxi heranzuwinken.

Der Austin-Reed-Shop nahm fast einen ganzen Block auf der Westseite der Regent Street ein, nur wenige Blocks vom Piccadilly Circus entfernt. Als das Taxi anhielt, steckte Bond dem Fahrer einen Fünfpfundschein zu und war schon auf dem Bürgersteig, noch bevor das Auto zum Stehen gekommen war. Er hatte nicht die Absicht, den Laden zu betreten. Stattdessen ging er schnell zu dem, was die Londoner gewöhnlich als »The Dilly« bezeichnen, und verschwand die Treppe hinunter zur London Underground.

Er nahm einen Zug nach South Kensington, wo er in die Circle Line umsteigen wollte, um zum Sloane Square zurückzukehren, von wo aus er seine Wohnung in dem hübschen Regency-Haus in einer ruhigen, von Bäumen gesäumten Straße an der King's Road zu Fuß erreichen konnte.

Als er die Fußgängertunnel in South Kensington durchquerte, stellte er fest, dass der junge Mann, den er in der Baker Street gesehen hatte, ihm nicht nur auf den Fersen geblieben war, sondern anscheinend Bonds Ziel vorausgeahnt und sich etwa sechs Meter vor ihm in Position gebracht hatte. Der junge Mann war ein Profi und Bond wusste, bei einem erfahrenen Beschatter waren in der Regel zwei oder drei weitere nicht weit.

Das Adrenalin stieg in ihm auf und seine Nervenenden kribbelten. Allein die Tatsache, dass er verfolgt wurde, erzeugte eine ganz eigene Spannung und er spürte, wie sich seine Muskeln unwillkürlich anspannten. Er hatte keine

Ahnung, wer dieses Team geschickt hatte. Vielleicht gehörten sie zu einem ausländischen Geheimdienst oder – was seiner Meinung nach wahrscheinlicher war – waren Teil des berühmten Watcher Service des MI5.

Der Bahnsteig war überfüllt, obwohl der übliche Berufsverkehr erst in etwa einer Stunde beginnen würde. Der Mann in Jeans und schwarzem Hemd lehnte an der glatten, gekachelten Wand, neben einem Plakat mit der Aufschrift »Cats. Now and Forever«.

Bond stellte sich direkt vor den Beobachter, sodass der junge Mann einen guten Blick auf seinen Rücken hatte, und wartete darauf, dass der nächste Zug aus dem Tunnel rumpelte. Als er einfuhr und sich die automatischen Türen mit einem Zischen öffneten, gab es einen Ansturm von Menschen, die versuchten, in die Waggons einzusteigen, während andere sich ihren Weg nach draußen bahnten.

Er hielt sich zurück, als würde er es sich anders überlegen, in den Zug einzusteigen. Dann drehte er sich um, ging einen Schritt vorwärts und fragte den jungen Mann nach der Uhrzeit. Sein Beschatter hob träge den linken Arm, um auf die Uhr zu sehen, und Bond verpasste ihm mit dem rechten Handballen einen schnellen, harten Schlag gegen das Kinn.

Der Kopf des Mannes schnellte zurück, die Augen glasig vor Überraschung.

»Hier ist jemand in Schwierigkeiten«, rief Bond in die Richtung eines uniformierten Beamten, bevor er zu den schließenden Türen des nächsten Waggons stürzte. Als der Zug losfuhr, sah er, wie sich eine kleine Gruppe von Menschen um den zu Boden gegangenen Beschatter versammelte.

Die Nebenstraße der King's Road, in der Bond wohnte, war eine Sackgasse – die bevorzugte Lage für jemanden in seinem Berufsfeld. »Sie sollten entweder mit viel Platz und viel flachem Boden zwischen sich und dem Rest der Welt wohnen oder eine Straße mit nur einem Ein- oder Ausgang wählen«, hatte ihm einer seiner Ausbilder vor Jahren gesagt. »Am besten eine kurze Straße«, hatte der alte Experte hinzugefügt.

Er kannte all seine Nachbarn und ihre Autos und konnte ein fremdes Auto oder eine fremde Person auf Anhieb erkennen. Jetzt, wo er endlich um die Ecke bog und in seine Straße trat, merkte Bond, dass dieses Überwachungsteam, wer auch immer sie waren, es ernst meinte. Nicht nur sah er ein fremdes Fahrzeug – einen kleinen, geschlossenen Lieferwagen –, sondern auch einen Straßenkehrer in Uniform mit einer großen Schubkarre, der seine Runden im Schneckentempo machte. Der Straßenkehrer war ihm völlig fremd und nicht der Mann, den Bond sonst immer sah.

Er ließ sich nicht anmerken, dass ihm irgendetwas Ungewöhnliches aufgefallen war, als er seinen Schlüssel in das Sicherheitsschloss steckte und das Haus durch die Vordertür betrat.

Ein Haufen Post lag auf der Matte. Seine Haushälterin May war mit ihrem Neffen und dessen Frau in Schottland, also hatte Bond seine üblichen zusätzlichen Vorsichtsmaßnahmen getroffen – kleine Holzstücke im Türrahmen und unsichtbare Fäden vor den Fenstern, nur für den Fall, dass jemand versuchen sollte, seine ausgeklügelte Alarmanlage zu umgehen. Alles war an seinem Platz, aber das bedeutete noch lange nichts. Wenn er wirklich das Ziel einer engmaschigen

Überwachung war, konnte sein Telefon abgehört werden, ohne dass sich jemand Zutritt zum Haus verschaffen musste.

Er warf die Post auf den Wohnzimmertisch, ging zu dem prächtigen Empire-Schreibtisch, öffnete eine der größeren Schubladen und holte etwas heraus, das wie ein normales Telefon aussah. Er zog den Stecker seines Haustelefons aus der Buchse und steckte stattdessen das Gerät aus der Schreibtischschublade ein. Er traute den tragbaren Wanzendetektoren nicht und konnte mit Sicherheit nicht einfach im Hauptquartier anrufen und den Abhörschutz bestellen. Das Telefon, das er jetzt benutzte, war ein hochmodernes Gerät, ein entfernter Verwandter des sogenannten Neutralizer-Telefons. Gegen dieses Gerät konnte selbst die beste Abhöranlage nichts ausrichten. Die Mikroschaltkreise im Telefon sendeten automatisch Signale aus, die nicht auf Tonband aufgezeichnet oder mit Kopfhörern abgehört werden konnten. Stattdessen bekamen etwaige Lauscher einen hohen Ton zu hören, der für mindestens achtundvierzig Stunden schwere Taubheit verursachte – einer der Gründe, warum die Richtlinien seines Geheimdiensts die permanente Verwendung dieser Geräte untersagten. Der andere Grund waren die Kosten, denn jede Einheit des »Electronic Countermeasures Telephone (ECMT)«, oder »Squealerphone«, wie es oft genannt wurde, kostete fast viertausend Pfund.

Nachdem er sich um die Kommunikation gekümmert hatte, nahm er die Aktentasche mit in sein kleines Schlafzimmer und tastete sich an der strahlend weiß gestrichenen Vertäfelung entlang, bis er einen winzigen Holzknoten fand, den er zurückzog. Dahinter kam ein großer, feuerfester Stahltresor zum Vorschein. Schnell gab er die Kombination ein, schob die Aktentasche hinein, verriegelte den Tresor und schob das Paneel wieder an seinen Platz.

Nachdem er sich um diese wichtige Angelegenheit gekümmert hatte, widmete Bond sich jetzt der Tagespost. Ironischerweise waren darunter eine Telefonrechnung sowie eine Mahnung zur Stromrechnung, was bedeutete, dass es Zeit war, zu zahlen oder den Strom abgestellt zu bekommen, außerdem vier Reklameschriften und ein Brief in einem dunkelblauen Umschlag, korrekt adressiert in einer großen Handschrift – weiblich, vermutete er –, die er nicht kannte.

Der Umschlag enthielt ein Blatt Briefpapier im selben Blauton. Es standen weder Adresse noch Anrede darauf. In derselben runden, sehr weiblichen Handschrift stand eine fünfzeilige Nachricht: »Seien Sie gewarnt, dass der MI5 Sie rund um die Uhr überwacht«, stand da. »Wir haben uns einmal getroffen, aber ich sollte meinen Namen nicht schriftlich nennen. Ich werde diese Woche jeden Nachmittag zwischen vier und sechs im Brown's Hotel Tee trinken. Bitte schütteln Sie Ihre Beschatter ab und treffen Sie mich. Es handelt sich um eine sehr dringende und wichtige Angelegenheit, die die verstorbene Laura March betrifft.«

Die kurze Notiz enthielt gerade genug Informationen, um sein Interesse zu wecken. Die Schwierigkeit würde darin liegen, das Überwachungsteam loszuwerden. In Spionageromanen würde sich der Held clever verkleiden und so das scharfsichtige Überwachungsteam hinters Licht führen. Er dachte an Buchans *Die neununddreißig Stufen*, in dem Richard Hannay die Polizei stehen lässt, indem er ein Gebäude als

Milchmann verkleidet verlässt. Es war fast fünf Uhr nachmittags, das Brown's Hotel lag mit dem Taxi gut zwanzig Minuten entfernt in der Dover Street, in der Nähe von Piccadilly und Bond Street. Wenn er heute seinen Beobachtern durchs Netz gehen und einen Kontakt herstellen wollte, würde er sich beeilen müssen.

Wenigstens wusste er jetzt, mit wem er es zu tun hatte, und das war kein schöner Gedanke, denn die Watcher-Abteilung des MI5 war eine der bestausgebildeten Überwachungseinheiten der Welt. Leise zitierte er Shakespeare: »*Oh! Eine Feuermuse …*«

Er hielt inne, runzelte die Stirn und lächelte dann vor sich hin. Da war sie, die Feuermuse. Schall und Rauch, dachte er, als er schnell in die Küche ging.

May, seine Haushälterin, war altmodisch und betrachtete jedes Utensil aus Plastik mit der gleichen Verachtung, mit der ein gewissenhafter Uhrmacher die elektronischen Bauteile einer Digitaluhr beäugen mochte. Anstatt einen der allgegenwärtigen Trittmülleimer aus Plastik anzuschaffen, bestand sie darauf, einen alten, schweren viktorianischen Mülleimer aus Metall zu verwenden. Sie behauptete immer, dass Plastikmülleimer eine Brandgefahr darstellten, und das war genau, was er jetzt brauchte – eine sichere, gut kontrollierte Brandgefahr.

Als er am vorherigen Samstag unerwartet ins Büro gerufen worden war, hatte Bond nur wenig Zeit gehabt, sich um die Aufgaben im Haushalt zu kümmern, die normalerweise von May erledigt wurden, also war der Mülleimer noch fast zu einem Viertel gefüllt. Darin befanden sich feuchte Papiertücher, die leicht stinkenden Überreste des Currys, das er sich am

Freitagabend gekocht hatte, außerdem Kaffeesatz, Eierschalen und etwas weggeworfener Toast von seinem Frühstück am Samstagmorgen. Zu diesem mittlerweile unappetitlichen Eintopf fügte er einen Haufen zusammengerollter Papiertücher hinzu, die er um den Müll herum festdrückte. Dann zerknüllte er weitere Papiertücher, die er auf das feuchte Durcheinander warf, bis der Mülleimer etwa zu drei Vierteln gefüllt war.

Er schleppte den Eimer in die kleine Diele und stellte ihn in den offenen Durchgang zum Wohnzimmer. Dann ging er schnell in sein Schlafzimmer.

Als das alte Haus renoviert worden war, hatte ein begabter Architekt dafür gesorgt, dass jedes der drei Stockwerke völlig autark war. Der einzige Zugang zu Bonds Wohnung war die Vordertür und seine Zimmer nahmen allem Anschein nach das gesamte Erdgeschoss ein. In Wirklichkeit fehlten seiner Wohnung jedoch wie jeder der Wohnungen über ihm an der rechten Giebelseite des Hauses zweieinhalb Meter, wo eine falsche Wand eingezogen worden war, um private Eingänge mit einer eigenen Treppe für die beiden oberen Wohnungen zu schaffen.

Diese Änderungen beeinträchtigten die Aussicht aus Bonds Schlafzimmer, wo die goldene Cole-Tapete einen eleganten Kontrast zu den tiefroten Samtvorhängen bildete, in keiner Weise. Die Schlafzimmerfenster boten einen Blick auf einen kleinen Garten, dessen Rasen und Blumenbeete hinter dem Haus von einer roten Backsteinmauer umgeben waren. Die drei Abschnitte der Mauer bildeten einfache Trennungen zwischen den Gärten der Häuser auf beiden Seiten und dem des Grundstücks auf der Rückseite. Diese hintere Mauer war es, die ihn interessierte. Von seinen Fenstern aus konnte er die Rückseite des etwas größeren Regency-Hauses sehen, das an einer anderen Sackgasse lag, die ungefähr parallel zu derjenigen verlief, in der Bond wohnte.

Von den Schlafzimmerfenstern waren es etwa zweieinhalb Meter bis zum Boden und die Mauer zum benachbarten Garten war knapp vier Meter hoch, ohne Stacheln, zerbrochenes Glas oder andere Abschreckungen, die Leute davon abhalten sollten, über sie zu klettern. Das Haus gehörte einem Handelsbankier und seiner Familie, und er wusste mit Sicherheit, dass sie am Samstag zuvor zu ihrem jährlichen Sommerurlaub nach Zypern aufgebrochen waren. Bond behielt gern einen Überblick darüber, was seine Nachbarn taten. Wenn er in London war, tat er das automatisch und im Laufe der Jahre war es ihm zur zweiten Natur geworden. Er wusste auch, dass das Haus ein Seitentor hatte, durch das man vom Garten aus an der Giebelseite entlang zu einem gekiesten Wendehammer und der Straße gelangte.

Er öffnete eins der hohen Schiebefenster im Schlafzimmer, dann ging er zurück zum Mülleimer. Selbst ein aufmerksames Beschattungsteam würde wohl kaum zusätzliche Posten in der Nähe des Hauses des Bankiers in der Parallelstraße herumlungern haben, und er überlegte, dass er höchstens eineinhalb Minuten brauchen würde, um von seinem Schlafzimmerfenster über die Mauer und durch die Gartentür auf die Straße zu gelangen, sollte die List funktionieren, die er im Sinn hatte. Es würde ein Wettlauf werden, denn seine Beschatter würden sicherlich sehr schnell reagieren, aber er war der Meinung, dass er ganz gute Chancen hatte.

Er zwängte sich an der Mülltonne vorbei, öffnete eine Schublade des verzierten Garderobenschranks, der an einer Wand der Diele stand, und nahm ein Paar schwarze Lederhandschuhe heraus. Dreißig Sekunden später zündete Bond die Papierhandtücher im Mülleimer an.

Zunächst loderte der Metallbehälter bedrohlich auf. Dann versuchte das Feuer, sich einen Weg in den feuchten Müll zu bahnen, die Flammen erloschen und dichter weißer Rauch stieg aus dem Behälter. Innerhalb von dreißig Sekunden erfüllte der Rauch die Lobby und Bond zögerte, weil er sich fragte, wie viel ihn der Rauchschaden bei der Renovierung kosten würde. Dann trat er zurück und ging in Richtung Küche, um die Alarmanlage zu aktivieren, die wegen des offenen Fensters in seinem Schlafzimmer fast sofort losschrillte. Eine Sekunde bevor die Alarmglocken losgingen, wurde die schrille Sirene der Rauchmelder ausgelöst und er machte sich mit klingelnden Ohren auf den Weg ins Schlafzimmer.

Er würde nicht viel Zeit haben, denn die Beschatter im Lieferwagen und der falsche Straßenfeger würden mit ziemlicher Sicherheit zur Vorderseite des Hauses laufen, um die Tür aufzubrechen. Die instinktive Reaktion des Teams würde sein, in diesem scheinbar echten Notfall zu helfen, weshalb sie ihre Tarnung in den Wind schießen würden. Sobald sie die Tür aufgebrochen hatten, würde der Grund für die Alarmglocken nur allzu offensichtlich sein. Bis dahin musste Bond längst verschwunden sein.

Er ließ sich aus dem Fenster fallen, rannte los, sobald er auf dem Boden aufkam, und sprang an der Ziegelmauer hoch. Seine Hand schoss nach oben, als er den Höhepunkt seines

Sprungs erreichte, und er versuchte, einen festen Halt an den obersten Ziegeln der Mauer zu finden. Er schaffte es, sich festzuhalten, und sein Körper schlug mit der Brust gegen die Wand, was ihm den Atem verschlug, sodass er eine Sekunde lang den Halt fast wieder verlor. Dann zog er sich unter Aufwendung seiner ganzen Kraft mit einem Ruck über die Mauer und fiel in ein sorgfältig gepflegtes Blumenbeet auf der anderen Seite.

Ohne einen Blick zurückzuwerfen, welchen Schaden er den winterharten Einjahrespflanzen des Bankiers zugefügt haben könnte, stürzte er über den gepflegten Rasen und rannte auf das große Holztor zu, das ihn an der Seite des Hauses entlang auf die Straße führte.

Das Tor war fest verriegelt und abgeschlossen und er verlor wertvolle Sekunden damit, den Riegel zurückzuschieben und das Schloss mit drei kräftigen Tritten aufzubrechen. Etwa zwei Minuten nachdem er sich aus dem Schlafzimmerfenster fallen gelassen hatte, erreichte er endlich die Straße, bürstete sich mit einer Hand ab und mühte sich, seine Atmung unter Kontrolle zu bekommen.

In der Ferne konnte er die Feuerwehrwagen hören und glaubte, die hektischen Rufe seiner Beschatter auszumachen. Mit einem Lächeln auf den Lippen erreichte Bond die King's Road und winkte das erste freie Taxi heran.

»Sieht aus, als wär hier schwer was los, Mister«, bemerkte der Taxifahrer.

»Ganz in der Nähe meiner Wohnung, leider.« Bond schnippte noch immer Ziegelstaub von seinem marineblauen Blazer. »Ich werde früh genug erfahren, was los ist. Zum Brown's Hotel, bitte. Ich bin ein wenig in Eile.«

»Um diese Zeit werden Sie da Glück haben müssen, Mister, aber ich versuch mein Bestes.«

Es war genau zehn Minuten vor sechs, als sie vor dem schlichten Eingang des Hotels anhielten. Das Brown's tat noch immer sein Bestes, um dem Adel ein Zuhause fern von zu Hause zu bieten – auch wenn ein großer Teil der heutigen Kundschaft aus den USA stammte. Doch auch das hatte Tradition, denn Teddy Roosevelt war in diesem Hotel getraut worden, und FDR und seine neue Frau Eleanor hatten einen Teil ihrer Flitterwochen hier verbracht. Mr Brown selbst, ursprünglich der Butler von Lord Byron, würde wahrscheinlich immer noch mit einem Lächeln auf sein Hotel herabblicken.

Bond ging direkt in die gemütliche, getäfelte Lounge rechts vom Foyer, wo der Fünfuhrtee auf eine wahrhaft traditionelle Weise serviert wurde. Es waren nur noch ein halbes Dutzend Leute im Raum und ein Kellner kam auf ihn zu, um ihm leise mitzuteilen, dass sie keinen Tee mehr servieren würden.

»Das ist schon in Ordnung, ich bin mit jemandem verabredet ...« Er verstummte, denn er sah, wie sie eine Hand hob und ihn anlächelte. Sie saß in einer Ecke in der Nähe des Kamins – der, da gerade Sommer war, mit Blumen geschmückt war –, von wo aus sie den gesamten Raum überblicken konnte, und auch als er näher kam, konnte er immer noch nicht genau sagen, woher er sie kannte.

Sie trug einen eleganten schwarzen Blazer und der kurze Rock war hochgerutscht. Es war fast schon erotisch, wie viel man von ihren Oberschenkeln sehen konnte. Als er sie das letzte Mal gesehen hatte, hatte sie ihr schwarzes Haar streng aus der Stirn zurückgekämmt und im Nacken zu einem Dutt gebunden getragen. Jetzt fiel das glatte, glänzende Haar bis zu ihren Schultern und lockte sich reizvoll. Die Oma-Brille war verschwunden und er vermutete, dass sie Kontaktlinsen trug, denn die tiefbraunen Augen blickten ihn mit einem großen und erfreuten Blick an, in dem auch ein Hauch von Angst lag.

»Captain Bond, ich bin so froh, dass Sie es geschafft haben. Ich hoffe, Sie haben niemanden mitgebracht.« Ihre Stimme war heiser und unverwechselbar.

»Bitte nennen Sie mich James, Ms Chantry. Das ist eine ziemliche Überraschung. Sie sehen anders aus.« Das letzte Mal hatte er sie in Ms Büro gesehen, mit ihrem Vorgesetzten beim MI5, dem pedantischen Mr Grant.

»Dann sollten Sie mich Carmel nennen – ein seltsamer Name für ein braves britisches Mädchen, ich weiß.« Sie lächelte und der ganze Raum schien heller zu werden. »Ich hoffe, Sie haben es geschafft, unseren kleinen Beschatterfreunden zu entwischen.«

Er lächelte und setzte sich neben sie, wobei seine Nase die subtile Spur eines sehr teuren Dufts wahrnahm. »Sie waren gerade mit einem Feuer in meiner Wohnung beschäftigt, als ich losgefahren bin.«

»Gut. Darf ich vorschlagen, dass wir irgendwo hingehen, wo wir ungestörter sind. Ich habe Ihnen viel zu erzählen und ich glaube nicht, dass ich allzu viel Zeit haben werde. Ich fürchte, mein direkter Vorgesetzter, der absurde Gerald Grant, wird auf der Suche nach mir sein, und ich denke, er wird mir sagen, dass ich mir einmal zu oft zu viel herausgenommen habe. Hätte Ihr Service vielleicht Verwendung für ein ehemaliges MI5-Mitglied?«

»Das hängt davon ab, was diese Person anzubieten hat.«

»Tja.« Sie hielt inne und ein kokettes Lächeln umspielte ihre Lippen. »Nun, James, zum einen habe ich ein paar pikante Details darüber, wie meine Leute die Sicherheitsüberprüfung von Laura March vermasselt haben ...«

»Ich weiß von ihrem Bruder.«

»Ist das so? Nun, aus gewissen Gründen gibt es noch finsterere Geheimnisse als den verrückten Bruder.«

»Wie zum Beispiel?«

»Wie zum Beispiel die Identität ihres letzten Partners – sie waren verlobt und die Verlobung ist geplatzt. Wie wäre das für den Anfang?«

»Nennen Sie mir einen Namen, Carmel. Nur um mich bei Laune zu halten.«

»David.« Sie lächelte und strich mit ihren Fingern über seinen Handrücken. »David Dragonpol.«

»Der größte britische Schauspieler seit Olivier?« Er hörte die schockierte Überraschung in seiner Stimme.

»Genau der.«

»Wo können wir hingehen, um zu reden?«

»Ich habe Urlaub.« Wieder dieses Lächeln, eine Mischung aus lasziver Einladung und verhohlener Belustigung. »Ich habe mir hier für die Woche ein Zimmer genommen, unter der Annahme, dass der kleine Gerald mich nicht in London vermutet.«

»Sie meinen wirklich *den* David Dragonpol?«

»Den Schauspieler, ja. Wollen wir?« Sie erhob sich und er wartete, dass sie vorging. Als er ihr zu den Aufzügen folgte, hatte er einen dieser seltsamen Anflüge von Intuition, der ihm sagte, dass dort Monster auf sie warteten.

Der Mann mit dem gläsernen Kopf

Bond kaute auf dem Namen David Dragonpol herum, während sie mit dem Aufzug in den dritten Stock fuhren. In dieser kurzen Zeitspanne ging er alles durch, was er über den großen Schauspieler wusste, der selbst ein Enigma war.

Dragonpol hatte die Weltbühne in den späten 70er-Jahren betreten, als er erst in einer TV-Produktion über das Leben von Richard Wagner auftrat und dann, später im selben Jahr, in einer Produktion von *Hamlet* des National Theatre. Es war seine erste Hauptrolle auf der Bühne, denn er hatte sein Studium an der Royal Academy of Dramatic Art erst im Frühling abgeschlossen. Was folgte, war ein Märchen der Theatergeschichte. Dragonpol hatte eine erstaunliche Bühnenpräsenz, er war groß, sah gut aus und hatte dieses außergewöhnliche Talent, das einen wahrlich großen Schauspieler ausmachte – die Fähigkeit, seine Stimme und seine Erscheinung fast frei nach seinem Willen zu verändern. Nach seinem riesigen Erfolg als Prinz von Dänemark spielte und inszenierte er *Richard III* und *Der Kaufmann von Venedig*. Beide Produktionen nahmen nicht nur London, sondern die Welt im Sturm und Hollywood meldete sich bei ihm mit Angeboten, die er nicht ablehnen konnte.

Er spielte in fünf Filmen, bevor er wieder auf die Bühne zurückkehrte, und in den frühen 80er-Jahren galt David Dragonpol als einer der größten britischen Schauspieler seiner Zeit, direkt nach Olivier.

Während er diese Filme drehte, hatte ein Kritiker kommentiert, er sei »ebenso beeindruckend in seinen Pausen, wie wenn er den Text einer Figur spricht. Er hat diese einzigartige Gabe, über die nur eine Handvoll Filmschauspieler verfügen und die es dem Publikum erlaubt, in seinen Kopf zu sehen, als ob man sein Gehirn und seinen Verstand sehen könnte. Es ist, als wäre er ein Mann mit einem gläsernen Kopf.«

Seine Neider nannten ihn daraufhin spöttisch den Mann mit dem gläsernen Kopf.

Auf der Bühne spielte er so ziemlich jede klassische Rolle, vom komischen Lord Foppington in der provokanten Restaurationskomödie *Der Rückfall oder die gefährdete Tugend* über Firs in Tschechows *Der Kirschgarten* bis hin zu *König Lear*. Er erschuf auch neue Figuren wie Justin Marlowe, den zwielichtigen Hochstapler, im ersten Stück – *Schuft* – des unbekannten Autors Jack Russell und den Mystiker in einer raffinierten Adaption von Shakespeares *Der Sturm*.

Sein Name war weltweit bekannt und er hatte innerhalb eines Jahrzehnts der Kunst des Schauspiels seinen Stempel aufgedrückt.

Doch so plötzlich, wie er aufgetaucht war, zog sich Dragonpol – dessen Abstammung bis zum von Wilhelm dem

Eroberer in Auftrag gegebenen Domesday Book zurückverfolgt werden konnte – 1990 von der Bühne und der Leinwand zurück, und zwar aus »persönlichen Gründen«, wie es hieß.

Gerüchte machten die Runde: dass er an Aids erkrankt sei, dass er einen Nervenzusammenbruch erlitten habe, der sowohl sein Talent als auch sein Selbstvertrauen zerstört habe, dass seine Familie ein unbekannter Schicksalsschlag getroffen habe – er hatte sein Privatleben immer streng für sich behalten und selbst den geschicktesten und prinzipienlosesten Journalisten war es nicht gelungen, in seine Privatsphäre vorzudringen. Sie versuchten, ihn aufzuspüren, aber David Dragonpol entging der Presse und den anderen Medien und verschwand, als hätte es ihn nie gegeben.

Bond hatte ihn auf der Bühne und in Filmen gesehen, und einmal sogar persönlich, als Dragonpol mit dem britischen Regisseur Trevor Nunn im Fouquet's in Paris zu Abend gegessen hatte. Bond schwor, dass er die kreative Energie noch auf der anderen Seite des belebten Restaurants hatte spüren können.

Als sie Carmel Chantrys Zimmertür erreichten, verspürte er ein seltsames Gefühl von Déjà-vu, als wäre der David Dragonpol von damals ganz in der Nähe.

Das Zimmer war eher klein, aber angenehm und hübsch eingerichtet. Carmel schlüpfte aus ihrem Blazer, wodurch die weiße Seidenbluse zum Vorschein kam, die ihre schlanke Taille zur Geltung brachte und sich eng an ihre hübschen, festen Brüste schmiegte. Sie ließ sich auf das Bett fallen, lehnte sich gegen das gepolsterte Kopfteil und deutete Bond an, sich in den einzigen Sessel zu setzen.

»Also, was ist mit Laura March und David Dragonpol?« Er versuchte, nicht hinzusehen, als ihr Rock an ihren Oberschenkeln noch höher rutschte.

»Oh, James.« Sie stieß ein kleines, kehliges Lachen aus und streckte ihren Körper. »Soll das etwa heißen, ich habe Sie jetzt in mein Netz gelockt und Sie wollen immer noch über das Geschäftliche reden?«

Er blickte auf und sah, dass ihre Lippen und Augen ihn fast verspotteten, eine Augenbraue war neugierig hochgezogen. »Ist schon gut«, lächelte sie. »Ich *habe* Sie hierhergelockt, um über das Geschäftliche zu sprechen, aber ich bekomme so selten die Gelegenheit, die Femme Fatale zu spielen, dass ich mich in der Rolle fast vergesse.«

»Warum dann die Verkleidung?«

»Welche Verkleidung?«

»Ich bin mir nicht sicher. Entweder waren Sie verkleidet, als Sie meinen Chef besucht haben, oder Sie sind es jetzt.«

Sie verlagerte ihre Position auf dem Bett. »Tatsächlich bin ich jetzt gerade ganz ich selbst.«

»Warum dann dieses biedere Outfit, die Oma-Brille und die strenge Frisur, als Sie zu uns gekommen sind?«

»Gerald«, seufzte sie.

»Grant?«

»Herr der Antiterrorabteilung, Gebieter über alles, was er überwacht. Gerald Grant ist vollkommen paranoid. Wegen seiner Paranoia sieht er die Rote Brigade hinter jeder Tür, die Provisorische IRA in jedem Schatten und denkt, die PLO und die Grauen Wölfe haben Maulwürfe im MI5. Er verlangt von seinen Agenten, dass sie ihre Spionagetechniken vierundzwanzig Stunden am Tag verfeinern und sich verkleiden, wenn sie in der Stadt unterwegs sind. Um ehrlich zu sein, James, mir steht der fette Gerald bis hier.« Sie hob eine Hand über ihren Kopf und die Seide ihrer Bluse spannte an ihrer Brust. »Ich habe gesagt, dass ich im Urlaub bin. Das stimmt, aber ich habe auch meine Kündigung eingereicht. Gerald ist gefährlicher als ein ganzer Bus voller Terroristen.«

»Wegen seiner Paranoia?«

»Genau, und wegen seiner Inkompetenz.«

»Hat er die Überwachungsleute auf mich angesetzt?«

»Natürlich. Er sitzt auf dem Chefsessel, was ihm mehr Macht verleiht, als er eigentlich haben sollte.«

»Warum die Beschatter?«

»Er hatte sie von Anfang an auf Sie angesetzt. Sie waren mit Ihnen in der Schweiz, obwohl er kein Recht hatte, sie dort einzusetzen. Als Sie zurückgekommen sind – in Ungnade, wie ich hörte –, hat er ein ganzes Team auf Sie angesetzt. Er hat behauptet, es sei eine Übung. Er hat den Leiter der Watcher-Abteilung beschwatzt, dass es gutes Training für seine Jungs und Mädels sei.« Sie hielt inne und schenkte ihm dann ein kurzes, interessiertes Lächeln. »Sind Sie wirklich in Ungnade gefallen? Gerald hat gesagt, Sie wären ziemlich unanständig gewesen mit einer Dame vom Schweizer Geheimdienst.«

»Unanständig genug, um beurlaubt zu werden, bis die Untersuchung abgeschlossen ist.«

»Oh, James. Sie sollten wirklich lernen, sich zu beherrschen. Das können Sie, wenn Sie es versuchen. So wie jetzt.« Sie bewegte sich verführerisch und enthüllte ein paar Zentimeter mehr Oberschenkel.

»Okay, er hat mich also überwachen lassen. Warum?«

»Ich glaube, Sie wissen, warum. Es ist derselbe Grund, aus dem der fette Gerald seinen Job verlieren wird. Er hatte Angst, dass Sie genau das herausfinden würden, was Sie herausgefunden *haben.*«

»Und das wäre?«

»Tun Sie nicht so, James. Sie haben eins von Lauras Geheimnissen herausgefunden.«

»Sie meinen ihren Bruder?«

»Natürlich.«

»Erzählen Sie mir mehr.«

»Als Laura March bei der Antiterrorabteilung angefangen hat, war es Gerald, der ihre Sicherheitsprüfung durchgeführt hat. Er hat Mist gebaut – und zwar gewaltig.«

»Und er hat gemerkt, dass er Mist gebaut hat?«

»Ja, vor etwa einem Jahr. Tja, tatsächlich habe ich Lauras Geheimnis entdeckt – der Bruder, der ein Serienmörder ist.«

»Wie?«

»Durch Zufall. Ich habe ein paar Nachforschungen über einen möglichen terroristischen Kontakt im Norden angestellt. Dazu musste ich die lokalen Zeitungen von früher durchsehen. Und dabei bin ich auf die Geschichte von David March gestoßen. Obwohl sie weltweit in den Schlagzeilen war und Leute Bücher darüber geschrieben haben, hat es die Familie March irgendwie geschafft, sich von der Geschichte zu distanzieren. Sie haben sogar ihre Fotos aus den Zeitungen herausgehalten – aus den nationalen Zeitungen zumindest. Ich habe zufällig ein Bild des Vaters mit seiner Tochter in einer Lokalzeitung gefunden. Sie war noch ein

Schulmädchen, aber ich hatte keinen Zweifel, dass sie es war.«

»Also sind Sie direkt zu Gerald gerannt.«

»Nein. Nein, das bin ich nicht. Laura war super. Sie war sehr gut in ihrem Job, sympathisch, witzig, sehr professionell. Sie war meine Freundin, also bin ich zu *ihr* gerannt.«

»Und wer hat Gerald die schlechte Nachricht überbracht?«

»Sie selbst. Sie können sich vorstellen, wie sie sich gefühlt haben muss. Sie hatte die Vergangenheit begraben. Hatte alles getan, um es zu verdrängen. Hatte schon vor der ersten Überprüfung eine Heidenangst gehabt, ganz zu schweigen von der, die Gerald durchgeführt hat. Sie wusste, dass sie hochkant rausfliegen würde, wenn jemand sie mit David March in Verbindung brächte. Ein waschechter Psychopath wirft einen schrecklichen Schandfleck auf den Familiennamen. Niemand in unserer Behörde hätte riskiert, sie einzustellen – beflecktes Blut und so. Sie wäre noch anfälliger für Erpressung als in den alten Tagen gewesen, als man keine Homosexuellen einstellen wollte. Das hat sich ja Gott sei Dank geändert.« Wieder verlagerte sie ihr Gewicht auf dem Bett und zum ersten Mal verstand Bond ihre Botschaft.

»Nein«, fuhr sie fort. »Laura ist direkt zu Gerald gegangen und hat alles gestanden. Er war natürlich entsetzt, hat aber versucht, es herunterzuspielen. Hat gesagt, dass er das alles schon gewusst hätte, es aber unter den Teppich gekehrt hätte, weil sie so gut wäre.«

»War sie wirklich *so* gut?«

»Laura? Ja, ihre Professionalität war erstaunlich. Sie war eine wandelnde Enzyklopädie über alle bekannten terroristischen Operationen und Personen. Um ehrlich zu sein, wäre Gerald ohne sie verloren gewesen, so gut war sie.«

»Also ist er jetzt verloren?«

»So ziemlich. Er hat ihre Vergangenheit vertuscht. Er hat sogar die Sache mit David Dragonpol unter Verschluss gehalten. Sie haben es selbst gesehen. Er hat sich geweigert, mit Ihrem Chef über ihr Privatleben zu sprechen.«

»Ich verstehe trotzdem noch nicht, warum er seine Bluthunde auf mich angesetzt hat.«

Sie stieß ein kleines, verächtliches Lachen aus. »Ich denke, er glaubt tatsächlich, dass er die Sache doch noch überstehen kann – also diese kleine Unannehmlichkeit mit ihrem Bruder und ihrer Familie und die Sache mit Dragonpol geheim zu halten. Er wusste, dass Sie sehr gut sind. Er hat eine Akte über Sie. Eigentlich wollte er, dass jemand mit weniger Erfahrung auf diesen Fall angesetzt wird. Er hat Sie in die Falle gelockt, James, aber das wissen Sie ja sicher selbst.«

»Nein. Wie hat er mich in die Falle gelockt?«

»Er benutzt jemanden in diesem Hotel in Interlaken – schon seit einiger Zeit …«

»Marietta Bruch?«

»Genau. Laura hat dort gelegentlich einige Wochen mit David verbracht. Tatsächlich hat er dafür gesorgt, dass immer jemand in ihrer Nähe war, wenn sie ein Stelldichein mit D. D. hatte, wie sie ihn immer genannt hat. Als die Verlobung gelöst wurde, schien er sehr erleichtert zu sein.«

Er nickte. »Also, erzählen Sie mir von Laura und dem großen Mann. Der Mann mit dem gläsernen Kopf, wie ihn manche Leute genannt haben.«

»Der Name hat ihm übrigens überhaupt nicht gefallen. Da gibt es wirklich nicht viel zu erzählen. Gerald war besorgt, dass sich im Falle einer Heirat die Presse auf sie stürzen und ihre Vergangenheit aufdecken würde, woraufhin er gefeuert worden wäre. Und genau das wäre wahrscheinlich auch passiert und könnte immer noch passieren.«

»Sie waren wirklich verlobt?«

»Oh Gott, ja. Laura war verrückt nach ihm – und er nach ihr. 1989 haben sie sich zufällig kennengelernt. In der Schweiz. In Luzern, glaube ich. Laura wusste nicht mal, wer er war. David Dragonpol ist wie ein Chamäleon, wissen Sie? Er kann in aller Öffentlichkeit herumspazieren, obwohl sein Gesicht und sein Name weltweit bekannt sind. Sie haben sich kennengelernt, als sie für Gerald ein wenig unter der Hand herumgeschnüffelt hat. Innerhalb von ein paar Tagen begannen sie ihre Affäre …«

»So war sie also?«

»Sie war wie?«

»Freizügig? Schnell in Affären verwickelt?«

»Überhaupt nicht. Laura war souverän, elegant, schön und sehr sexy. Ich habe es bei ihr versucht, aber wir sind leider nicht vom selben Ufer.« Sie legte ihre Hand über den Mund. »Verdammt!«

»Keine Sorge, das habe ich mir schon seit ein paar Minuten gedacht. Erzählen Sie mir einfach von Laura und Dragonpol.«

»Vielleicht denken Sie da aber falsch. Wenn Sie die Wahrheit wissen wollen, ich bin wie die Circle Line. Ich fahre in beide Richtungen. Es würde Sie überraschen, wie viele Menschen bisexuell sind.«

»Ah. Nein, das würde mich nicht überraschen. Nichts überrascht mich mehr und, wie man so schön sagt, einige meiner besten Freunde … und all das.« Er wollte, dass sie zum eigentlichen Thema kam und ihm nicht von ihren eigenen Problemen oder Neigungen erzählte. »Laura und Dragonpol«, sagte er bestimmt.

»Das habe ich doch schon erzählt. Sie haben sich Anfang 1990 kennengelernt und dann nahm die ganze Sache ihren Lauf. Als sie ins Büro zurückkam, wirkte sie wie im siebten Himmel. Man konnte förmlich sehen, wie blaue Vögel um ihren Kopf herumflogen und zwitscherten wie in Zeichentrickfilmen. Und sie hatte diesen albernen, entrückten Blick in ihre Augen, den Menschen haben, wenn sie frisch verliebt sind.«

»Sie hat Ihnen alles darüber erzählt?«

»Ich musste es ihr aus der Nase ziehen, aber ja, sie hat mit mir darüber gesprochen. Wir haben mal zusammen zu Abend gegessen und sie hat alles ausgepackt, wie es so schön in den Frauenzeitschriften heißt. Es war besser für mich, es vor allen anderen zu erfahren.«

»Aber die andere *haben* es erfahren.«

»Natürlich. Beim MI5 kann man so was nicht lange geheim halten. Jedes freie Wochenende, das sie hatte, hat Laura mit David verbracht. Nach wenigen Wochen hat sie im Büro kein Geheimnis mehr daraus gemacht. Ich glaube nicht, dass irgendjemand außerhalb des Büros davon erfahren hat. Unsere Leute sind, genauso wie Ihre, diskret, aber ich weiß, dass ein paar Mädchen aus dem Sekretariat sie gefragt haben, wie er in Wirklichkeit sei. Das Übliche eben.«

»Und wo hat er sie getroffen?«

»Sie haben zusammen Urlaub gemacht, manchmal in Interlaken, das sie beide für sicher hielten …«

»Nein, Sie haben gesagt, sie hat jedes freie Wochenende mit ihm verbracht.«

»Oh, das. Sie ist zu ihm geflogen. Sie trafen sich in seinem Haus.«

»Seinem Haus?«

»Sicher.«

»Die Presse und viele andere haben versucht herauszufinden, wo er wohnt, seit er untergetaucht ist.«

»Er hat nie wirklich ein Geheimnis daraus gemacht. Er führt ein Leben wie im Märchen. Er wohnt in einem Schloss am Rhein. Ganz à la Hans Christian Andersen und Gebrüder Grimm.«

»Wo genau?«

»Direkt am Rhein. Nicht weit von Andernach. Ich habe Fotos davon gesehen – hohe, dicke Mauern, Türme, ein riesiger eingezäunter Garten, ein Wassergraben, alles. Es heißt sogar Schloss Drache. Es ist anscheinend seit Jahrhunderten in Familienbesitz. Er lebt dort mit seiner verwitweten jüngeren Schwester. Sie soll wohl ziemlich schwierig sein, wie ich höre. Sie heißt Horton. Maeve Horton, geborene Dragonpol. Sie kennen doch seine Familiengeschichte, oder?«

»Nur dass öffentlich immer behauptet wurde, die Dragonpols seien schon im Domesday Book erwähnt.«

»Was stimmt. Es gibt ein Herrenhaus in Cornwall – Dragonpol Manor, können Sie das glauben? Dabei halten sie sich eigentlich für Anglo-Iren. Im späten sechzehnten Jahrhundert ist ein Dragonpol mit dem Earl of Essex nach Irland gegangen, um die Rebellion niederzuschlagen. Das irische Problem hat jedem britischen Monarchen von Elisabeth der Ersten bis heute Kopfschmerzen bereitet. Seltsam, nicht wahr?«

Er nickte, damit sie fortfuhr.

»Dieser elisabethanische Dragonpol hat sich in einem großen Herrenhaus in West Cork niedergelassen. Sie haben sich einen richtigen Namen gemacht – die Dragonpols von Drimoleague. Sie haben dort immer noch ein Haus. Diese Verbindung nach Irland hat Gerald durch die Decke gehen lassen. Nachdem Laura die Verlobung verkündet hatte, hat er wochenlang seine Agenten in der Gegend herumschnüffeln lassen – natürlich illegal –, um den Hintergrund der Familie zu überprüfen …«

»Und wann war das?«

»Oh, etwa sechs Wochen nachdem sie sich kennengelernt hatten.«

»Und die Verlobung wurde gelöst?«

»Ja.«

»Wann?«

»Vor zwei Wochen. Sie hatte geplant, ihren Urlaub im August auf Schloss Drache zu verbringen. Sie hat mir sogar gesagt, dass sie im August heiraten würden. Anscheinend war schon alles arrangiert. Dann ist sie vor ein paar Wochen in mein Büro gekommen und sie sah furchtbar aus – blass, zittrig. Es war ein Freitagnachmittag und sie hat gesagt, D. D. habe sie angerufen. Irgendetwas sei passiert und er wolle sie mit seinem Privatflugzeug abholen lassen. Am Montag ist sie wieder zu mir gekommen und hat gesagt, es sei alles vorbei.«

»Und sie war am Boden zerstört?«

»Ja. Sehr unglücklich, aber sie machte den Eindruck, als verstünde sie den Grund für die Trennung. Sie hat mir sogar gesagt: ›Es ist unmöglich. Wir können nicht heiraten. Ich wünschte nur, er hätte es mir früher gesagt.‹«

»Ihr was gesagt?«

»Ich weiß es nicht. Sie hat gesagt, sie würde mit mir darüber reden, wenn sie aus dem Urlaub zurück sei. Sie hat das Hotel in Interlaken in letzter Minute gebucht. Sie wusste nicht, ob das eine gute Idee war, weil sie dort immer sehr glücklich waren, aber es würde ihr eine neue Sicht auf die Dinge geben.«

»Sie hat es also nie geschafft, mit Ihnen über den Grund zu sprechen?«

Sie schüttelte den Kopf und biss sich auf die Lippe. Sie war sichtlich aufgewühlt. Als sie ihn wieder ansah, bemerkte Bond, dass ihr Tränen in den Augen standen. »Sie hat ihn so sehr geliebt, James. Es war wirklich eine dieser großen Liebesgeschichten.«

»Und doch hat sie die Trennung … wie soll ich sagen? Stoisch hingenommen?«

»Sie hat gesagt, sie verstehe es und dass es einfach unmöglich sei. Ich meine, als sie am Freitag in mein Büro kam, sah sie krank aus vor Sorge – sehr krank. Als sie am Montag wiederkam, war sie gefasst. Es war, als hätte sie die Trennung akzeptiert und gewusst, dass die Ehe nie funktioniert hätte.«

»Das ist alles?«

»Das ist alles, was ich weiß.«

Eine lange Pause entstand. Irgendwo in der Ferne am anderen Ende des Gangs schlug jemand eine Tür zu.

»Sie haben also vor, sich zu verstecken, bis Ihr Urlaub zu Ende ist?«

»So in etwa. Gerald wird nicht sehr glücklich darüber sein. Er verliert seine beiden wertvollsten Mitarbeiterinnen und ich kenne viele schmutzige Geheimnisse. Er wird mich nicht so einfach gehen lassen.«

»Glauben Sie, Sie sind in Gefahr?«

Sie schüttelte den Kopf, dann lachte sie. »Gerald ist ein wichtigtuerischer Idiot, aber *so* dumm ist er nicht. Nein, ich glaube nicht, dass ich in Lebensgefahr bin.«

»Was ist mit Laura? Hatten Sie je den Eindruck, dass *sie* in Lebensgefahr war?«

»Darüber versuchen wir nicht wirklich nachzudenken. Jeder in der Antiterrorabteilung könnte ständig in Gefahr sein.«

»Aber sie wusste Dinge, hatte Informationen über Leute …«

»Mehr als die meisten. Sie hat mal eine Zeit lang mit den Amerikanern an dieser Geiselgeschichte gearbeitet. Sie wollten herausfinden, wo Leute wie Terry Waite festgehalten wurden. Sie war gut, James, also wussten einige terroristische Organisationen sicher von ihr, auch wenn sie sie vielleicht nur als Chiffre kannten – als Codenamen. Sie war sehr vorsichtig. Wie gesagt, ein echter Profi.«

»Wenn man Sie also unter Eid befragen würde, müssten Sie sagen, dass für sie immer eine mögliche Gefahr bestand?«

»Natürlich. Die gleiche mögliche Gefahr, die für uns alle besteht. Nicht mehr und nicht weniger. Es gab keine bestimmte Terrororganisation, vor der sie Angst hatte. Das ist alles.«

Bond schnaubte und richtete sich langsam auf.

»*Müssen* Sie gehen?« In ihrer Stimme lag ein Hauch von Flehen, der sich auch in ihren Augen widerspiegelte. »Ich bin so allein. Ich könnte etwas Gesellschaft gebrauchen.«

»Es tut mir leid. Ich muss gehen. Sie haben mir Informationen gegeben, denen ich nachgehen muss.«

»Nicht mal eine Umarmung zum Dank?«

Er schüttelte den Kopf und streichelte ihr beruhigend über die Schulter. »Vielleicht ein andermal, Carmel.«

»Das würde mich sehr freuen.«

Draußen auf der Straße war der Tag in den Abend übergegangen. Es war warm und dieser herrliche perlmuttfarbene Sommerhimmel, den man in klaren Augustnächten über London fand, stand über der Stadt.

Als er zu dem Regency-Haus an der King's Road zurückkehrte, fand er einen Polizeiwagen und zwei uniformierte Beamte vor, die geduldig warteten. Sie sagten ihm, dass es ein Feuer gegeben habe. »Nichts Ernstes, Sir, aber es sieht nach Brandstiftung und Einbruch aus.«

Es war offensichtlich, dass die Polizisten nicht vom MI5 eingeweiht worden waren. Das Schloss war repariert worden und die kleine Eingangshalle war schwarz vom Ruß des Feuers. Der Mülleimer war nach Fingerabdrücken abgesucht und in den Garten gebracht worden. Irgendwie war das Schlafzimmerfenster zerbrochen.

Er bedankte sich bei der Polizei und rief einen Notfall-Glaser an, der gegen acht Uhr dreißig auftauchte. Der Glaser war gerade mit dem Fenster fertig, als das Telefon zum ersten Mal läutete. Es war das rote Telefon, seine private und sichere Leitung zum Büro.

»Haben Sie etwas Interessantes im Brown's erfahren?«, fragte M leise.

»Ziemlich viel, Sir. Ich werde der Sache nachgehen.«

»Rufen Sie nicht mich an.« M klang wie ein Theateragent nach einem Vorsprechen. »Ich werde Sie kontaktieren.«

»Verstanden, Sir. Ich hoffe, Sie haben unserem Schwesterdienst ordentlich die Leviten gelesen.«

»Das ist in Arbeit. Ich melde mich.«

Das Haustelefon klingelte, als er gerade ausgehen wollte, um in einem nahe gelegenen Lieblingsrestaurant etwas zu essen. Vorsichtig nahm er den Hörer ab.

»James, ich bin's.« Flickas Stimme war heiser.

»Wo bist du?«

»Ich habe ein Zimmer im Inn on the Park gebucht. Ich habe gesagt, mein Mann würde später dazustoßen.«

»Und wird er das?«

»Ich hoffe doch sehr, dass du kommst. Ich bin als Mrs Van Warren registriert.«

»›Warren‹ wie der Kaninchenbau?«

»Genau.«

»Gut. Mr Van Warren wird in einer halben Stunde bei dir sein.«

»Toll. Ich habe eine Geschichte, die dich interessieren wird, James.«

»Geht mir genauso.«

»Ich kann es kaum erwarten.«

Er legte den Hörer auf und murmelte: »Was man nicht alles für England tut.« Zehn Minuten später verließ er das Haus mit einem kleinen Übernachtungskoffer. Es war fast zehn Uhr, was bedeutete, dass er die Fernsehnachrichten verpasst hatte und daher nichts von der jungen Frau wusste, die in einem Zimmer im dritten Stock des exklusiven Brown's Hotel erstochen aufgefunden worden war. Auch die etwas ungenaue Beschreibung seiner Person, die von der Polizei als der letzte Mann, der mit ihr gesehen wurde, veröffentlicht worden war, hatte er weder gehört noch gesehen.

8

So muss es enden

»James, das bist *du*, sieh nur!« Flicka stand im Türrahmen des Schlafzimmers und hielt den *Daily Telegraph* in der Hand, der mit dem Frühstück gebracht worden war. Sie hob die Titelseite, sodass Bond, der mit dem Rücken gegen die Kissen gelehnt lag, sie lesen konnte.

Die Schlagzeile lautete: SCHÖNHEIT IN LONDONER HOTEL ERSTOCHEN. Darunter lautete die Unterzeile: **Mann von der Polizei gesucht**. Zwei Fotos waren nebeneinander zu sehen, eins von einer ziemlich attraktiven Brünetten und daneben ein zusammengesetztes Phantombild, das von einem Computerprogramm erstellt worden war. Das Phantombild hatte mehr als nur eine flüchtige Ähnlichkeit mit James Bond.

Am Abend zuvor hatte Flicka im Inn on the Park auf Bond gewartet. Sie hatte eine Suite mit Blick auf den Hyde Park gebucht – nicht dass er auch nur einen flüchtigen Blick auf den Hyde Park hätte werfen wollen, denn sie empfing ihn an der Tür in einem locker an der Taille gebundenen

Frotteebademantel, dessen Knoten sich löste, als sie zurücktrat, um zu zeigen, dass sie darunter nur das Nötigste trug, was wirklich nicht viel war.

Etwa zwei Stunden später hatten sie sich ausgiebig begrüßt. Dann rief er den Zimmerservice, sie setzten sich gegenüber an einen kleinen Tisch und aßen Räucherlachs und einen riesigen Chefsalat, während er sie ins Bild setzte.

»Der Brief war für David.« Er schluckte. »Aber nicht David, ihren geliebten verstorbenen Bruder. Ich vermute, sie hatte nie die Absicht, diesen Brief abzuschicken. Ich glaube, es war eine Art von Selbsttherapie. Manchmal verarbeiten Leute ihre Gefühle, indem sie einen Brief an einen geliebten Menschen schreiben, mit dem sie nicht mehr reden können. Ich würde darauf wetten, dass Laura March genau das getan hat.«

»Und wer war ihr geliebter Mensch?«

Er sagte es ihr. Unweigerlich kippte ihr die Kinnlade herunter und sie stellte die gleiche Frage, die er gestellt hatte: »Doch nicht etwa *der* David Dragonpol?«

»Genau der.«

»Aha.« Sie warf ihm einen wissenden Blick zu. »Wir kennen den berühmten Mr Dragonpol.«

»Jeder kennt den berühmten Mr Dragonpol.«

»Mit ›wir‹ meine ich, mein Geheimdienst kennt David Dragonpol.«

»Wirklich? Interessant.«

»›Mein Geheimdienst‹ ist allerdings eine gewagte Formulierung. Ich weiß ehrlich gesagt nicht, ob ich überhaupt noch ein Teil davon bin. Ich bin beurlaubt, bis die Untersuchung abgeschlossen ist, genau wie du. Aber ja, ich habe den Namen hier und da auf verschiedenen Schreibtischen gesehen. Er reist viel.«

»Nach meinen Informationen hält er sich in einem Schloss am Rhein versteckt.«

Sie nickte. »Das muss Schloss Drache sein. Er reist über Deutschland, aber er hat in den letzten Jahren Haken wie ein Hase geschlagen. Ein Tag hier, zwei Tage dort, dann wirft er alle Pläne wieder um. Ein vielbeschäftigter Mann, dieser David Dragonpol – was für ein verrückter Name, Dragonpol.« Sie ließ den Namen über ihre Zunge rollen und versuchte es dann noch einmal. »Dragonpol.« Dann noch einmal mit Gefühl, »Draaagooonpool. Seltsam.«

»Das bedeutet Drachenkopf.«

»Ich weiß, was der Name bedeutet, James. Es ist einfach ein seltsamer Name. Woher hast du eigentlich all diese Informationen über Laura und diesen Dämon Dragonpol?«

»Sag mir erst, was deine Leute glauben, was der große Mann so tut, wenn er durch die Schweiz reist?«

»Da ist sich niemand sicher. Er wurde nur immer oberflächlich befragt und hatte immer eine Antwort parat: Er sei auf der Suche nach Ausstellungsstücken für sein Schloss, das er in ein riesiges Theatermuseum verwandeln will.«

»Ein Theatermuseum?«

»Er plant, es irgendwann für die Öffentlichkeit zugänglich zu machen: eine Art Disneyland, das aber der Geschichte und Kunst des Theaters im Laufe der Jahrhunderte gewidmet ist. Zumindest sagt er, dass er das plant. Allerdings mag er Verkleidungen, aber er ist ja auch Schauspieler, also ist das nur natürlich.«

»Aber dein Geheimdienst wusste trotzdem über sein Kommen und Gehen Bescheid?«

»Normalerweise ja. Er ist auch sehr gut darin, Überwachungsleute abzuschütteln, aber es gab da einige Hinweise – kleine Dinge –, an die ich mich erinnere.«

»Wie zum Beispiel?«

»Wie zum Beispiel ein mögliches Treffen mit einem Waffenhändler hier oder einer bestimmten Quelle da, irgendeinem Informanten – Leuten, die Kontakte zum internationalen Terrorismus haben. Es wurde ihm nie etwas nachgewiesen, aber bei diesem Schauspieler ist definitiv etwas faul im Staate Dänemark.«

»Wenn deine Leute ihn im Auge hatten, was ist dann mit dem britischen MI5?«

»Darüber weiß ich nichts.«

»Aber ihr tauscht doch Informationen aus.«

»Nur wenn es absolut notwendig ist. Dragonpol ist nur sehr selten nach England gereist. Wir Schweizer behalten gewisse Geheimnisse gern für uns.«

»Dann solltet ihr Schweizer von ihm und Laura gewusst haben.«

Sie zuckte mit den Schultern. »Vielleicht haben wir das. Ich habe nicht alle Informationen gesehen.«

»Nun, er war definitiv mit der schönen Laura verlobt, doch ein paar Wochen bevor sie auf den Berg gefahren und nie wieder heruntergekommen ist, wurde die Verlobung gelöst.«

Sie sah ihn an, als wäre sie nicht ganz überzeugt. Wie eine Frau, die einen anderen Duft an seinem Hemd gerochen oder einen Lippenstiftfleck in einem Farbton, den sie nie benutzte, an seinem Kragen entdeckt hatte. »Also, woher hast du diese ganzen Informationen?«

Er erzählte ihr von dem Zwischenfall mit dem Überwachungsteam des MI5 und von seinem Treffen mit der reizenden Carmel Chantry.

»Und diese Chantry hat alles ausgepackt?«

»Alles. Auch, wie wir von dem reizenden Fräulein Bruch reingelegt wurden.«

»Hm.« Sie legte wieder fragend den Kopf schief. »Hat sie dir das im Stehen, im Sitzen oder auf dem Rücken liegend erzählt, James?«

»Ich saß, sie lag auf einem Bett im Brown's Hotel.«

»Hast du auch auf dem Bett gelegen, bevor sie es dir erzählt hat?«

»Nein, Flicka. Es ist alles sehr anständig abgelaufen.«

»Was wir gemacht haben, war auch sehr anständig.«

»Alles war ganz züchtig. Sie hat mir auch erzählt, dass sie es mal bei Laura versucht hat.«

»Das hat nichts zu bedeuten – vor allem, wenn sie leicht zu beeindrucken war.«

»Sie hat die Information freiwillig rausgerückt.«

»Auf einem Bett liegend?«

»Ja.«

»Hm!« Flicka von Grüsse kniff die Augen zusammen.

»Ich habe mich nicht aus dem Sessel gerührt.«

»Wollen wir es hoffen. Glaubst du, dass die böse Hexe vom Victoria-Jungfrau uns aus der Patsche hilft, wenn ich ein paar große, muskulöse Mitglieder meines Geheimdiensts bei ihr vorbeischicke?«

»Das würde mich nicht überraschen. Vielleicht provozierst du damit sogar eine Art internationalen Zwischenfall.«

»Gut.« Sie klang, als wäre sie bereit, einen globalen Zwischenfall zu provozieren. »Gut, ich werde sie morgen früh anrufen. Ich habe noch ein paar Gefallen, die ich einfordern kann. Jedenfalls wird sich jemand mit mir in Verbindung setzen, mir das Ergebnis der Untersuchung mitteilen und herausfinden, wann und wo Laura beerdigt werden soll.« Sie nahm einen weiteren Bissen vom Lachs. »Wie hieß das noch bei der alten Inquisition, wenn sie jemanden verhört haben? Jemandem die Daumenschrauben anlegen?«

»Genau«, lächelte Bond. »So haben sie Geständnisse erpresst.«

»Gut. In ein paar Minuten werde ich dir die Daumenschrauben anlegen, James. Aber ich werde es im Liegen tun, und die Folter wird exquisit sein.«

»Du bringst mich noch in ein frühes Grab, Flicka.«

»Ich hoffe nicht, aber ich werde bald feststellen, wie es um deine Ausdauer bestellt ist. Und dann weiß ich, ob du die Wahrheit über dein kleines Stelldichein mit Ms Chantry vorhin gesagt hast.«

»Ich freue mich schon darauf ...«

Jetzt, am Morgen nach einer auszehrenden Nacht, stand sie im Türrahmen. Mit dem einen Fuß wippte sie und mit dem anderen zeigte sie auf das Bild der attraktiven Brünetten. »Ist das dieses Flittchen, Carmel Chantry?«

»Nein«, sagte Bond, drehte sich und streckte die Hand aus, als wolle er die Zeitung nehmen. »Nein, das ist sie nicht, aber es besteht eine gewisse Ähnlichkeit … Ich frage mich …?« Er griff nach dem Telefon und wählte die Nummer des Brown's Hotel, dann fragte er nach Zimmer 349.

Ein paar Sekunden später meldete sich die Telefonistin und fragte, mit wem er sprechen wolle.

»Zimmer drei neunundvierzig. Ms Chantry.«

»Ms Chantry hat gestern Abend ausgecheckt, Sir.«

»Vielen Dank.« Er legte auf und sah wieder zu Flicka hoch. »Steht ein Name in der Zeitung?«

»Von dem Mordopfer? Ja, sie war unter dem Namen Barnabus im Hotel gemeldet. Heather Barnabus. Soll ich es dir vorlesen?«

»Nein, lass mich selbst lesen.« Er entriss ihr die Zeitung förmlich und überflog den Artikel. Die Frau war im Laufe des Nachmittags im Hotel eingetroffen, hatte sich unter dem Namen Heather Barnabus eingetragen und war, wie es hieß, in der Lounge bei einem Gespräch mit einem Mann gesehen worden, kurz nachdem man gegen sechs Uhr aufgehört hatte, Tee zu servieren. Ein Zimmermädchen hatte ihre Leiche um halb acht gefunden, als sie das Zimmer für die Nacht herrichten wollte. Dem Bericht zufolge war sie durch mehrere Stichwunden gestorben. Dann kam die Beschreibung, die mit etwas Fantasie auf Bond passte. Wie immer wollte die Polizei diesen Mann befragen, um ihn von ihren Ermittlungen auszuschließen.

»Diese Frau ist definitiv nicht Carmel.« Er tippte erneut auf das Bild. »Obwohl eine flüchtige Ähnlichkeit besteht. Es ist möglich, dass mich jemand mit Carmel gesehen hat, bevor wir auf ihr Zimmer gegangen sind.«

»Eine flüchtige Ähnlichkeit? Tatsächlich? Diese Carmel sieht also doch ein bisschen wie ein Flittchen aus, ja?«

»Ganz und gar nicht. Sie wurde in eine sehr schwierige Position gebracht …«

»Viele Male, könnte ich mir vorstellen …«

»Von ihrem schwachsinnigen Vorgesetzten, der in etwa so professionell zu sein scheint wie ein Tierarzt in einem Schlachthof …«

»Dafür sieht diese Chantry aber aus wie eine Professionelle …«

»Sie ist eine erfahrene Agentin, Flicka!« Er wurde gerade laut genug, um den zickigen Bemerkungen ein Ende zu setzen.

»Findest du nicht, dass du etwas unternehmen solltest? Ich meine, jemand wird dich als die Person auf diesem Phantombild erkennen und dann wirst du im Knast landen, bevor du Chiffre sagen kannst.«

»Ich würde mich besser fühlen, wenn ich wüsste, wo Carmel abgeblieben ist.«

»Oh, zum Teufel mit Carmel.«

»Nein, Flicka. Sie steckt in ernsthaften Schwierigkeiten, genau wie der MI5. Der Idiot, der die Antiterrorabteilung leitet, ist so hilfreich wie ein Loch im Kopf und ich schätze, er ist zu fast allem fähig, auch wenn ich meine Zweifel habe, was Mord angeht. Um ehrlich zu sein, mache ich mir Sorgen, dass dieses andere Mädchen, Heather Barnabus, versehentlich ermordet wurde.«

»Trotzdem musst du immer noch deinen Namen bei der örtlichen Polizei reinwaschen, Liebling.«

Er nickte, gab ihr einen leichten Kuss auf die Wange und machte sich auf den Weg ins Bad.

Etwa zwanzig Minuten später rief er rasiert, geduscht und angezogen beim Polizeirevier West End Central an und bat darum, zur Kriminalpolizei durchgestellt zu werden. Es meldete sich jemand, der sich als Detective Sergeant Tibble auswies.

»Der Mord an Heather Barnabus«, begann Bond. »Ich möchte mit dem für die Ermittlungen zuständigen Beamten sprechen.«

»Das ist Detective Chief Superintendent Daily, Sir. Darf ich fragen, wer anruft?«

»Ja. Bond. James Bond.«

Der Mann reagierte sofort, als hätte man ihn mit einer Nadel gestochen. Sekunden später meldete sich eine honigsüße Stimme in der Leitung. »Hier ist DCS Daily, Mr Bond. Wir haben nach Ihnen gesucht.«

»Ich habe gerade die Zeitung gesehen. Ich würde gern ein paar Dinge klarstellen.«

»Das würden wir auch gern, Mr Bond. Wo kann ich Sie abholen?«

»Nirgendwo. Ich komme zu Ihnen.«

»Sind Sie sich da sicher?«

»Ganz sicher. Ich werde in weniger als einer halben Stunde bei Ihnen sein.«

Er gab Flicka strikte Anweisungen. »Bleib in diesem Zimmer, auch wenn die Zimmermädchen kommen, um das Zimmer herzurichten. Lass niemanden sonst herein. Wenn das Telefon klingelt, geh ran und sag nichts …«

»Ich weiß, wie der Hase läuft, James. Ich mache meinen Job schon eine ganze Weile.«

Das Polizeirevier West End Central war ein zweckmäßiges Gebäude ohne jede Persönlichkeit, das an der Regent Street lag. Im Laufe der Jahre war eine ganze Enzyklopädie der berühmtesten Londoner Kriminellen die Treppe hinauf und durch die Flügeltüren gegangen, berüchtigte Mörder und unbedeutende Kleinganoven hatten in den kahlen, schmucklosen Verhörräumen gesessen. Jetzt saß James Bond auf einem Stuhl, der am Boden festgeschraubt war. Auf der anderen Seite des Tisches, der ebenfalls festgeschraubt war, saß der glatt rasierte Detective Chief Superintendent George Daily. Ein zweiter Mann in Zivil hielt sich in der Nähe der Tür auf.

Dailys Ruf war Bond nicht unbekannt, denn er gehörte zur neuen Generation der Polizisten: studiert, intelligent, scharfsinnig und äußerst sympathisch. Daily war bei der inzwischen umbenannten Special Branch tätig gewesen, als diese tatsächlich noch etwas Besonderes gewesen war. Dadurch war er sowohl beim MI5 als auch beim MI6 wohlbekannt – was wahrscheinlich der Grund dafür war, dass er überhaupt mit diesem Fall betraut worden war.

»Nun, Captain Bond, ich wollte Sie schon immer mal kennenlernen. Ihr Ruf eilt Ihnen voraus und ich habe Sie auf dem Phantombild erkannt.« Sein Akzent war nicht gerade das, was man als Oberschicht bezeichnen würde, was ein Segen war, denn dieser affektierte Tonfall war für Bond ein Gräuel.

»Bei allem Respekt, Chief Superintendent, warum stand mein Name dann nicht heute Morgen auf allen Titelseiten?«

Daily schenkte ihm ein kleines Lächeln. Auf dem Tisch vor ihm lagen ein ledernes Notizbuch und ein teurer goldener Stift. Bond dachte, er sollte den Mann darauf hinweisen, dass es nicht immer klug war, so etwas wie einen Stift während eines Verhörs auf dem Tisch liegen zu lassen. Er rechnete sich seine Chancen aus und wusste, dass er Daily wahrscheinlich ausschalten könnte, indem er sich den Stift schnappte und ihn dem Mann fest ins Auge stieß. Mit dem anderen Polizisten würde er dann auf eine gewöhnlichere Art fertigwerden.

»Warum ich Ihren Namen nicht der Presseerklärung erwähnt habe, Mr Bond? Nun, ich hätte mich geirrt haben können. Wir haben das Phantombild von einem Kellner, der sagt, er habe Sie mit dem Opfer gesehen. Er sagt, Sie seien kurz vor sechs angekommen. Er behauptet, tatsächlich mit Ihnen gesprochen und Ihnen gesagt zu haben, dass kein Tee mehr serviert würde. Sie hätten geantwortet, dass Sie sich mit jemandem treffen wollten, und er sagt, er habe gesehen, wie Sie sich zum Opfer gesetzt hätten. Augenzeugen irren sich oft. Die Beschreibung könnte durchaus ungenau gewesen sein. Phantombilder sind das oft, wie Sie vermutlich wissen.«

»Sie haben also im Zweifel für den Angeklagten gehandelt?«

Wieder zeigte Daily sein charmantestes Lächeln. »Nein, nicht wirklich. Ich habe vorsichtshalber Ihren Chef angerufen, als mir die Ähnlichkeit aufgefallen ist, und er hatte eine kleine Geschichte für mich.«

»Sie wissen also, dass ich tatsächlich dort war?«

»Das weiß ich. Ich weiß auch, dass Sie dort waren, um jemand anderes zu treffen, und das ist ziemlich wichtig, denn diese andere Person sah dem Opfer sehr ähnlich.«

»Sie wissen, wer sie war – die Person, die ich getroffen habe?«

»Oh ja. Ich habe schon öfter mit Carmel zusammengearbeitet, und obwohl das Opfer ihr oberflächlich betrachtet sehr ähnlich sieht, sind sie im echten Leben doch recht verschieden. Dennoch …«

»Man hätte sie mit Ms Chantry verwechseln können …«

»Bei Dämmerung mit dem Licht im Rücken, um W. S. Gilbert zu zitieren.«

»Oh, ich finde gebildete Polizisten wie Sie einfach wunderbar.« Bond schenkte ihm ein schiefes Lächeln. »Aber Sie glauben, dass es sich um einen Irrtum handelt?«

»Daran habe ich keinen Zweifel. Sobald der Mord entdeckt worden war und ich mit Ihrem Chef gesprochen hatte, haben wir die andere Dame aus dem Hotel geholt.« Sein Blick wanderte zu dem Mann in Zivil an der Tür. »Sie dürfen uns jetzt allein lassen, Meyer«, sagte er mit einem freundlichen Nicken und einem Zwinkern. Der Polizist zuckte mit den Schultern, ging dann aber und schloss die Tür hinter sich.

»Ich habe sogar eine Nachricht von Ihrem Boss …«

»Ich glaube nicht, dass er es begrüßen würde, dass ihn jemand Boss nennt …«

»Nein? Nun, er wird mich nicht hören, oder? Er sagt, dass Miss C. in Sicherheit ist und dass Ihr Mr Grant ebenfalls in Sicherheit ist – sichergestellt sogar, unter Hausarrest. Mir scheint, die Damen und Herren des MI5 stecken mitten in einer Krise.«

»Ist das so?« Das Letzte, was er wollte, war, sich hinreißen zu lassen, über den MI5 herzuziehen. Bei Polizisten konnte man nie wissen.

Nach einer Pause, die ein wenig zu lange andauerte, sagte Daily, dass M ihn auch gebeten hatte, mit ihm zu telefonieren. »Er hat mich gebeten, Ihnen mitzuteilen, dass er das Überwachungsteam abziehen konnte und Sie ihn anrufen sollen. Sie waren wohl ein böser Junge, was, Mr Bond?«

»Das geht Sie gar nichts an«, sagte er eisig.

Er rief M von einem öffentlichen Münztelefon aus an, oder zumindest hatte man sie so genannt, bevor die öffentlichen Telefone überhandnahmen, die nur Kreditkarten oder Guthabenkarten von der British Telecom akzeptierten.

»Ich wollte Sie nur wissen lassen, dass unser Schwesterdienst eine fast völlig neue Antiterrorabteilung eingerichtet hat«, knurrte M.

»Wurde auch Zeit, wenn alles, was ich gehört habe, wahr ist.«

»Nun, ich fürchte ja. Der frühere Abteilungsleiter hat viele Dummheiten begangen und vieles vertuscht. Die Arbeit wurde zwar erledigt, aber er kann jetzt nur noch hoffen, seine Rente bei halben Bezügen zu genießen – wenn es für ihn nicht noch schlimmer kommt.«

»Glauben Sie, dass es jemand sowohl auf Miss C. abgesehen hatte als auch auf die andere verstorbene Dame, Sir?«

»Das könnte sein. Ich habe mit dem Director General gesprochen und die Dame, die Sie gestern Abend gesehen haben, ist in sehr sicheren Händen. Ich melde mich bei Ihnen. Machen Sie das Beste aus diesem erzwungenen Urlaub.«

»Natürlich, Sir.«

Er brauchte fast zwei Stunden, um zu seinem endgültigen Ziel zu gelangen, wobei er alle erdenklichen Tricks anwandte, um mögliche Beschatter abzuschütteln. Zweifellos hatte M ihn im Auge behalten und er hatte einen gesunden Respekt davor, aber bei all dem, was vor sich ging, wollte er sicher sein, dass ihm niemand sonst auf den Fersen war.

Es war fast halb drei am Nachmittag, als er in die angenehme kleine Straße an der King's Road einbog, deren Platanen von der Augusthitze staubig wirkten.

In seiner Wohnung führte er schnell all seine persönlichen Sicherheitschecks durch. Niemand schien das Haus zu beobachten, obwohl er ein Abhörgerät oder eine Telefonwanze nicht ausschließen konnte. Mit einem Wanzenscanner, den ihm Ann Reilly, die Assistentin des Waffenmeisters, der die gesamte Ausrüstung für den MI6 bereitstellte, vor einiger Zeit geliehen hatte, suchte er jeden Zentimeter der Wände und Böden ab. Erst als er sich zu neunundneunzig Prozent sicher war, dass sich keine unerlaubten elektronischen Geräte im Haus befanden, die durch die Wände gebohrt oder von einem Einbruchspezialisten manuell versteckt worden waren, rief er im Inn on the Park an.

Flicka nahm ab, ohne etwas zu sagen.

»Ich bin's.«

»Wer ist ›ich‹?«

»James.«

»Woher weiß ich, dass da James ist?«

»Du hast ein kleines Muttermal oben auf der Innenseite des linken Oberschenkels. Reicht das?«

»Ja. Was gibt es?«

»Hast du schon von deinem Freund aus den Alpen gehört?«

»Der Fall wurde als Mord durch eine oder mehrere unbekannte Personen eingestuft – zumindest ist das die offizielle Version.«

»Und die Beerdigung?«

»Findet morgen statt. Anscheinend hat sie Anweisungen hinterlassen. Morgen Nachmittag um zwei Uhr in einem Krematorium in Bournemouth. Es scheint, dass sie diese Gegend mochte. Sollen wir hingehen?«

»Ja, aber vorher muss ich dir einige Anweisungen geben.«

Er sagte ihr, sie solle aus dem Hotel auschecken und in seine Wohnung kommen. »Aber nicht auf direktem Weg, es wäre am besten, wenn du eine kleine Ablenkung schaffen würdest. Ich bin mir ziemlich sicher, dass ich sauber bin, aber an deinem Aufenthaltsort könnte noch jemand auf mich warten. Wenn ja, wird er dir folgen, also wirst du ihn abschütteln müssen.«

»Das werde ich.« Sie legte auf. Sehr professionell, dachte er. Dann fragte er sich, warum er sie gebeten hatte, zu ihm zu kommen. Er lud nur selten Damen in seine Wohnung ein, und selbst dann ließ er sie nie über Nacht bleiben.

Flicka kam kurz nach halb sieben an, nachdem sie über den Flughafen Heathrow und dann mit der Underground ins Zentrum von London gefahren war, wo sie noch dreimal das Taxi gewechselt hatte. Zum ersten Mal schlief eine Frau in seiner Wohnung und es wurde eine dieser weltmeisterlichen Nächte, von denen die meisten Leute nur träumen konnten.

Das Krematorium war ungefähr so persönlich wie eine öffentliche Toilette. Bond hatte das Gefühl, dass hier nach dem

Fließbandprinzip gearbeitet wurde, mit Geistlichen vieler Konfessionen, die in den zahlreichen Kapellen ihre Schichten schoben.

Außer Flicka und Bond waren nur drei weitere Personen zum Gottesdienst erschienen, den der Geistliche verlas, als würde ihn die ganze Sache zu Tode langweilen. Endlich verschwand der Sarg hinter den kleinen Samtvorhängen, die sich mit dem leisen Surren der Maschine schlossen.

Zwei der anderen Trauernden schrien geradezu nach MI5, und sei es nur, weil sie versucht hatten, völlig normal auszusehen – ein Mann und eine Frau. Die Frau weinte, als sie die Kapelle verließ, und der Mann tat nichts, um sie zu trösten. Die andere Person war ein Mann um die vierzig, gekleidet in einen maßgeschneiderten Anzug. Er zeigte keinerlei Gefühlsregung und verließ den Ort schnell wieder, sobald alles erledigt war.

An der Tür der Kapelle erzählte der Bestatter, dass es ein paar Blumenspenden gegeben hatte, obwohl die Verstorbene keine gewünscht hatte. »Ich fürchte, es war alles etwas überstürzt«, sagte er und sah Bond an, als wüsste er genau, was gemeint war. Er deutete auf den Gartenbereich, in dem die Blumen für Laura March in einer eher armseligen kleinen Reihe lagen, und sie gingen hin, um einen Blick darauf zu werfen.

Eine war ein mittelgroßer Kranz mit einer Karte, auf der einfach stand: »Vom Direktor und den Mitgliedern des Vorstands in liebevoller Erinnerung.« Bond fand, dass der Kranz nach Beamtentum stank. Ein anderer Kranz war von der Tante in Birmingham. An einem dritten stand: »Für Laura von deinen vielen Freunden im Büro. Wir werden uns immer an dich erinnern.«

Am Ende dieser kleinen Reihe lag eine einzelne Blume wie eine Ansteckblume: Der Stiel war in durchsichtiges Zellophan eingewickelt, die Blüte von grünen Farnen umrahmt. Die Blume selbst reichte aus, um Bonds Interesse zu wecken. Es war eine Rose, aber eine, die weder Flicka noch Bond jemals zuvor gesehen hatten: Sie war leuchtend weiß und das Außergewöhnlichste an der Blüte war, dass jedes der Blütenblätter eine blutrote, fast symmetrische Spitze hatte. Es war, als hätte jemand eine sehr schöne weiße Rose genommen und am Ende jedes Blütenblatts sorgfältig identische Blutflecke aufgemalt. Der Anblick war so sonderbar, dass Bond sich sogar nach vorne beugte und mit den Fingerspitzen darüberstrich, um sich zu vergewissern, dass es sich um eine echte Rose handelte und nicht um Plastik. Sie war tatsächlich echt und er beugte sich erneut vor, um die Karte zu lesen.

Die Karte war schlicht. Keine Adresse des Blumenladens oder ein kleines Bild, nur ein einfaches weißes Rechteck mit einer sorgfältig geschriebenen Nachricht. Die gestochene Schrift erinnerte ihn einen Moment lang an M, dann kamen ihm die Worte plötzlich sehr bekannt vor. Er hatte sie schon mindestens viermal gelesen – und ihm fiel ein, dass er auch eine Beschreibung genau dieser Art von Rose gesehen hatte. Die Nachricht war sehr knapp gehalten: »So muss es enden. Adieu.«

Er blieb stehen und betrachtete die einzelne Blume, die so viel aussagekräftiger war als jeder Kranz oder jeder Strauß, dann drehte er sich zu Flicka. »Ich denke, wir sollten gehen, meine Liebe. Ich muss dir etwas in London zeigen. Danach wäre es vielleicht an der Zeit, dass wir nach Deutschland reisen.«

»Ins Rheinland?«

Bond nickte, nahm ihren Arm und ging zügig zu seinem Auto zurück. Er wusste, dass er mit dieser außergewöhnlichen Rose eine handfeste Verbindung zwischen dem Tod von Laura March und den vier Morden in dieser Woche der Attentäter gefunden hatte.

Richard ist wieder er selbst

Die Straße war in den Felsen gehauen und wand und schlängelte sich, sodass sie in der einen Minute eine Steilwand hinunter auf das grünblaue Wasser des Rheins blickten und in der nächsten gegen große Schneisen gepresst zu werden schienen, wenn sich die rauen Natursteinwände zu beiden Seiten erhoben. Nach einer langen, sanften Kurve und einem Kilometer gerader Straße erhaschten sie plötzlich den ersten Blick auf Schloss Drache, das unter ihnen wie eine Art Fata Morgana, eine Illusion, erschien, denn auch das Schloss wirkte wie aus dem Felsen gehauen: wie ein Mount Rushmore, in dem Menschen lebten.

»Größer als das in Disneyland«, sagte Bond leise und Flicka streckte ihre Hand aus und legte sie kurz auf seine, als die spätsommerliche Nachmittagssonne auf einen der Türme traf, von den Fenstern reflektierte wurde und das Licht vom Schloss auf den Fluss blitzte, als hätte jemand einen prismatischen Strahl direkt auf das Wasser gerichtet.

Sofort kamen Bond die Legenden des Rheins in den Sinn – die Legende von der Nixe Loreley oder von den Rheintöchtern und ihrem Goldschatz.

Die Zeit schien stillzustehen und es war kaum zu glauben, dass es erst achtundvierzig Stunden her war, dass sie Laura Marchs einsame Beerdigung an Englands Südküste verlassen hatten, als wären ihnen die Höllenhunde auf den Fersen.

Sie hatten es in Rekordzeit zurück zur King's Road geschafft. Bond hatte den weißen Saab 9000 CD Turbo durch den New Forest gejagt und war dann über die Autobahn M3 gerast, wobei er das Tempolimit überschritt, wann immer es ihm sicher erschien, und jedes Quäntchen Fahrkönnen einsetzte, das er aufbringen konnte. Seine Gedanken kreisten um die Hybridrose mit ihrer seltsamen Nachricht und weckten eine weitere, nur halb bewusste Erinnerung, die fast nicht greifbar schien.

Sobald sie in seiner Wohnung ankamen, holte er seine Aktentasche aus dem versteckten Fach hinter der Wandvertäfelung seines Schlafzimmers, öffnete sie und nahm die Akten heraus, die ihren Weg damals so zufällig in seinen Bürotresor gefunden hatten. Er brachte die Akten in sein Wohnzimmer und begann, sie zu durchforsten.

Flicka verstand das als ihr Zeichen, in die Küche zu verschwinden und heißen, starken Tee zu kochen, den Bond schlürfte, während er die dünnen Seiten durchblätterte und sich hier und da Notizen machte. In den Akten über die Ermordung von Generale Claudio Carrousso fand er, was er suchte, und dann wieder in den Papieren über Archie Shaw. Die beiden anderen – der Russe Pawel Gruskotschew und der

CIA-Mann Mark Fish – würde er noch einmal durchgehen müssen.

Er rief eine anonyme Nummer in Paris an und wartete, während sein Kontakt die neueren Informationen über den Mord an Gruskotschew durchging. Bond nickte, lächelte und machte eine Notiz in seiner Akte, während ihm die Daten leise aus einem Büro unweit der Champs Elysées vorgelesen wurden.

Dann rief er in Washington an, wobei er sich mehrfach durchstellen lassen musste, bis er endlich den Mann fand, den er suchte, der allerdings gerade bei einer Verabredung in Arlington, Virginia, mit einer Freundin aus dem Pentagon war. Der Mann fragte, wie schnell er die Informationen benötige, woraufhin Bond antwortete, am besten gestern. »Wenn es wirklich *so* wichtig ist, fahre ich nach Langley und rufe dich zurück«, sagte er und fügte hinzu, dass Bond so ziemlich die einzige Person der Welt sei, für die er so etwas tun würde. Eine Stunde später klingelte das Telefon und Bond lächelte wieder vor sich hin, während er, das Telefon an sein Ohr gepresst, seine Notizen machte.

»Genau das wollte ich hören«, sagte er dem Anrufer. »Ich bin dir was schuldig.«

»Und ich werde darauf zurückkommen.« Der Kontaktmann legte auf und fuhr zurück zu seinem Haus in Arlington, wo seine Freundin aus dem Pentagon geduldig wartete – sie war eine Granate, achtundzwanzig Jahre alt und hatte die tollsten Beine diesseits von New York.

Bond wählte dann eine Nummer in Chalfont St Giles und sprach mit einem alten Freund, den er seit fast zwei Jahren nicht mehr gesehen hatte. Nachdem sie die üblichen Höflichkeiten ausgetauscht hatten, kamen sie auf die Züchtung von Hybridrosen zu sprechen. Ihre Unterhaltung dauerte fast dreißig Minuten.

Erst als er mit dem Telefonat fertig war, rief er nach Flicka, die im Schlafzimmer ein Taschenbuch las.

»Also, Sherlock«, sagte sie, als sie sich anmutig auf die große Ledercouch fallen ließ. »Hast du das Geheimnis von Leben und Tod gefunden?«

»Ich habe genug herausgefunden, um ein paar Schlussfolgerungen zu ziehen und wenigstens einen Namen aufs Reißbrett zu bringen, wie sie das in diesen Polizeiserien im Fernsehen tun. Hier …« Er ging zu ihr und setzte sich dicht neben sie, die vier Akten in seinem Schoß.

»Wenn es um Mord oder Attentate geht, ist eine der Standardvorgehensweisen – wie du sicher weißt – die generelle Überwachung der Leute, die die Beerdigung des Opfers besucht haben. Heute waren sowohl Leute von meinem Service als auch vom MI5 da. Du hast das Pärchen vom MI5 gesehen, meine Leute waren nicht ganz so auffällig, aber sie waren da. Wie du ja weißt, geht es darum, alle zu identifizieren, die dem Opfer die letzte Ehre erweisen, und wenn alles vorbei ist, geht normalerweise jemand die Blumenkränze durch. Es werden Notizen zu den Nachrichten gemacht und dann werden die Quellen bei Bedarf ausfindig gemacht. Für die Polizei und die Geheimdienste eine ganz selbstverständliche Sache.«

»Natürlich. Ja, das ist Standardroutine.«

»Du hast diese Hybridrose gesehen. Sie ist merkwürdig. Ich habe noch nie etwas so Perfektes gesehen. Die Blütenblätter wirkten alle identisch und die blutroten Spitzen hätten aufgemalt sein können, so symmetrisch waren sie. Und dann war da noch diese Nachricht, die selbst dem dümmsten Polizisten in der Probezeit als ungewöhnlich aufgefallen wäre.«

»›So muss es enden. Adieu‹«, murmelte sie fast unhörbar. »Sicher, vielleicht eine Botschaft des Mörders? Oder eine Sentimentalität …«

»Nein, du hattest schon beim ersten Mal recht. Diese vier Attentate letzte Woche, kurz bevor Laura getötet wurde …«

»Ja?«

»Würde es dich überraschen, dass die gleiche Hybridrose mit *derselben* Botschaft bei jeder der Beerdigungen aufgetaucht ist? Der General in Rom, unser Parlamentsabgeordneter hier in London, der alte Pawel in Paris und der CIA-Mann Fish in Washington. Beim Parlamentsabgeordneten Shaw und bei dem Russen wurde klargestellt, dass es keine Blumen geben sollte, aber die Rose ist trotzdem bei jeder Beerdigung aufgetaucht …«

»Mit derselben Botschaft? Genau derselben Botschaft?«

»Ganz genau. Wort für Wort. Und niemandem ist es gelungen, herauszufinden, woher sie kam. Sie ist einfach wie von Geisterhand an den Gräbern oder in den Krematorien aufgetaucht. Es gibt einen winzigen Hinweis – aber der bedeutet nicht viel. In Paris hat der Bestatter einen dreizehn- oder vierzehnjährigen Jungen gesehen, der vor der Beerdigung am Grab herumgelungert hat. Und in Washington wurde ein Schulmädchen im frühen Teenageralter im Bestattungsinstitut gesehen, das sich die Blumen angesehen hat.«

»Kinder, die dafür bezahlt wurden, die Rosen abzulegen?«

»Genau das würde ich vermuten.«

»Und die Nachricht war *genau* dieselbe – ja, ich weiß, das habe ich schon gefragt.«

»Wort für Wort. Eine Visitenkarte des Mörders oder der Mörder. Wie eine Terrorgruppe, die sich zu einem Anschlag bekennt. Jemand oder eine Organisation sagt uns, dass sie nicht nur Laura ermordet hat, sondern auch diese vier hochrangigen Personen.«

»Und die Rose? Ich habe gehört, wie du mit einem Experten über Rosen gesprochen hast.«

Er hielt inne, klappte die Akten zu und legte sie in einem ordentlichen Stapel auf seine Knie. »Das ist die spannendste Information. Der Mann, mit dem ich gesprochen habe, ist wahrscheinlich der größte Rosenexperte der Welt. Er ist persönlich für mindestens zwölf neue Züchtungen verantwortlich, und was er über andere Züchter nicht weiß, passt auf eine Streichholzschachtel.«

»Er hat dir einen Namen genannt? Ist es eine bekannte Rose?«

»Nicht sehr bekannt, aber er weiß von einer Person, die mit einer weißen Rose mit blutroten Spitzen auf jedem Blütenblatt experimentiert hat. Soweit ihm bekannt ist, hatte die betreffende Person aber keinen Erfolg. Er hat mir erzählt, dass letztes Jahr eine Rose auf einer Ausstellung gezeigt wurde, die der Perfektion, die die Züchterin anstrebt, sehr nahekam. Sie hieß Blutherz und er hat mit der Züchterin gesprochen, die meinte, dass in einem oder zwei Jahren das perfekte Exemplar so weit sein würde.«

»Jemand, den wir kennen?«

»Jemand, den wir kennenlernen werden. Eine Witwe, einundvierzig Jahre alt, namens Maeve Horton. Maeve Horton, die jüngere Schwester von David Dragonpol. Maeve Horton, die mit ihrem Bruder in Schloss Drache am Ufer des Rheins lebt. Maeve Horton, die Schwester von David Dragonpol, der, wenn wir dem Brief glauben wollen, den wir gefunden haben, der ›Bruder und die tote Liebe‹ von Laura March war.«

»Also statten wir David Dragonpol und seiner Schwester einen Besuch ab?«

»Und ob wir das tun.«

Er klemmte sich wieder für ein paar Stunden ans Telefon, suchte zuerst nach Flügen, buchte sie und reservierte Autos, dann versuchte er, aus seinen vielen offiziellen Kontakten eine Telefonnummer für Dragonpol auf Schloss Drache herauszukitzeln. Um Mitternacht war alles erledigt.

Am Donnerstagmorgen flogen sie nach Bonn, nahmen den gemieteten BMW entgegen und fuhren den Rhein hinunter nach Andernach, wo sie die Nacht und einen Teil des Freitagmorgens im reizenden Hotel Villa am Rhein verbrachten. Von ihrer Suite in diesem Hotel rief Bond die Telefonnummer an, die ihn angeblich mit Dragonpol in Kontakt bringen würde.

Am anderen Ende meldete sich eine Frau, die fließendes Deutsch mit einem schrecklichen britischen Akzent sprach, weshalb er direkt ins Englische wechselte. »Mrs Horton? Spricht da Mrs Horton?«

»Ja, wer ist da?« Sie hatte eine tiefe, sehr ruhige Stimme und klang, als sei sie die Art Frau, die jedes Mal schlechte Neuigkeiten erwartete, wenn das Telefon klingelte.

»Sie kennen mich nicht, Mrs Horton. Mein Name ist Bond, James Bond, und ich muss dringend mit Ihrem Bruder, Mr Dragonpol, sprechen. Ist er da?«

Sie wollte antworten, dann hielt sie für einen Moment inne. Bond hatte den Eindruck, dass sie nicht allein war. Schließlich fragte sie: »Worum geht es denn, Mr Boned?«

»Bond«, korrigierte er sie. »Ich arbeite für eine britische Regierungsbehörde. Meine Kollegin aus der Schweiz begleitet mich und wir müssen wirklich dringend mit Mr Dragonpol sprechen, sofern das möglich ist. Wenn nicht, werden wir natürlich warten, aber ich persönlich halte es für das Beste, diese Angelegenheit so schnell wie möglich hinter uns zu bringen.« Er ließ die Worte sacken und hatte das Gefühl, dass sie wahrscheinlich ihre Hand über den Hörer gelegt hatte und mit jemandem sprach.

Dann meldete sich diese vertraute Stimme, die auf der ganzen Welt bekannt war, in seinem Ohr. »Mr Bond? Hier ist David Dragonpol.« Die Stimme war unverkennbar und das Gesicht des Mannes kam ihm sofort in den Sinn, als er sprach: ruhig, bestimmt und mit einer Autorität, die man sogar über das Telefon spüren konnte.

»Es tut mir sehr leid, Sie zu stören, Sir, aber es ist wirklich ausgesprochen wichtig.«

»Meine Schwester sagt mir, Sie arbeiten für eine britische Regierungsbehörde, was bedeutet, dass Sie mit mir über Laura sprechen wollen …« Er ließ das Ende des Satzes unausgesprochen, als rechnete er damit, dass Bond die Lücke füllen würde. Es war sehr theatralisch.

»Ja, Sir. Es wird nicht lange dauern, ich …«

»Ich verstehe, ja. Nun, ich habe schon darauf gewartet, dass jemand an meine Haustür klopft. Können Sie heute vorbeikommen?«

»Heute Nachmittag, wenn es Ihnen passt, Mr Dragonpol.«

»Natürlich. Hören Sie, warum bleiben Sie nicht über Nacht? Dann können wir uns in Ruhe unterhalten. Ich würde es begrüßen, mit jemandem über diese ganze schreckliche Angelegenheit zu reden. Essen Sie mit uns zu Abend, vielleicht kann ich Ihnen dann Schloss Drache zeigen. Wenn Sie sich auch nur im Geringsten für das Theater oder andere darstellende Künste interessieren, werden Sie eine sehr angenehme Überraschung erleben.«

»Das ist sehr freundlich von Ihnen, Sir, aber – nun, wir sind zu zweit …«

»Sie und …?«

»Fräulein von Grüsse, aus der Schweiz. Wie ich schon zu Mrs Horton sagte, ist sie sozusagen meine Kollegin.«

Sie trafen eine Verabredung. Dragonpol gab ihm eine Wegbeschreibung, die er für die beste Route hielt: »Es ist auf jeden Fall die schönste Route und die dramatischste, denn so sehen Sie Schloss Drache zuerst von oben.«

Jetzt sahen sie es von einem umzäunten Aussichtspunkt am Straßenrand aus, der Platz für vielleicht ein halbes Dutzend Autos bot. Gemeinsam lehnten sie sich ans Geländer und genossen die herrliche Aussicht über den großen Fluss, an dessen Ufern unregelmäßige Hügel aus Stein und dunkelgrünen Tannen aufragten.

»Wie schade.« Flicka runzelte die Stirn. »Ich dachte, es wäre blau und golden wie im Disneyland Orlando.«

»Oder dem in Kalifornien.«

»Oder jetzt dem in Paris.«

»Da haben wir wohl Pech, Flicka. Ich glaube nicht, dass hier Dornröschen lebt.«

Direkt unter ihnen schien das riesige Rechteck aus grauem Stein mit dem Felsen, vor dem es stand, zu verschmelzen. Ursprünglich, dachte Bond, war Schloss Drache wahrscheinlich um einen großen Innenhof herum gebaut worden, aber offensichtlich war dieser irgendwann mit rötlich-grauem Schiefer überdacht worden, der sich von den steinernen Gängen hinter etwa drei Meter dicken Zinnen erhob. Die Fenster ließen darauf schließen, dass das massive Gebäude mindestens vier Stockwerke hoch war. Die Räume mussten riesig sein, vermutete Bond. In jeder Ecke erhob sich nahe den Zinnen ein runder Turm, der sich an die Wand schmiegte. Selbst aus dieser Entfernung war klar, dass die Türme leicht zwei, wenn nicht sogar drei recht große Räume beherbergen konnten.

An der Nordwestseite des Hauptgebäudes erhob sich ein klobiger, quadratischer Turm, der wie eine größere Version der vielen normannischen Türme wirkte, die man bei englischen Kirchen sah. Die Spitze des Turms war mit Zinnen versehen und von dort aus musste man kilometerweit in alle Richtungen sehen können.

Von ihrem Aussichtspunkt wurde auch klar, dass der erste Anblick, bei dem man dachte, das gesamte Schloss würde aus dem Felsen wachsen, nicht stimmte. Jetzt konnte man deutlich sehen, dass eine dicke Mauer den hinteren Teil des Schlosses umgab und einen großen Garten umschloss, der zwischen den Felsen zu liegen schien. Sie konnten steinerne Wege und Pfade sehen, einzelne Farbtupfer, Büsche, sogar Bäume und Brunnen, die in diese unwahrscheinliche Umgebung eingebracht worden waren.

»Ich frage mich, ob sie dort die Rosen züchtet.« Flicka hatte ihren Kopf an seine Schulter gelehnt und er drehte sich zu ihr um, um sie leicht auf die Stirn zu küssen und den frischen Duft ihres Haars zu riechen. Für eine Sekunde schweiften seine Gedanken ab zu anderen Orten, anderen Zeiten und den unverwechselbaren Düften anderer Frauen. Zweimal hatte er sich geschworen, sich nie wieder zu sehr auf eine Frau einzulassen, denn das endete immer in einer Katastrophe. Aber Flicka wirkte anders als die anderen. Sie verlangte nichts von ihm und schenkte ihm nur Zuneigung. Keiner von ihnen hatte dem anderen seine unsterbliche Liebe geschworen oder eine feste, dauerhafte Beziehung verlangt. Er drückte sie an sich und langsam gingen sie zurück zum Auto.

Nach etwa einem Kilometer kamen sie an einem Schild vorbei, das auf Deutsch, Italienisch, Spanisch, Französisch und Englisch beschrieben war. Darauf stand: »Privatstraße. Zugang nur zu Schloss Drache. Unbefugten ist das Betreten verboten.« Die Ausfahrt ein Stück weiter war ebenso beschildert, und als er abbog, fanden sie sich auf einer schmalen Straße wieder, die in gefährlichen Serpentinen zum Fluss hinunterführte, dann in ein dunkles Kieferndickicht eintauchte, bis sie wieder am Fluss herauskamen, und schließlich abbog, sodass das Schloss auf sie hinabblickte. Die berghohen Mauern schienen den Himmel zu stützen – eine seltsame optische Täuschung, die entstand, wenn sich die Wolken bewegten, während man auf hohe Gebäude blickte.

»Da fragt man sich, wie viele Menschen gestorben sind, als sie das hier erbaut haben.« Flicka machte keine Anstalten, ihre Ehrfurcht zu verbergen.

»Das stellt sogar den Bau der Pyramiden in den Schatten.« Er lenkte das Auto langsam weiter. Die Straße wurde enger und führte zu einer kleinen Brücke, die sie zu einem steinernen Wendekreis brachte, der direkt vor zwei prächtigen, etwa zehn Meter hohen Rundbogentoren lag. Sie waren alt, aber ihre riesigen Messingscharniere und -beschläge glänzten, als würden sie regelmäßig poliert, und auch die Torflügel selbst waren mit einer Art Holzschutzmittel behandelt.

»Ich frage mich, wie man hier auf sich aufmerksam machen soll. Gibt es einen Klingelzug? Oder kommt Igor gleich rausgeschlurft?« Während Flicka sprach, setzten sich die Torflügel in Bewegung und schwangen auf, sodass ein offener Innenhof zum Vorschein kam.

»Ich glaube, sie wissen bereits, dass wir hier sind.« Bond lenkte den Wagen langsam durch das Tor und in den Hof, wo zwei Range Rover, ein schwarzer Mercedes und ein schnittiger Lexus standen. Er hielt neben dem Lexus an, das Tor schloss sich hinter ihnen wieder und er warf einen kurzen Blick auf die Umgebung. Drei Seiten dieser Parkeinfahrt sahen aus wie ein klassischer Kreuzgang, komplett mit Bögen und Wasserspeiern. Die ihnen gegenüberliegende Wand war ebenfalls ein Kreuzgang, aber von einer langen Steintreppe in zwei geteilt, die zu einer großen Tür hinaufführte. Diese sah ein wenig viktorianisch aus, komplett mit Buntglasfenstern.

Als sie aus dem Wagen stiegen, traten ein Butler im Frack und zwei jüngere Männer in grüner Livree aus der Tür und stiegen zu ihnen herab, öffneten den Kofferraum des Autos und nahmen das Gepäck mit der Geübtheit eines Diebespaars heraus.

»Willkommen auf Schloss Drache, Sir – Madam.« Der Butler war voll und ganz englisch, vom Tonfall seiner Stimme bis hin zu der Art, wie er sich bewegte und seine Untergebenen anleitete. Das Ganze hatte den Beigeschmack einer Zeit, die völlig aus den Fugen geraten war, als würde man in eine längst vergangene Ära zurückkehren.

»Wenn Sie bitte hier entlangkommen würden, der Hausherr erwartet Sie in der Bibliothek.« Er führte sie in einen Flur, in dem es nach poliertem Holz roch, und sofort fielen Bond die Trophäen in den Glasvitrinen, die Hirschköpfe, die hoch an den Wänden hingen, und ein paar Ölgemälde auf, die verdächtig nach echten Turners aussahen.

Der Butler führte sie eine kleine Treppe hinauf und einen Korridor entlang, der mit Bildern gesäumt war, doch diese waren besser zu erkennen. Auch hier handelte es sich um Ölgemälde, aber die Personen, die darauf abgebildet waren, waren selbst dem flüchtigsten Betrachter gut bekannt, denn es waren allesamt Porträts großer Schauspieler und Schauspielerinnen – nicht aus einer längst vergangenen Zeit, sondern aus der unmittelbaren Vergangenheit oder der Gegenwart. Er entdeckte Orson Welles, Olivier, Richardson, Gielgud, Jimmy Stewart, John Wayne, Monroe und noch viele andere – Legenden der Bühne und Leinwand, abgebildet in atemberaubenden Farben.

Der Korridor führte direkt in einen langen, luftigen Raum, in dem Reihen über Reihen von Büchern standen, die alle wunderschön in Leder gebunden und nach Farben geordnet waren, sodass der Eindruck entstand, man würde auf Wände blicken, die von einem Regenbogen überzogen waren. Am anderen Ende des Raums fingen hohe, bleiverglaste Fenster Lichtstrahlen ein, die in einem vorher festgelegten Muster einzufallen schienen und Bond und Flicka in Kegeln aus blendender Helligkeit einfingen, sodass beide einen Moment lang blinzelten und Flicka die Hand hob, um ihre Augen zu schützen.

Dann verschwand das Licht fast so schnell, wie es sie erfasst hatte, und hinterließ nur eine schwache Spur von echtem Sonnenschein, der durch die riesigen Fenster hereinschien. »Willkommen, Mr Bond, und Sie auch, Fräulein von Grüsse.« Die Stimme war unverkennbar, mit nur einer Spur von David Dragonpols echter Stimme.

Er stand direkt hinter einem großen Globus, der wie eine Theaterrequisite aussah. Eine Hand berührte den Globus, während die andere an seiner Hüfte ruhte. Er war nicht wiederzuerkennen. Langes, volles, dunkles Haar fiel bis zu seinen Schultern, obwohl jeder wusste, dass das Haar des Mannes in Wirklichkeit hell, fast schon rotblond war. Die Nase, die sonst so sehr nach Oberschicht aussah, wirkte jetzt wie ein Schnabel, sodass er wie ein Raubvogel wirkte. Seine tief liegenden Augen schienen wie brennende Kohlen zu glühen und seine Lippen kräuselten sich wie ein auf der Seite liegendes S. Er trug ein schwarzes Wams und eine schwarze Hose. Das Wams hatte goldene Schlitze und um seinen Hals hing ein riesiges Medaillon mit einem Eberkopf an einer goldenen Kette.

Die Hand auf dem Globus war mehr Klaue als Hand, die Fingernägel waren lang, krumm und widerlich und goldene Ringe mit funkelnden Juwelen beschwerten die fast skelettartigen Finger.

»Schön, Sie hier zu sehen.« Die Stimme war nun überhaupt nicht wiederzuerkennen. »Falls es Ihnen noch nicht aufgefallen ist, ich bin Richard der Dritte von England.«

»Was für ein verrückter Hund«, flüsterte Bond, aber offensichtlich nicht leise genug.

»Wuff, wuff!«, sagte die Erscheinung, bevor der Mann zu lachen begann – ein grässliches Gackern, das Bond einen Schauer über den Rücken jagte und dafür sorgte, dass Flicka nach seiner Hand griff und ihre Nägel vor Angst in seine Haut grub.

»Richard ist wieder er selbst«, schrie die seltsame Kreatur und schlug bei den Worten gegen den Globus, der sich schnell zu drehen begann und bei jeder Umdrehung ein schweres, klapperndes Geräusch von sich gab.

Schloss Drache

Das Gackern verwandelte sich in ein leises Lachen. Die Hände der seltsamen Kreatur bewegten sich, verschränkten sich und die klauenartigen Finger legten sich einer nach dem anderen um die Handgelenke. Sie schienen die Haut, die Knochen und die Nägel abzuziehen. Dann hingen die Latexhandschuhe von den Fingerspitzen der einen Hand, während die andere nach oben wanderte, um das lange, schwarze Haar von seinem Kopf zu ziehen. Der Körper der Kreatur schien sich vor ihren Augen zu verwandeln, sich aufzurichten, zu wachsen.

»Oh, Sie müssen mir verzeihen, aber ich konnte es mir nicht verkneifen. Sie hätten Ihre Gesichter sehen sollen. Mein Name ist David Dragonpol. Fräulein von Grüsse und Mr Bond, willkommen auf Schloss Drache.«

Er fummelte an seiner Nase herum und zog die Knetmasse ab, die den seltsam krummen Schnabel geformt hatte. Vor ihnen stand, halb enthüllt, Dragonpol persönlich. Sogar seine Stimme klang wieder normal.

»Wissen Sie, Hort spielt gern die Malerin und ich posiere für sie. Sie hat diese Vorstellung, dass Ölgemälde von mir in meinen besten Rollen in einem der Museumsräume einen schönen Anblick abgeben würden. Ich kann nicht behaupten, dass ich ihrer Meinung bin. Hort, komm und lerne unsere Gäste kennen.«

Sie folgten seinem Blick und sahen zum ersten Mal die Frau, die hinter einer Staffelei saß, die in einer Art Nische auf der linken Seite der langen, mit Büchern bestückten Wand eingelassen war. Sie legte ihre Palette ab und erhob sich anmutig – eine souveräne Gastgeberin, gekleidet in eine mit Farbe beschmierte Jeans und ein T-Shirt, auf dem vorne die Worte »Go for it! Das Leben ist keine Generalprobe« standen. Sie kam lächelnd auf sie zu und hielt ihnen die Hand hin, damit sie sie küssen oder schütteln konnten.

»Maeve Horton«, stellte sie sich vor. »Wir haben miteinander telefoniert, Mr. Bond.«

Ihre Hand war kalt wie eine Gurke und die großen dunklen Augen schienen Bond förmlich auszuziehen. Sie war sehr groß, über einen Meter achtzig, und hatte den schlanken, geschmeidigen Körper einer Tänzerin und das Gesicht mit der klaren Haut und den ebenmäßigen Zügen eines irischen Mädchens. »Ich wäre noch länger drangeblieben, wenn ich gewusst hätte, wie gut Sie aussehen …«

»Komm schon, Hort, das reicht mit der Schmeichelei.« Abgesehen von dem Wams und der Hose war Dragonpol jetzt voll und ganz zu erkennen. Er fuhr sich mit den Fingern durch die strohblonde Mähne, sodass das Gesicht, das die Fantasie von Millionen von Menschen beflügelt hatte, erkennbar wurde. Das Gesicht des Schauspielers, der sich in jede beliebige Figur verwandeln konnte. »Sie wissen wahrscheinlich, dass wir irische Wurzeln haben.« Er schenkte ihnen beiden dieses gewinnende Lächeln, das von seinem fast greifbaren Charisma nur so strotzte. »Hort spielt gern das verführerische irische Mädchen. Übrigens nennen sie alle Hort, nie Maeve.«

Maeve Horton stieß ein tadelndes Geräusch aus, eine Mischung aus einem Schnauben und einem Brummen. Dann wandte sie sich zu Flicka, während Dragonpol Bond beim Ellbogen nahm und ihn mit leiser Stimme von den Frauen wegführte. »Ich versuche immer, in solchen Angelegenheiten diskret vorzugehen. In der heutigen Zeit muss man unverblümt sein. Ich war mir nicht sicher, wie viele Schlafzimmer benötigt werden, Mr Bond …«

»Nennen Sie mich James.« Er versuchte, so viel wie möglich in sich aufzunehmen, von den offensichtlichen Reizen von Hort bis hin zu der versteckten Beleuchtung um die Bücherregale und vor dem hohen Fenster. Jetzt verstand er, warum sie fast geblendet worden waren, als sie die Bibliothek betreten hatten, denn es gab zwei Reihen von kleinen Scheinwerfern, die von einem Volant verdeckt waren. Eine Reihe zeigte nach unten, die andere war auf die Bibliothekstür gerichtet.

»James, was ich wissen muss … nun, um es ganz offen zu sagen, was die Anzahl der Schlafzimmer angeht … sind Sie und Fräulein von Grüsse nur Kollegen oder sind Sie ein Paar?«

»Letzteres, David – ich darf Sie David nennen, ja?«

»Natürlich. Ich bin froh, dass ich gefragt habe, denn jetzt ich kann Ihnen das Zimmer im Ostturm geben. Es ist eine richtige Hochzeitssuite. Hort hat den größten Teil ihrer Flitterwochen dort verbracht, die Ärmste …«

»Mrs Horton ist verwitwet, habe ich gehört?«

Dragonpol schenkte ihm ein schiefes Lächeln. »Eine traurige Geschichte, ja. Ihr Mann war … Oh, eine schwierige Angelegenheit. Vielleicht erzähle ich Ihnen die ganze Geschichte später, wenn wir Zeit haben.« Er drehte sich zu den beiden Frauen um, die sich anscheinend nett unterhielten. »Kommen Sie, ich werde Lester bitten, Ihnen Ihr Zimmer zu zeigen. Lester war früher mein Ausstatter. Er wollte eigentlich Schauspieler werden und ich glaube, er hat nun die Rolle meines Butlers ganz gut angenommen. Er genießt den Snobismus des Ganzen.«

Er schritt den Korridor entlang und rief lauthals nach Lester – ein exzentrischer englischer Landjunker – oder war das auch ein Rollenspiel? Im Laufe der Jahre hatte Bond viele Schauspieler kennengelernt und war nie einem begegnet, der nicht auch gern privat die Rollen seiner Wahl spielte. Viele von ihnen konnten sich kaum dem normalen Alltag stellen, ohne diese Maske einer Figur aufzusetzen, und er war schnell zu der Einschätzung gelangt, dass David Dragonpol ebenfalls zu dieser Riege gehörte. Immerhin hatte Flicka darauf hingewiesen, dass er manchmal in Verkleidung reiste.

Lester kam mit seinen zwei Handlangern, die wie Leibwächter wirkten, aus einem Bedienstetenquartier.

»Zwei für den Ostturm, Lester. Ihr Jungs bringt das Gepäck nach oben.«

Lester verbeugte sich majestätisch und bedeutete Bond und Flicka auf eine etwas überhebliche Art, ihm zu folgen. Er war ein großer, würdevoller Mann, der zu glauben schien, dass Lächeln eine Todsünde sei.

»Schön, dass Sie hier sind, James. Und Sie, Fräulein von Grüsse … äh …«

»Oh, nennen Sie mich Flicka, jeder tut das. Es kommt nicht jeden Tag vor, dass ich einen berühmten Schauspieler treffe. Es ist wirklich aufregend, hier zu sein und Sie in Fleisch und Blut zu sehen«, säuselte sie fast.

»Ein *ehemaliger* Schauspieler, meine Liebe. Ein Bühnenkünstler im Ruhestand.« Dragonpol sprach sogar wie ein Schauspieler aus dem edwardianischen Zeitalter. »Dann werden wir Sie beide zum Abendessen sehen. Sagen wir halb acht, damit um acht Uhr serviert werden kann. Bitte machen Sie sich nicht die Mühe, sich in Schale zu werfen, wir sind hier sehr leger.« Er setzte sich in Bewegung, hielt dann inne und drehte sich noch einmal um. »Ich werde Lester oder einen der Jungs schicken, um Sie zu holen. Man braucht schon einen Sherpa, um sich hier zurechtzufinden.«

Der Ostturm erwies sich als alles andere als edwardianisch. Wie sie schon beim Anblick des Schlosses aus der Ferne festgestellt hatten, waren die Türme außergewöhnlich geräumig und der Ostturm war besonders prächtig, mit einem eigenen Aufzug und zwei übereinanderliegenden Zimmern, die durch eine raffiniert entworfene Treppe verbunden waren, die völlig umschlossen war, mit riesigen, länglichen Stufen. Wie Flicka sagte: »Darauf könnten wir tanzen – jeder für sich.«

Der Aufzug brachte sie direkt in das runde Wohnzimmer. Die Einrichtung sah sehr teuer aus – blau und weiß, mit großen Sesseln, einer langen Couch und Marmortischen. Die

Wand über der Bar war mit Theaterzeichnungen verziert, die wie originale Kohlezeichnungen für Bühnenbilder aussahen.

Die ungewöhnlich breite Treppe führte Bond ins Schlafzimmer. Hier war das Design anders. Anstatt der Krümmung der Wände zu folgen, war das Schlafzimmer quadratisch und die Fenster waren sehr tief in die Wände eingelassen. Das Bett bildete das Herzstück – ein riesiges Himmelbett, wie eine Insel inmitten eines grün-goldenen Meers.

Bond schlenderte umher, öffnete Türen und genoss die Aussicht aus den Fenstern. Das Badezimmer, stellte er fest, befand sich etwas oberhalb des Schlafzimmers und ganz oben im Turm. Vom Hauptfenster aus konnte er über das flach abfallende Dach hinweg auf den großen Turm blicken, in den in regelmäßigen Abständen Bogenfenster aus Klarglas eingelassen waren. Er kehrte in das runde Wohnzimmer zurück.

»Es ist wirklich aufregend, hier zu sein und Sie in Fleisch und Blut zu sehen«, ahmte er Flickas ehrfürchtige Stimme nach.

»Nun«, sagte sie. »Was ist mit dir und diesem irischen Schnucki – ›Ich wäre noch länger drangeblieben, wenn ich gewusst hätte, wie gut Sie aussehen …‹ Mein Gott, dieser Ort ist unheimlich, James.«

»Alle riesigen Schlösser sind unheimlich. Was ist an diesem so anders?«

Flicka stellte sich in die Nähe der Aufzugstüren. »Dir ist schon klar, dass wir hier praktisch Gefangene sind?« Sie unterstrich ihre Aussage, indem sie die Knöpfe drückte. Die kleine Anzeige leuchtete nicht auf und auch das übliche Surren der Maschinerie war nicht zu hören. »Was hältst du davon, James?«

»Was ich von der ganzen Sache halte?«, überlegte er laut. »Ich fange an, mich zu fragen, ob einige der Geschichten über Dragonpols Ruhestand wahr sind.«

»Welche genau?«

»Dass er einen kompletten Zusammenbruch hatte. Dass er nicht mehr auftreten konnte, dass sein Talent seinen Verstand aufgezehrt hat. Ich meine, diese ganze merkwürdige Sache mit dem Gemälde – die Verkleidung, das Make-up und die Lichter, die direkt in unsere Augen geschienen haben. Dieser Auftritt war nur für uns. Er wusste, dass wir auf dem Weg waren. Konntest du einen Blick auf die Staffelei von Hort werfen?«

»Nein, sie hat mich sofort davon weggezogen.«

»Ganz genau. Willst du wissen, warum? Das war nur Schmiererei, ein Schnörkel von Linien, Farbe, die auf die Leinwand gespritzt wurde, kein Gemälde des großen Dragonpol als Richard III. Sie haben mit uns gespielt. Ich glaube, seine Absicht war, uns eine Heidenangst einzujagen. Vielleicht hat er es sich in letzter Minute anders überlegt, aber ich denke, wir sollten uns auf weitere Ausbrüche seiner Fantasie gefasst machen.«

»Er lebt in einer anderen Welt, so viel ist sicher – ›Bitte machen Sie sich nicht die Mühe, sich in Schale zu werfen, wir sind hier sehr leger.‹ Wann hast du zum letzten Mal so einen Satz gehört?«

Bond ging zurück in den großen, runden Raum und hielt Ausschau nach möglichen Verstecken für Sicherheitskameras oder Abhörgeräte. Es gab viele und es war unmöglich, die Suite ohne die richtige Ausrüstung gründlich zu durchsuchen.

»Und was ist mit Lester und ›den Jungs‹?«, fragte er. »Sehen die für dich wie gewöhnliche Diener aus – vor allem heute, wo Diener der Vergangenheit angehören?«

»›Jungs‹ wie die habe ich schon häufiger gesehen.« Flicka ging im Zimmer auf und ab, ihre Stirn war gerunzelt und ihre Hände bewegten sich nervös. »Sie sehen eher wie Leibwächter als wie Handlanger aus.«

»In der Tat. Leibwächter oder Krankenpfleger. Zwei sehr zähe Bantamgewichte und ich würde wetten, dass sie eine Menge Kniffe kennen, mit denen man jemandes Gesundheit beeinträchtigen kann. Lester mag durchaus sein Ausstatter gewesen sein, aber seine eigene Kleidung lässt viel zu wünschen übrig.«

»Inwiefern?«

»Hast du die Beule nicht bemerkt? Der Mann ist bewaffnet. Ein Schulterholster, und darin steckt etwas ziemlich Tödliches. Die andere seltsame Sache ist, dass ich Dragonpol auf der Bühne und der Leinwand gesehen habe, zwar zugegebenermaßen in der Maske der großen Schauspielrollen, aber ich erkenne ihn nicht wirklich wieder.«

»Tust du nicht? Ich würde ihn überall wiedererkennen.«

»Ich spreche nicht von seiner physischen Erscheinung. Irgendetwas stimmt mit dem Mann nicht. Der Funke ist nicht da.«

»Ach, komm schon, James. Du kennst doch Schauspieler. Wenn sie nicht im Rampenlicht stehen, sind sie quasi nackt. Und meistens wirken sie dann wie ganz normale Menschen. Bei Beschattern ist es genau andersherum. Sie werden unsichtbar, wenn sie arbeiten, und erscheinen überlebensgroß, wenn sie frei haben. Das ist doch sicher ganz normal?«

Bond runzelte die Stirn. »Vielleicht. Vielleicht hast du recht, aber David Dragonpol war kein Wald-und-Wiesen-Schauspieler und dieser Mann fühlt sich einfach nicht richtig an. Wenn ich nicht *wüsste*, dass er es ist, würde ich schwören, dass das ein Doppelgänger ist.«

»Oder vielleicht hast du recht mit dem Zusammenbruch. Du weißt, was das manchmal mit Menschen macht: Sie sehen aus wie vorher, aber etwas Entscheidendes ist verschwunden.«

»Möglicherweise.« Er klang nicht überzeugt, und das war er auch nicht. Während Flicka losging, um ein Bad zu nehmen und sich, wie sie es ausdrückte, »hübsch zu machen«, wanderte er durch die Räume des Ostturms, durchstöberte alle Schubladen und Schränke und versuchte, das Rätsel um David Dragonpol zu lösen. Die Wahrheit, überlegte er, lag in seiner Beziehung zu Laura March, die laut allen, die sie gekannt und mit ihr gearbeitet hatten, eine hochintelligente Person gewesen war, die sich von niemand unterkriegen ließ. Wenn die Fakten stimmten, hatte sie diesen Mann geliebt – es sei denn, sie hatte die Trennung in Wirklichkeit gewollt, weil er so seltsam geworden war.

Er dachte wieder an Carmel Chantrys Beschreibung von ebendieser Trennung. Wie Laura March hierherbestellt worden war, nach Schloss Drache – »Dann ist sie vor ein paar Wochen in mein Büro gekommen und sie sah furchtbar aus – blass, zittrig. Es war ein Freitagnachmittag und sie hat gesagt, D. D. habe sie angerufen. Irgendetwas sei passiert und er wolle sie mit seinem Privatflugzeug abholen lassen. Am Montag ist sie wieder zu mir gekommen und hat gesagt, es sei alles vorbei.« Das war es, was Carmel gesagt hatte, also war unwahrscheinlich, dass Laura die Initiative ergriffen hatte. Sein Privatflugzeug? Das wunderte Bond. Wo er das wohl parkte? Carmel hatte angedeutet, dass es in der Nähe eine Art Landebahn gab. Nun, sie konnte nicht in unmittelbarer Nähe sein, dafür war das Gelände zu felsig. Er dachte weiter nach und drehte sich im Kreis, bis Flicka rief, dass sie im Badezimmer fertig sei.

Als er das Schlafzimmer erreichte, sah er, dass sie ein langes, schwarzes, rückenfreies Abendkleid bereitgelegt hatte. »Das ist aber alles andere als leger.«

»Natürlich. Und was ist mit dir? Hast du zufällig einen Smoking dabei?«

»Wie bei bestimmten Kreditkarten gehe ich nie ohne einen aus dem Haus«, lächelte er. Dann fragte er: »Flick, als deine Leute unseren Herrn Drachenkopf beim Ein- und Ausreisen in die Schweiz beobachtet haben, ist er da mit regulären Fluggesellschaften geflogen?«

»Ja. Also, normalerweise, meine ich.«

»Was meinst du mit ›normalerweise‹?«

»Er hat zwar ein Privatflugzeug, benutzt es aber nur selten. Außerdem hat er Probleme damit.«

»Was für Probleme?«

»Er hat keine Erlaubnis, damit in die Schweiz einzureisen. Ich erinnere mich, dass wir das überprüft haben. Er hat eine Landeerlaubnis in England und Frankreich, aber in keinem der anderen Länder. Warum fragst du?«

»Die eigentliche Frage ist: Warum hat er keine Landeerlaubnis?«

»Weil wir dem einen Riegel vorgeschoben haben. Hör mal, James, wir beobachten diesen Kerl schon seit einiger Zeit und meine direkte Vorgesetzte war überzeugt, dass er Kontakte zu Terrorgruppen und zwielichtigen Waffenhändlern hat. Er führte nichts Gutes im Schilde, also haben wir genau das in bestimmten Kreisen verbreitet. Er kann hier in Deutschland, in Frankreich und im Vereinigten Königreich ein und aus gehen, aber wir haben es geschafft, ihn in anderen Ländern auf die schwarze Liste zu setzen. Wenn er in die skandinavischen Länder oder nach Spanien, Portugal oder Italien will, muss er deren Luftraum mit einer freundlich gesinnten Fluggesellschaft durchqueren.«

»Welche Ausrede habt ihr ihm präsentiert?«

»Warum er keine Landeerlaubnis bekommen hat? Oh, ich schätze, die verschiedenen Länder haben alle möglichen Ausreden angeführt – Zweifel an der Sicherheit seines Flugzeugs oder der Flugbesatzung. Er kann jammern, so viel er will, aber es gibt kein Gesetz, das besagt, dass ihm ein Land den Grund für sein Flugverbot nennen muss. Ich vermute, manche Länder würden es ihm gar nicht erst sagen, sondern einfach seinen Flugplan ablehnen und alle Alternativen verweigern, die er vorschlägt. Dann würde er früher oder später von allein draufkommen.«

»Aber ihr habt nichts Konkretes gegen ihn? Keine handfesten Beweise?«

»Nein, und soweit ich weiß, hat er noch nie einen Aufstand gemacht, weil ihm die Landeerlaubnis verweigert wurde. Ich kann das noch mal überprüfen, wenn du meinst, dass die Telefone sicher sind.«

»Lassen wir das fürs Erste.«

»Drachenkopf gefällt mir. Ich denke, wir sollten das als seinen Codenamen verwenden.«

Bond packte seinen Kleidersack aus, hängte seinen Ersatzanzug und den Smoking auf, legte andere Artikel in die Schubladen und zog sich ins Badezimmer zurück.

Um sieben Uhr fünfzehn waren beide fertig angezogen und versuchten noch einmal erfolglos, den Aufzug zu rufen. Um genau sieben Uhr dreißig hörten sie, wie die Maschinerie surrte. Die Kabine fuhr hoch, hielt an und die Tür öffnete sich. Darin kam der ernste Lester zum Vorschein, der den Kopf schief legte, als hätte man ihm etwas Unangenehmes direkt unter die Nase gehalten. Er zeigte keine Überraschung, als er sah, dass die Gäste festlich gekleidet waren. Ohne ein Wort zu sagen, führte er sie in die Aufzugkabine und schwieg während ihres langen Fußwegs durch die vielen Gänge und Korridore, der sie schließlich in einen großen, ovalen Raum führte. Der Raum war hell und luftig mit seinem sieben Meter hohen Bogenfenster am hinteren Ende, das einen Ausblick auf den großen, ummauerten Garten bot, den sie schon von oben gesehen hatten.

»Ich hatte gesagt: leger.« Dragonpols Stimme strotzte vor Überraschung, obwohl er selbst einen dunkelblauen, seidenen Smoking trug und Maeve an seiner Seite in einem weißen, bodenlangen Kleid, in das man sie womöglich hatte einnähen müssen, exquisit aussah. An ihrem Hals hing ein einzelner Diamanttropfen an einer schweren Goldkette und an ihren Fingern blitzten Ringe, die gut und gerne eine halbe Million Pfund wert sein mussten.

»Ist das nicht leger?« Bond täuschte Überraschung vor. »Ich war natürlich davon ausgegangen, Sie meinten, ich müsse keinen Frack tragen.«

Dragonpol zuckte kurz mit den Schultern und wandte sich dann einem in der Nähe stehenden Getränketisch zu. »Es ist ein so schöner Abend, dass ich dachte, wir könnten unsere Drinks in Horts Garten einnehmen. Was möchten Sie trinken?«

Flicka bat um einen Screwdriver, während Bond seinen üblichen Wodka-Martini wählte. Dragonpol führte sie dann durch eine kleine Tür rechts neben dem hohen Fenster. Wenige Sekunden später betraten sie den Garten, der von den süßesten Gerüchen eingehüllt zu sein schien. Bond dachte an England im Juni und an wolkenlose Julitage inmitten der schönsten Gärten Europas. Es war Ende August, die Zeit, in der der Duft der Blumen verblasste und sich Staub auf die Beete und Spaliere legte. Hier jedoch schien alles in voller Blüte zu stehen und die Gerüche wurden durch diese Frische verstärkt, die von gut gewässerten Rasenflächen und Büschen ausging.

»Ist das alles Ihr Werk, Maeve?« Sie stand recht nah bei ihm.

»Oh Gott, nein. Das meiste hat unser Großvater väterlicherseits angelegt.«

»David hat das hier *Ihren* Garten genannt.«

»Nur weil ich viel Zeit hier draußen verbringe, aber wir haben zwei Vollzeitgärtner. Meine Leidenschaft sind Rosen.«

»Ist das so?«, sagte Flicka und schob sich zwischen Maeve und Bond, wobei ihre Hand besitzergreifend auf Bonds Ärmel ruhte. »Ich habe auch eine Vorliebe für Rosen.«

Dragonpol führte sie einen gepflasterten Weg entlang, der von großen, runden Beeten und blühenden Büschen flankiert war. »Ich bestehe darauf, Ihnen den Weg zu Horts

Leidenschaft zu zeigen. Mein Großvater hatte Sinn für Humor und hier gibt es viele Wasserspiele. Ich werde Ihnen sogar eins zeigen, das Sie vielleicht schon in Amerika gesehen haben. Bleiben Sie einen Moment ganz still stehen.«

Sie waren gerade an einer kleinen Vogeltränke vorbeigekommen, die rechts zwischen den Büschen stand. Dragonpol trat vor und setzte seinen Fuß in die Mitte einer dreieckigen Steinplatte. Ohne Vorwarnung schoss ein Wasserstrahl aus der Vogeltränke, flog über ihre Köpfe hinweg und landete in der Mitte einer kleinen Steinsäule vor und links von ihnen. Der Strahl schien die Säule zu treffen und wieder nach oben zu springen, um dann nach vorne und rechts zu springen, wo er auf den Kopf einer Statue traf. Von der Statue sprang der Strahl in einem perfekten Bogen über ihre Köpfe zurück und traf auf eine andere Säule zu ihrer Linken, von der er scheinbar wieder auf die Vogeltränke sprang, von wo aus seine Reise von Neuem begann.

»Im Disney Epcot Center in Florida gibt es eine riesige Version dieses Wasserspiels.« Dragonpol lachte wie ein Kind, das sich freute, dass der Wasserstrahl immer wieder von der Vogeltränke zur Säule, zur Statue, zur Säule und zurück zur Vogeltränke sprang und die Abfolge immer und immer wieder wiederholte.

»Und Ihr Großvater hat das installiert?« Flicka lachte ebenfalls vergnügt.

»Oh ja. Das hier war schon in Betrieb, lange bevor Mr Disney überhaupt geboren wurde.«

»Das Schloss ist schon lange im Besitz Ihrer Familie?«, fragte Bond und es war Maeve, die antwortete.

»Ich weiß, es sieht sehr alt aus, aber es wurde in den 1840er-Jahren am Ort eines älteren Schlosses, Schloss Barholtz, gebaut, das durch ein Feuer zerstört wurde. Unser Urgroßvater hat es erbaut und unser Großvater hat es fertiggestellt. Als es dann in Davids Besitz überging, hat er damit angefangen, das Innenleben zu modernisieren. Gefällt Ihnen die Suite im Ostturm?«

»Ich würde sie noch mehr mögen, wenn wir dort nicht eingesperrt wären.« Diesmal lachte Flicka nicht.

»Eingesperrt?« Dragonpol klang scharf und ein wenig wütend. »Was meinen Sie mit ›eingesperrt‹?«

»Der Aufzug hat nicht reagiert. Es war, als hätte jemand in der untersten Etage die Türen blockiert.«

»Dieser Narr Lester. Manchmal übertreibt er einfach. Ich entschuldige mich dafür. Lester hat die Angewohnheit, das bei Fremden zu tun, die uns hier zum ersten Mal besuchen. Das Schloss ist groß, wie Sie wissen. Außerdem sind gerade eine Menge Renovierungsarbeiten im Gange, vor allem im zweiten und dritten Stock, wo ich das Museum einrichte. Er mag die Vorstellung nicht, dass sich Leute verirren. Und in Schloss Drache kann man sich leicht verirren.« Beim letzten Satz wurde seine Stimme leiser, was den Eindruck erweckte, dass dies eine Art Drohung war.

Bond lachte. »Bravo.«

»Bravo?«

»›Und in Schloss Drache kann man sich leicht verirren.‹ Sie klangen gerade genauso bedrohlich wie damals, als Sie Shylock gespielt haben. Der Akzent war fast derselbe. Ich konnte es praktisch wieder vor mir sehen, wie Sie dort stehen,

Ihr Messer wetzen und über das Pfund Fleisch sprechen, das Sie sich nehmen werden.«

»Wirklich?« Für eine Sekunde wirkte Dragonpol überrascht.

»Ja, wirklich. Erinnern Sie sich noch an diesen großartigen Moment, als Sie Ihren Gürtel als Streichriemen benutzt haben für diesen Dolch, der wie ein altmodisches offenes Rasiermesser geformt war?«

»Ja. Ja, natürlich. Es tut mir leid. Ich habe über die Jahre viele Rollen gespielt. Da vergisst man leicht. Ja, natürlich, es tut mir leid.«

Sie waren nun am Ende des Weges angelangt und der Garten öffnete sich zu einer absolut wundervollen, mit Spalieren versehenen Rosenlaube.

»Das sind meine Lieblingsblumen.« Maeve lief vorwärts – mit winzigen Trippelschritten, weil ihr Kleid so eng saß.

Flicka machte große Augen und Bonds Gesicht erstarrte. Sie stand neben einer Reihe von vier Büschen, die symmetrisch an einer Seite eines Bogens mit weiteren Rosen angeordnet waren, der in die Laube führte. Die vier Büsche leuchteten weiß und scharlachrot. Zwanzig oder dreißig Rosen schmückten sie. Jede davon hatte das gleiche, identische, reine Tiefweiß und jedes Blütenblatt sah aus, als wäre es in Blut getaucht worden oder als hätte man mit Blut auf die Blütenblätter gemalt.

»Ich habe noch mehr in meinen Gewächshäusern«, begann Maeve Horton.

»Sehr schön.« Bond sprach mit einer eisigen Tonlosigkeit, denn er hatte das Gefühl, als würde plötzlich Eis durch seine

Adern fließen. »Ich habe noch nie so eine Rose gesehen«, log er. »Verkaufen Sie sie? Exportieren Sie sie?«

»Oh nein. Nein, meine Rosen sind ausschließlich für den Familiengebrauch«, sagte sie und Bond dachte bei sich, dass sie log, so wie Dragonpol gelogen hatte, als er zugegeben hatte, einen Dolch in Form eines offenen Rasiermessers und seinen Gürtel als Streichriemen benutzt zu haben, als er Shylock gespielt hatte. Bond hatte Dragonpols gefeierten Shylock gesehen. Er hatte ein gewöhnliches, langes Stilett benutzt und einen Schleifstein aus einer Ledertasche an seiner Hüfte geholt. Es war ein unvergesslicher Moment gewesen.

Die Blutspur

Sie aßen in dem prachtvollen Großen Saal des Schlosses zu Abend, der, obwohl David Dragonpol offensichtlich umfangreiche Renovierungsarbeiten durchführen lassen hatte, immer noch das Flair und die Atmosphäre eines fast mittelalterlichen Speisesaals hatte. Dicke Holzbalken erweckten den Eindruck, als sei der Saal im Fachwerk errichtet worden, während die falsche Decke nicht nur ein Gefühl von Höhe vermittelte, sondern auch so wirkte, als würde sie von vier massiven A-Rahmen gehalten, deren altes Holz rau und gebeizt war.

Die Wände schienen aus dem ursprünglichen Stein zu bestehen und eine riesige offene Feuerstelle, komplett mit Grillspieß und anderen antiken Eisengegenständen, erweckten in Bond das Bild von Jagdhunden, die sich auf Fellen vor einem lodernden Winterfeuer räkelten, während Männer und Frauen in grob gewebten Gewändern an dem langen Eichentisch ein Gelage abhielten.

Um die Illusion zu vervollständigen, schmückten Schwerter, Piken, Schilde und Hellebarden die Wände, wobei der Saal von vier kunstvollen Kerzenhaltern auf dem Tisch beleuchtet wurde. Es gab zwar elektrisches Licht, wurde ihnen gesagt, aber Dragonpol meinte, es sei gemütlicher, ein antikes Ambiente nachzustellen.

Vor dem Abendessen waren sie noch ein paar Minuten im Garten spazieren gegangen und Maeve hatte darauf bestanden, ihnen ihr Gewächshaus zu zeigen – eine lange und breite Anlage mit einem eigenen Heizsystem, das von einem edwardianischen Eisenofen beheizt wurde. Das Gewächshaus enthielt Tausende von Blüten – Maeves Rosen in allen möglichen verschiedenen Stadien – und sie erläuterte ausführlich die Arbeit an ihrer Hybridrose »Blutherz«, an der sie schon seit mehreren Jahren werkelte.

»Es ist ein etwas makabres Unterfangen«, hatte sie gesagt, als sie zum Haus zurückgingen. »Aber Sie müssen zugeben, dass es eine sehr schöne Blume ist.«

Weder Bond noch Flicka hatten etwas erwidert oder gar reagiert. Die Blutherz-Rose war für sie beide zu einem fast beängstigenden Symbol geworden.

Das Essen war sehr gut und Dragonpol erklärte, dass sie es vorzogen, englische Gerichte zu essen, wenn sie im Schloss waren. »Im Grunde sind die Dragonpols angelsächsisch, mit einem starken irischen Unterbau.« Er gluckste. »Zu Zeiten meines Großvaters hätte es niemand gewagt, hier deutsches Essen auf den Tisch zu bringen, egal wie gut es sein mochte.«

Serviert wurden eine köstliche Gemüsesuppe, Steinbutt und sehr blutiges Roastbeef, dazu alle traditionell englischen Beilagen – ein Yorkshirepudding, der korrekt in einer großen separaten Schale auf den Tisch kam, Rosenkohl und

Röstkartoffeln. Die Meerrettichsoße war keine Sahnesoße, sondern echt, sodass sie einem die Tränen in die Augen trieb, und ein wirklich scharfer englischer Senf vertrieb alle Gedanken an die eher milden amerikanischen oder Dijon-Sorten.

Zum Nachtisch wurde mit viel Tamtam ein riesiges Trifle hereingebracht. »Ein altes Rezept meiner Mutter«, verriet ihnen Maeve. Es folgte eine altmodische Spezialität, Angels on Horseback – fette Austern, umwickelt mit Speck und gegrillt, angerichtet auf Toastscheiben –, bevor die Käseplatte und das Obst die Runde machten. Die Weine waren jedoch alle deutsch und von außergewöhnlicher Qualität, während das gesamte Essen von Lester mit der Hilfe eines der »Jungs« – den Dragonpol Charles nannte – serviert wurde.

»Sie müssen sehr viel Personal haben. Ungewöhnlich heutzutage.« Flicka fischte nach Informationen.

»Nein.« Dragonpol schien das kaltzulassen. »Abgesehen von Lester und den Jungs und natürlich den Gärtnern haben wir ein Dienstmädchen und einen sehr guten irischen Koch, dessen Mutter mit einem Deutschen verheiratet war und ihr ganzes Arbeitsleben in den Diensten meines Vaters verbracht hat. Die Nazis haben sie in Ruhe gelassen und sie hat sich während des Zweiten Weltkriegs um das Schloss gekümmert. Es ist eine seltsame alte Familienbeziehung, aber es funktioniert gut.«

Bei vier Gelegenheiten während des Abendessens versuchte Bond, das Gespräch auf Dragonpols Karriere zu lenken und ihn auf einige seiner berühmteren Darbietungen anzusprechen. Jedes Mal gelang es dem Schauspieler – wenn er denn wirklich einer war –, das Thema zu wechseln und darüber zu reden, was ihm am Herzen zu liegen schien, nämlich Schloss Drache in das zu verwandeln, was einmal das »größte Theatermuseum der Welt« werden sollte.

Es schien, dass die Dienerschaft in einer Reihe von Räumen im Keller des Schlosses lebte, während Maeve und er selbst nur dieses, das Erdgeschoss, bewohnten. »Wir haben hier alles, was wir brauchen«, sagte er. »Diesen Speisesaal, die Bibliothek, unseren Salon und zwei große Suiten, die wir in Privatgemächer umgewandelt haben. Die Turmsuiten sind für die Gäste da und so bleiben mir die restlichen drei Stockwerke für das Museum. Alles, was ich besitze, habe ich in das Museum investiert und ich habe bereits eine unglaubliche Sammlung angehäuft. Sie wird Experten und Fans aus der ganzen Welt anziehen.«

Er sprach ausführlich darüber, wie jede Bühne in der Entwicklung der Theaterkunst vertreten sei, vom alten Kabuki-Theater in Japan über die Inszenierung der frühen Mysterienspiele in Europa bis hin zum Theater der Gegenwart in all seinen verschiedenen Formen.

Dragonpol behauptete, viele einzigartige und unbezahlbare Ausstellungsstücke zu haben, für die er Millionen ausgegeben hatte.

»Er ist immer auf der Suche nach einem neuen Fund«, meldete sich Maeve zu Wort. Dragonpol schenkte ihr ein fieses kleines Lächeln und sagte dann, dass er sie morgen durch die fertigen Räume führen würde.

»Das sollte höchst interessant werden«, sagte Bond unbekümmert. »Was ich wirklich sehen will, ist die Aussicht von Ihrem Hauptturm. Die muss unglaublich sein.«

Eine kurze, angespannte Stille breitete sich aus und er glaubte, einen kurzen Austausch zwischen Dragonpol und seiner Schwester zu bemerken.

»Leider …«, setzte Dragonpol an, doch seine Schwester unterbrach ihn.

»Sie können nicht …«, sagte sie und klappte den Mund zu wie eine Falltür.

»Leider ist das nicht möglich«, fuhr der Schauspieler fort, als wäre nichts geschehen. »Der große Turm ist bedauerlicherweise nicht sicher. Wir warten auf die Ankunft eines Baumeisters aus Köln. Es wird viel Arbeit nötig sein und wir sind ein wenig besorgt. Vor dem Winter muss zumindest ein Gerüst angebracht werden, und wie ich höre, wird die ganze Sache etwa zwei Jahre dauern. Niemand – nicht einmal ich selbst – darf den Turm betreten. Es tut mir leid.«

»Aber Sie müssen doch schon mal oben gewesen sein?«

»Oh ja. Wir haben die Risse erst vor zwei Jahren entdeckt und die Architekten haben sich den Turm letztes Jahr angesehen – nun, eigentlich erst vor acht Monaten. Er wurde sofort gesperrt.«

»Und die Aussicht?«

»Ist, wie Sie sagen, durchaus spektakulär. Sie sind herzlich eingeladen, wiederzukommen, wenn die Arbeiten abgeschlossen sind. Dann werden Sie die Aussicht selbst genießen können, James.«

»Ich bin natürlich enttäuscht, aber ich freue mich schon darauf.«

Als der Portwein an den Tisch gebracht wurde, schlug Maeve Horton vor, dass sie und Flicka sich in den Salon zurückziehen sollten, und einige Augenblicke lang entstand ein verlegenes Schweigen, während Flicka kurz davor war, zu protestieren, da sie nicht bereit war, sich in eine solch antiquierte Rolle pressen zu lassen. Mehrere Blickwechsel retteten schließlich die Situation, und Dragonpol und Bond blieben allein zurück. Auch Lester zog sich zurück und es herrschte ein langes, geladenes Schweigen zwischen den beiden Männern, bis Dragonpol das Wort ergriff.

»Offensichtlich wollen Sie mit mir über die arme Laura sprechen.«

»Das ist der Grund, warum wir hier sind, David. Macht Ihnen das etwas aus?«

»Ich würde mich freuen, Ihnen zu helfen, wenn ich kann.« Er zögerte und seine Stimme klang verlegen, als er fortfuhr: »Wissen Sie, ich fühle mich irgendwie verantwortlich …«

»Inwiefern?«

»Wenn unsere Verlobung nicht gelöst worden wäre … nun, dann wäre sie jetzt hier. So hatten wir es geplant. Unsere Hochzeit. Hätte ich nicht …« Er hielt inne und sah auf. Seine Augen waren eindeutig feucht.

»Wenn Sie was nicht getan hätten?«

»Wenn ich unsere Verlobung nicht gelöst hätte … wenn ich das nicht getan hätte, wäre sie heute vielleicht noch am Leben. Natürlich fühle ich mich verantwortlich.«

»Aber Sie haben die Verlobung gelöst, David?«

»Am Ende haben wir es einvernehmlich entschieden.«

»Aber Sie haben gesagt …«

»Ich weiß. Ich habe gesagt, wenn *ich* die Verlobung nicht gelöst hätte … *ich* habe ich gesagt. Ich war es, der das Problem zuerst angesprochen hat. Wir haben ein Wochenende damit verbracht, die Sache zu klären, und dann habe ich vorgeschlagen, dass das womöglich die einzige Lösung ist. Am Ende musste Laura zustimmen. Es war ein sehr schmerzhafter Abschied, James. Sehr schmerzhaft. Wir haben uns trotzdem geliebt. Auch heute noch, obwohl sie nicht mehr da ist, liebe ich Laura und ich bin mir sicher, dass sie mich an dem Tag, an dem sie gestorben ist, immer noch geliebt hat.«

»Warum dann …?«

»Warum dann die Verlobung lösen?« Er zuckte mit den Schultern und machte eine merkwürdige Geste, indem er den Kopf hin und her wiegte. »Das ist schwer zu erklären. Ich weiß nicht, wie viel Sie über Lauras Hintergrundgeschichte wissen. Ich möchte keine Familiengeheimnisse ausplaudern.«

»Sie hatte keine Familie mehr, also tut es niemandem mehr weh. Aber ich nehme an, wir sprechen über ihre Eltern und ihren Bruder. Stimmt das? Über ihren Bruder, der denselben Namen hatte wie Sie – David?«

»Aha.« Er hob seine Hände ein paar Zentimeter vom Tisch, dann senkte er sie leise wieder. »Aha, Sie wissen also, welche Leichen ihre Familie im Keller hat.«

»Recht genau.«

Dragonpol atmete tief durch, was sich in einen langen Seufzer verwandelte. »Wir waren sehr verliebt und wollten beide Kinder. Die Linie der Dragonpols, zumindest die männliche Seite, endet mit mir. Es gibt keine anderen männlichen Dragonpols. Ich weiß, dass das altmodisch und auch ziemlich prätentiös erscheinen mag, James, aber unsere Familie hat eine lange Geschichte …«

»Die bis zum Domesday Book zurückreicht, ja, ich weiß.«

»Bis zum Domesday Book und auch zu einer Menge anderer Geschichte. Die Dragonpols haben der Krone und unserem Heimatland über die Jahrhunderte hinweg gedient. Wir sind eine stolze Familie …«

»Und trotzdem ziehen Sie es vor, hier im Rheinland zu leben, weit weg von Ihren Wurzeln?«

»Das muss Ihnen seltsam vorkommen, ich weiß. Wir haben ein Anwesen in Irland …«

»Drimoleague?«

»Die Dragonpols von Drimoleague, so werden wir genannt, ja.«

»Und es gibt auch ein Herrenhaus in Cornwall.«

»Dragonpol Manor. Ja, Sie sind gut informiert, James, aber nichts davon ist ein Geheimnis. Also, wir haben Eigentum. Und wir nutzen es auch. Hort verbringt mindestens die Hälfte des Jahres in Irland. Ich nutze Dragonpol Manor normalerweise im Herbst, manchmal im Frühling. Ein Teil der Schwierigkeit ist das ewige britische Problem – Tod und Steuern, sprich die Erbschaftssteuer. Außerdem ist Schloss Drache das größte unserer Anwesen und das Theatermuseum ist kein neues Konzept für uns. Es hat mit meinem Vater angefangen. Er war ein großer Förderer der Künste – insbesondere des Theaters. Er hatte als Erster den Traum, diesen Ort zu einem Museum zu machen. Das Schloss hat die richtige Größe. Wir mussten etwas damit machen.«

Er hielt wieder inne, seine Hand und sein Arm bewegten sich in einer ausladenden Geste. »Schloss Drache, so wie es ist – oder war –, zu erhalten ist teuer, mein Freund. Wir haben immer gewusst, dass wir es entweder verkaufen oder zu einem Unternehmen machen müssen. Das größte Theatermuseum der Welt war die Idee meines Vaters. Ich werde einfach dafür sorgen, dass sie Wirklichkeit wird.«

»Und deshalb haben Sie sich plötzlich von einer großen, erfolgreichen Karriere im Theater zurückgezogen?«

Er runzelte die Stirn. »Zum Teil. Das war nur einer von vielen Gründen. Die Leute haben wilde Spekulationen darüber angestellt, warum ich die Schauspielerei so plötzlich aufgegeben habe, obwohl es gar nicht so plötzlich war, wie alle zu glauben scheinen. Ich hatte schon eine Weile darüber nachgedacht. Ich werde nicht in alle Einzelheiten gehen, aber ja, das Konzept dieses internationalen Theatermuseums war ein Grund. Ein anderer hatte mit Familiendingen zu tun. Für die Dragonpols steht die Familie an erster Stelle und es gab bestimmte Angelegenheiten, um die ich mich kümmern musste.«

Bond nickte. »Und was hat das mit Ihrer Verlobung mit Laura zu tun?«

»Es muss jemanden geben, der die Familie und ihre Tradition fortsetzt. Ich wollte Söhne. Laura wollte auch Kinder. Wir haben oft darüber gesprochen und wir waren uns beide einig. Aber …«

»Aber was?«

»Ungefähr einen Monat vor ihrem Tod hat sie eine Bombe platzen lassen.«

»Sie hat Ihnen von ihrem geisteskranken Bruder erzählt.«

»In der Tat. Ja, sie hat mir von David March erzählt. Das erfordert einen sehr starken Charakter. Sie hatte die Wahrheit zurückgehalten, aber am Ende hat sie mir alles erzählt – da draußen im Garten. Das ist etwas, das ich nie vergessen werde.«

»Und das hat gereicht? Sie haben die Verlobung gelöst, weil sie zufällig einen geisteskranken Mörder als Bruder hatte?«

»Ach, kommen Sie, James. Wenn Sie sich wirklich mit uns befasst haben, wissen Sie, dass es um mehr als das ging.«

»Was meinen Sie?«

»Ihr Vater und ihre Mutter. Auch sie waren seltsame, labile Menschen und alles andere als normal. Laura hat in der Angst gelebt, plötzlich herauszufinden, dass sie auch ein wenig verrückt war.«

»Und war sie das?«

»Sie konnte obsessiv werden. Sie war besessen von ihrer Arbeit.«

»Sie etwa nicht? Nur weil man von seiner Arbeit besessen ist, heißt das nicht …«

»Es war ein wenig mehr als das. Sie hat mit Ärzten gesprochen – mit sehr renommierten Psychiatern. Ein paar davon hatten ihre Familie begutachtet, als ihr Bruder … nun, nachdem er verhaftet worden war. Sie waren zu dem Schluss gekommen, dass ihre Eltern die Saat des Wahnsinns an ihren Bruder weitergegeben hatten, und wenn das der Fall war, könnte sie durchaus ähnliche Gene in sich tragen. Man hatte ihr gesagt, ihre Kinder hätten eine siebzigprozentige Chance, mit irgendeiner Art von Geistesstörung geboren zu werden.«

»Ist das nicht bei den meisten Leuten der Fall? Das Leben ist eine Lotterie, David.«

Er sah Bond nicht in die Augen. »Sie hatte bereits Anzeichen einer Verschlechterung ihres Zustands bemerkt.«

»Wie zum Beispiel?«

»Als sie mir von ihrer Vergangenheit und ihrer Familie erzählt hat, hat sie auch zugegeben, dass sie neben ihrer Besessenheit von der Arbeit in letzter Zeit auch Fuguen hatte.«

»Gedächtnisverluste?«

»Ja, eine Fugue ist eine Zeitspanne, die im Gedächtnis verloren geht. Alle Erfahrungen und Erinnerungen sind wie ausgelöscht. Sie hatte hin und wieder die eine oder andere Stunde verloren, aber in letzter Zeit fehlten ihr sogar ganze Tage. Bei ihrem vorletzten Besuch hier hat sie zugegeben, fast einen ganzen Tag verloren zu haben, und später hat sie sich an einen Teil der verlorenen Zeit zurückerinnert. Sie meinte, es sei wie ein halb erinnerter Traum gewesen, in dem ich ihr Bruder und Hort ihre Mutter gewesen sei. Laura war verängstigt – überzeugt, dass ihr Abstieg in die Abnormalität begonnen hatte.«

»Und Sie konnten es nicht riskieren, Kinder mit ihr zu haben?«

»James, ein wenig Wahnsinn gibt es in allen alten Familien. Die Dragonpols haben ihre eigenen Erfahrungen damit. Mit Laura trotzdem Kinder zu zeugen hätte nur das Schicksal herausgefordert. Wir haben beschlossen, es zu beenden. Das ist alles, was es dazu zu sagen gibt. Wir waren nicht bereit, russisches Roulette mit unserer Zukunft zu spielen.«

»Okay.« Er vermittelte den Eindruck, als hätte er Dragonpols Erklärung akzeptiert. »Verzeihen Sie, David, aber ich muss noch andere Fragen stellen.«

»Schießen Sie los.«

»Wo waren Sie an dem Tag, als Laura ermordet wurde?«

»Dann glauben Sie also wirklich, dass sie ermordet wurde?«

»Es besteht kein Zweifel.«

Er erschauderte. »Wo ich war? Die Antwort wird Ihnen nicht gefallen, James. Ich war in der Luft. Ich bin von Washington nach Zürich geflogen.«

Bond riss den Kopf hoch, als wäre er gestochen worden. »Sie waren in Washington?«

»Für eine Nacht, ja. Am Donnerstagabend. Ich habe einen angesehenen Englischprofessor getroffen. Wir haben uns in der Folger Library getroffen und im Willard Hotel zu Abend gegessen. Ich habe einen Direktflug von Dulles genommen. Er war leicht verspätet und ich bin gegen zehn Uhr am Freitagabend in Zürich angekommen. Sie können das überprüfen, wenn Sie möchten.«

»Sie sind von hier nach Washington geflogen? Ich meine von Deutschland aus?«

»Nein. Nein, ich bin von Paris aus geflogen. Da waren einige Schriftstücke – Briefe der großen Sarah Bernhardt –, die ich von einem Händler erworben hatte. Ich wollte nicht riskieren, dass sie auf normalem Wege verschickt werden. Als ich also unterwegs war …«

»Wie lange waren Sie da schon unterwegs?«

Dragonpol rechnete nach und zählte mit seinen Fingern. »Ich war fast eine Woche weg. Es war eine schnelle und kurze Reise. Ich bin am Sonntagabend in Rom angekommen, habe einen Sammler von Theatermemorabilien getroffen und ihm einige schöne *Commedia dell'arte*-Drucke abgekauft. Am Montag bin ich nach London geflogen …«

»Um welche Tageszeit?«

»Am Nachmittag. Ich bin gegen sechs Uhr abends in Heathrow gelandet. Ich habe mit einem Händler zu Abend gegessen und ihn beauftragt, für mich ein Gebot abzugeben – bei Sotheby's standen einige interessante Objekte zur Versteigerung an.«

»Sie sind sicher, dass das am Montagabend war?«

»Ich bin mir sicher. Ich habe alle notwendigen Informationen. Ich pflege ein sehr gutes Buchhaltungssystem. Jeder Pfennig meiner Ausgaben wird für Steuerzwecke notiert, weil ich sie wegen des Museums absetzen kann. Ich habe Tickets, Reiserouten, alles. Ja, ich bin am Montagabend in London angekommen – am frühen Abend.«

»Und von London sind Sie nach …?«

»Paris.«

»Wann?« Bond stellte bereits aufgeregte Berechnungen an. David Dragonpol, so schien es, war der Route des Mörders gefolgt, des Attentäters, der für die Tode in Rom, London, Paris und Washington – und dann in der Schweiz – verantwortlich war.

»Dienstagabend. Nur für eine Nacht. In Paris habe ich einen der Direktoren der Comédie Française getroffen.«

»Dann sind Sie nach Washington gereist?«

»Ich bin sehr spät am Mittwoch angekommen. Am Donnerstagabend habe ich mich mit meinem Freund in der Folger Library getroffen und von dort aus sind wir zum Abendessen.«

»Und am Freitagabend waren Sie wieder in Zürich?«

»Gegen zehn, ja. Möchten Sie meine Unterlagen sehen?«

»Ich denke, David, die Polizei würde sie vielleicht gern sehen.«

»Er war in allen vier Städten, Flick. Daraus hat er keinen Hehl gemacht. Rom, London, Paris, Washington. An allen Schauplätzen dieser vier Attentate. Er war da.«

»Aber einen Tag zu spät, richtig? Und warum nennst du mich ständig Flick?«

»Weil Flicka ein Pferd war.«

»Ein Pferd?«

»Der Film, *Flicka* – ein Filmpferd.«

»Oh mein Gott, dann nenn mich Freddie.«

»Ich bevorzuge Flick, Flick.«

Sie gab einen resignierten Seufzer von sich. »Aber ich habe doch recht, oder? Er war in allen vier Städten, aber einen Tag zu spät?«

»Eigentlich nur Stunden zu spät. Stunden nach den Attentaten. Wenn er die Wahrheit sagt, ist er den Morden nachgereist, als hätte er sie verfolgt.«

Es war nach Mitternacht und er war gerade mit Flicka Dragonpols Ablauf durchgegangen. Er saß dicht neben ihr auf der Couch im Ostturm.

»Du hast wie ein Gespenst ausgesehen, als du aus dem Speisesaal gekommen bist«, hatte sie gesagt, sobald sie allein waren, und sich vorsichtshalber vergewissert, dass der Aufzug jetzt funktionierte. Er hatte sogar mit Dragonpol darüber gescherzt, als der Schauspieler das Paar zurück zum Aufzug geführt hatte, um ihnen gute Nacht zu wünschen. Hort war schon etwas früher verschwunden, unter dem Vorwand, dass sie einige Pflichten im Haushalt zu erledigen hätte.

In ihrer Suite angekommen, hatte Flicka sofort gefragt, was los sei, und Bond hatte das gesamte Gespräch mit Dragonpol noch einmal zusammengefasst.

»Das kann kein Zufall sein. Die Rosen sind von ihr. Seine Spritztour durch Europa. Seine Anwesenheit in jeder Stadt. Er sagt, dass er alle Unterlagen hat, aber so was kann gefälscht werden.«

»Meinst du, es ist sicher für uns, hierzubleiben?«

»Und zu riskieren, die nächsten Empfänger einer Blutherz-Rose zu werden?«

»Der Gedanke ist mir gekommen.«

»Er war sehr offen über alles. Ich musste seiner Erinnerung nicht wirklich auf die Sprünge helfen. Er hat es mir einfach erzählt. Er hat sogar gesagt, dass es mir nicht gefallen würde, zu erfahren, wo er zum Zeitpunkt von Lauras Tod war. Ich verstehe allerdings nicht, worauf er hinauswill, denn wenn er die Wahrheit sagt, war er nach Lauras Tod in Zürich – und Interlaken ist eine ganz schöne Strecke von Zürich entfernt. Nein, wenn der Ablauf so stimmt, wie er es mir erzählt hat, dann ist er überall kurz nach den Morden angekommen. Aber er hat jede Stadt besucht, was ziemlich außergewöhnlich ist.«

»Als wäre er einer Blutspur gefolgt?«

»Ganz genau. Hast du noch mehr aus Hort herausbekommen?«

»Sie hat über Rosen und die Familie gesprochen. Langweilig, um es vorsichtig auszudrücken, aber es gab da diese eine Sache …«

»Ja?«

»Der kleine Schläger, wie heißt er doch gleich, Charles?«

»Was ist mit ihm?«

»Er hat den Kaffee serviert und eine große Sache daraus gemacht, mit ihr unter vier Augen sprechen zu müssen. Sie hat sich dann entschuldigt und ist mit ihm aus dem Zimmer gegangen. Sie hatten ein ziemliches langes Gespräch.«

»Das du belauscht hast.«

»Nein, nicht ganz. Es war nicht sicher, obwohl sie die Tür einen Spalt offen gelassen hatte. Sie haben fast im Flüsterton gesprochen, bis sie anscheinend die Beherrschung verloren hat. Jedenfalls wurde sie laut. Nur für einen Moment.«

»Und was hat sie gesagt?«

»Irgendwas davon, dass Charles ein Idiot sei. Dass er es besser wissen sollte. Ich habe nur Teile davon mitbekommen. Dann hat sie ganz deutlich gesagt: ›Morgen Abend sind sie weg, aber um Himmels willen, mach so einen Fehler nicht noch mal. Das Telefon ist nur dazu da, damit er sich nicht aufregt. Er darf es nicht benutzen und stell sicher, dass es abgeschaltet ist, wenn niemand bei ihm ist. Das weißt du doch alles. Hoffen wir, dass er es nicht benutzt hat.‹ Das hat sie so ziemlich Wort für Wort gesagt.«

»Vielleicht haben sie über mich gesprochen – über uns.« Er deutete auf das weiße Telefon – eine antike Nachbildung –, das auf einem der Marmortische stand. »Wir haben noch nicht versucht, es zu benutzen, aber vielleicht sollten wir das.« Er stand auf und ging zu dem Telefon. Er nahm den Hörer ab und hielt ihn an sein Ohr, dann verzog er das Gesicht. »Tot. Nicht angeschlossen. Ich schätze, darum ging es in dem Gespräch.«

Flicka biss sich auf die Lippe.

»Angst?«

»Und wie, mein lieber James. Ich bin wie gelähmt.«

»Dann hast du vielleicht recht. Vielleicht sollten wir abhauen, solange es noch geht – oder zumindest in den frühen Morgenstunden.«

Sie verbrachten eine Stunde damit, sich fertig zu machen. Sie zogen sich warm an: Jeans, Rollkragenpullover und leichte Schuhe. Ihre restlichen Sachen packten sie sorgfältig ein, wobei Bond von Zeit zu Zeit fluchte, dass er nicht bewaffnet gekommen war, aber das war Flicka auch nicht. Schließlich war sie vorübergehend vom Dienst suspendiert. »Es ist wie in den Dirty-Harry-Filmen«, sagte sie in dem einen humorvollen Moment. »›Waffe und Dienstmarke abgeben.‹«

Um fast zwei Uhr morgens hatten sie alles vorbereitet, ihre beiden Koffer standen neben dem Aufzug und Bond wollte gerade den Knopf drücken, um die Kabine zu rufen, als Flicka ihn am Arm berührte. »Tut mir leid, James. Ich muss noch mal auf die Toilette.«

»Dann beeil dich um Himmels willen.«

Sie verschwand und ein paar Sekunden später hörte er ihre Stimme, die aufgeregt rief: »James, schnell. Schnell, komm und sieh dir das an.«

Er rannte die große Treppe hinauf und durch das Schlafzimmer zum Badezimmer, wo sie im Dunkeln auf Zehenspitzen stand und aus dem Fenster spähte.

»Er hat gesagt, niemand dürfe in den Turm. Dass es nicht sicher sei.«

Bond fluchte leise vor sich hin. Als sie über das niedrige Dach blickten, hatten sie dieselbe klare Sicht auf den Turm wie bei Tageslicht, nur dass jetzt, in der völligen Dunkelheit einer mondlosen Nacht, das gesamte Gebäude von innen beleuchtet war. Die riesigen, klaren Fenster waren von oben bis unten erhellt. Hinter den Fenstern bewegten sich Gestalten – Leute liefen umher und gestikulierten.

»Lass uns sofort verschwinden, Flick. Irgendwas ist hier wirklich faul.«

Schnell gingen sie zurück ins Wohnzimmer und Bond wollte gerade den Aufzugknopf drücken, als sie plötzlich das Klappern und Surren der Maschinerie hörten. Die Kabine war auf dem Weg nach oben.

»Bleib zurück, Flick. Geh zur Seite.«

Die Kabine traf ein und die Türen öffneten sich.

»Mr Dragonpol entschuldigt sich für die Störung, aber er muss Sie jetzt schnell in der Bibliothek sehen.« Lester betrat den Raum. In seiner rechten Hand hielt er einen .45er Colt Automatik. Die Waffe war nicht gesichert und er hielt sie wie jemand, der es gewohnt war, mit so etwas umzugehen.

»Er braucht Sie *jetzt*! Es ist dringend!« Die Mündung bewegte sich leicht und wies ihnen den Weg in die Kabine.

Die Zeitmaschine

»Meinen Sie, wir sollten unser Gepäck mitnehmen?« Bond sprach, als wäre ihm die große Automatikpistole, mit der Lester immer noch herumfuchtelte, gar nicht aufgefallen.

»Ich denke, das wäre wohl kaum angebracht, Sir.« Selbst mit der Pistole in der Hand behielt Lester die snobhafte Unterwürfigkeit bei, die einen tadellosen englischen Butler auszeichnete.

Als er nach dem Gepäck fragte, drehte sich Bond leicht und bückte sich, als wolle er seinen Kleidersack aufheben. Jetzt erstarrte er mit einer Hand am Kleidersack und zuckte leicht mit den Schultern, als würde er Lesters Kommentar hinnehmen. Dann schlossen sich seine Finger blitzschnell um den Griff, hoben die Tasche an und schleuderten sie mit all seiner Kraft geradewegs in Lesters Unterleib.

Er hörte, wie der Mann vor Schmerz laut aufstöhnte und sich krümmen wollte, aber seine rechte Hand kam hoch und Bond sah, dass die große Automatikpistole immer noch ruhig auf ihn gerichtet war und Lesters Finger am Abzug zuckte.

Dann bewegte sich Flicka. Es war das erste Mal, dass er gesehen hatte, wie sie etwas Gewaltsames tat. Sie stürzte sich auf Lester, bis sie ihm Auge in Auge und Körper an Körper gegenüber war, dann schlug sie mit ihrem linken Arm mit großer Wucht auf seinen rechten und quetschte ihn gegen ihr angehobenes linkes Knie. Lesters Arm brach hörbar und ein doppelter Schmerzensschrei ertönte, als sie ihr Knie herumschwang und in die Leiste des unglücklichen Mannes rammte. Die Pistole fiel klappernd zu Boden, gefolgt von ihrem Besitzer, der nicht wusste, welches Körperteil er mit seinem einen guten Arm umklammern sollte.

Flicka trat die Pistole weg, beugte sich vor und versetzte Lester einen heftigen Hieb in den Nacken. Das Schreien verstummte, er fiel zur Seite und lag still.

»Hast du ihn getötet, Flick?« Bond, der sehr beeindruckt war, versuchte, ruhig zu klingen, als er den Colt in die Hand nahm.

»Ich hoffe nicht.« Sie stieß den Körper leicht mit dem Fuß an, woraufhin sich Lester stöhnend bewegte.

»Wir sollten ihn besser fesseln.« Bond sank auf ein Knie und tastete nach den Hosenträgern des Butlers. Sie zogen ihm den Frack von den Schultern und durch den Schmerz regte er sich und kam langsam wieder zu sich. Flicka versetzte ihm einen weiteren Hieb in den Nacken, der ihn erneut betäubte, während sie seine Hände mit einem Tuch fesselten und dann seine Knöchel mit den Hosenträgern verschnürten, wobei sie das Gummiband zurückzogen und es auch um die gefesselten Hände schlangen. Schließlich wurde er mit einem Schal geknebelt, den Flicka aus ihrer eigenen Tasche zog.

»Er wird versuchen, eine Menge Lärm zu machen, wenn er endlich aufwacht.« Sie lächelte sogar ein wenig sadistisch, fand er. »Der Arm wird ihm ein Zipperlein bereiten, wie meine Mutter zu sagen pflegte.«

»Gehst du immer so brutal vor, Flick?«

»Nur wenn ich jemanden nicht mag.« Sie schenkte ihm ein engelsgleiches Lächeln. Zum ersten Mal wurde ihm bewusst, wie gut ausgebildet sie war. Wenn er sich in diesem Moment einen festen Partner aus einem der großen Geheimdienste hätte aussuchen dürfen, wusste er, dass sie seine erste Wahl gewesen wäre. Sie war entschlossen, zäh und kompromisslos – all die Eigenschaften, die jemand in Bonds Beruf sich von einem Partner wünschte.

»Ich denke, wir sollten gehen«, sagte sie und zog ihre eigene Tasche in den Aufzug.

»Mit Gepäck und allem?«

»Ich werde nichts von meinen persönlichen Sachen zurücklassen. Nicht hier.«

Er stellte seine Tasche neben ihrer ab, überprüfte den Colt und drückte auf den Abwärtsknopf. Als der Aufzug in Richtung Erdgeschoss fuhr, nahmen sie mehr Licht wahr, als sie bisher im Schloss gesehen hatten, und als sich die Türen öffneten, schien die ruhige, etwas unheimliche Stille, an die sie sich gewöhnt hatten, für immer vorbei zu sein. Aus dem Hauptteil des Gebäudes kamen Rufe und Geräusche, die widerhallten und erstarben – Schritte und von irgendwoher Musik, die sich in die Geräuschkulisse, die sie zu umgeben schien, einfügte und wieder verklang. Diese Geräusche und der Widerhall der lauten Stimmen hatten Schloss Drache in den Turm von Babel verwandelt.

»Hier entlang, denke ich.« Anstatt geradeaus den Korridor hinunterzugehen, bog Flicka nach rechts ab, dann noch einmal nach rechts, wo der Gang in eine Richtung führte, von der sie beide wussten, dass es sich nur um die Ostseite des Schlosses handeln konnte. Schließlich erreichten sie eine Sackgasse und eine schwere Tür. Flicka sah Bond an und zuckte mit den Schultern, woraufhin er nickte und den Türknauf drehte. Licht, noch heller als zuvor, strömte ihnen entgegen.

Sie befanden sich in einem riesigen Treppenhaus. Das Licht war unnatürlich hell, während die Kakophonie der Geräusche lauter wurde und jeden Winkel des Gebäudes erfüllte.

»Ich hasse es immer in Filmen, wenn Leute, die fliehen wollen, nach oben gehen und auf dem Dach in die Falle laufen«, flüsterte Flicka.

»Wir können nirgendwo anders hin als nach oben, außer mitten ins Geschehen, und ich habe keine Lust, dem Drachenkopf und seiner rosenzüchtenden Schwester in die Arme zu laufen. So können wir vielleicht wenigstens einen Blick in den verbotenen Turm werfen.«

Irgendwann erreichten sie einen langen, breiten Gang, der sich über die gesamte Breite des Schlosses zu erstrecken schien und an beiden Enden im rechten Winkel abbog. Vor ihnen befand sich eine Doppeltür aus Eichenholz. Der Lärm schien anzusteigen und abzufallen: Stimmen, Gesänge, Gespräche, alles vermischt mit Musik, als wäre das Schloss plötzlich von einer eindringenden Armee von Geistern bevölkert worden. Wenn er an Übernatürliches geglaubt hätte, hätte Bond gedacht, sie befänden sich mitten in irgendeinem schrecklichen Geisterzug.

Er wollte gerade an die Tür klopfen, als sie Dragonpols Stimme hörten, die klar und deutlich von rechts unter ihnen kam und sich über den Rest des Getöses erhob. In aller Stille stellte Flicka ihren Koffer ab und Bond lehnte seinen Kleidersack daran. Leise setzten sie sich in Bewegung, so dicht wie möglich an die Wand gedrückt. An der Kurve hielten sie an und schoben sich langsam in den Gang.

Von hier aus konnten sie sehen, dass der Korridor nicht nur über die gesamte Breite des Schlosses verlief, sondern auch über die gesamte Länge des Gebäudes fast außer Sichtweite verschwand. Nur in der Mitte nahm er mit einer Balustrade wieder die quadratische U-Form an. Dragonpols Stimme kam von unterhalb eines Balkons, der einen Gang oder ein Zimmer an der Vorderseite des Schlosses überblickte.

»Ich kann nicht warten«, sagte er laut. »Wo sind dieser Narr Lester und die beiden Störenfriede?« Dann fing er an zu brüllen. »Hort! Hort! Wo zum Teufel ist sie abgeblieben? Sie kann doch unmöglich so lange brauchen? Charles!«

»Sie kommt gerade.« Das war Charles' Stimme, die direkt von unter ihnen kam. »Hier!«, rief er.

»Hort? Wie viele sind es diesmal?«

Sie war völlig außer Atem. »Drei ...«, keuchte sie. »Nur drei.«

»Bist du dir sicher?«

»Absolut, und du hast die entscheidende Karte. Drei sind immer noch drei zu viel.«

»Das weiß ich und breche besser auf. Der Rest von euch – Charles, William – sucht nach Lester. Bringt unsere Gäste in Sicherheit. Ich will keine Dummheiten. Behaltet sie einfach hier. Tut ihnen nichts, es sei denn, es ist absolut notwendig.«

Sie hörten, wie seine Schritte in der Ferne verhallten. »Ich bin froh, dass er uns nicht wehtun will«, flüsterte Flicka.

»Es sei denn, es ist absolut notwendig. Komm, ich gehe durch diese Türen. Ich will sehen, was zum Teufel in diesem Turm ist.«

Erst als sie dorthin zurückkehrten, wo sie ihr Gepäck abgestellt hatten, stellten sie fest, dass der lauteste Teil der Musik und des allgemeinen Lärms von jenseits der großen Doppeltür kam.

Bond, immer noch mit der Automatik in der Hand, stemmte die Tür mit der Schulter auf und sie betraten die seltsame, verwirrende Welt von Dragonpols angehendem Theatermuseum.

Der Lärm schien sie mit einem Wirrwarr aus Geräuschen zu umhüllen. Als sie ins Licht traten, waren sie beide überwältigt von der plötzlichen Veränderung, die ihre Sinne auf ein einziges Geräusch und einen einzigen Blick fokussierte. Es war so real, dass Flicka keuchte und sich an Bonds Ärmel klammerte. Es schien, als stünden sie an der Spitze eines riesigen griechischen Amphitheaters. Unter ihnen waren die steinernen Stufen mit einem begeisterten Publikum gefüllt, das lachte und applaudierte. Er konnte die frische Brise auf seinem Gesicht spüren und die heiße Sonne über ihnen. Er konnte das Publikum sogar riechen, eine Mischung aus Gewürzen, Körpern und verschiedensten Düften.

Weit unten, im Bühnenbereich, setzten die Schauspieler das Stück fort. Längst vergangene Schulstunden kamen ihm in den Sinn und er erkannte plötzlich sogar das Stück. Es war Aristophanes' *Die Frösche*. Er kannte es wegen des Chors, der

»Brekekekex, koax, koax!« anstimmte, die Version des griechischen Dramatikers des modernen »Quak, quak«.

Wie von Zauberhand waren sie also in einem griechischen Amphitheater gelandet und sahen eine Aufführung, die etwa vierhundert Jahre vor Christus stattfand. Die Echtheit des Ganzen war außergewöhnlich und nur seine Vernunft sagte ihm, dass sie in Wirklichkeit eine clevere Kombination aus moderner Hitech und alten Projektions- und optischen Effekten sowie fortschrittlicher Robotertechnik erlebten. Es war ziemlich fesselnd und verblüffend, bis er etwas entdeckte, das nicht ganz stimmte. Einer der Schauspieler, weit unten, hatte eine Maske vor sein Gesicht gezogen. Die Maske hatte nichts zu suchen im griechischen Theater von 400 vor Christus, sondern war von der Art, wie sie in japanischen Kabuki-Aufführungen verwendet wurde, die erst im frühen achtzehnten Jahrhundert ihre Blütezeit erlebten.

Gerade als er diesen merkwürdigen zeitlichen Fehler entdeckte, begann das gesamte Bild, in dem sie zu stehen schienen, in Finsternis zu versinken und zu ihrer Rechten erhob sich eine Gestalt aus der Dunkelheit: eine leuchtende, lockende Gestalt, die so real war, dass Bond sich mit der Waffe in der Hand umdrehte, bereit zu schießen, falls nötig.

Die Erscheinung war wie ein alter Hofnarr gekleidet und tänzelte und winkte sie heran – eine weitere Projektion oder ein sich bewegendes Hologramm, das sie aufforderte, ihm zu folgen. Trotz des offensichtlichen Fehlers im griechischen Amphitheater war Dragonpols Theatermuseum auf jeden Fall etwas Besonderes: eine Reise in die Vergangenheit, wie in einer Art Zeitmaschine.

Er nahm Flicka am Ellbogen und führte sie, während sie dem seltsamen tanzenden Hofnarren folgten, der plötzlich verschwand. Um sie herum wurde es hell und ihre Ohren wurden erneut von Lärm überwältigt, während ihr Geruchssinn eine Mischung aus verschiedenen Gerüchen wahrnahm, einige reif und unangenehm, andere süß. Dieses Mal war die Veränderung realistischer als zuvor. Sie standen auf einem englischen Marktplatz am Rand einer Menschenmenge. Ihnen gegenüber befand sich eine grob gezimmerte Plattform, eine Freilichtbühne mit Balken an jeder Ecke, die eine obere Ebene stützten, wo Männer und Frauen hinter Wolken aus Stoff Maschinen bedienten.

Die Akteure auf der Bühne spielten eine Art religiöse Geschichte, wobei es sich, wie Bond erkannte, um eins dieser mittelalterlichen Mysterienspiele handeln musste, denn die Schauspieler sprachen in einem seltsam akzentuierten Englisch. Ein Donnerschlag kam von den Leuten, die die primitiven Spezialeffekte bedienten, und es war klar, dass es sich bei dem Stück um die Geschichte von Noah handelte, denn einer der Schauspieler flehte seine Frau an, hereinzukommen, während der personifizierte Gott sich aus den zerrissenen Wolken herabbeugte und verkündete, dass der Regen jeden Moment einsetzen würde.

Einmal mehr fühlte sich alles erstaunlich real an. Sie waren *da*, in einer englischen Stadt vor Hunderten von Jahren. Die Menschen schienen sich um sie zu drängen und einer sprach Flicka sogar an und fragte sie, ob sie Dickon erkenne, der als Mädchen verkleidet sei. Dragonpols Setting war außergewöhnlich. Doch gerade als sich die Szene um sie herum auflöste, sah Bond erneut, wie einer der Schauspieler auf eine relativ moderne Taschenuhr blickte.

Eine weitere Gestalt trat aus der Dunkelheit hervor, diesmal ein kleiner Mann in elisabethanischer Kleidung. Sie konnten durch seinen Körper hindurchsehen, aber als er sie heranwinkte, sprach er deutlich. »Kommt, es gibt genug Platz. Kommt heute Abend ins Globe, wo *Ein Sommernachtstraum*, die Komödie und das Lustspiel von Meister Shakespeare, aufgeführt wird.« Sie folgten wie hypnotisiert.

Um sie herum erhob sich eine Straße. Sie hatten Kopfsteinpflaster unter den Füßen und andere drängten auf die hohen, gewölbten Holzwände des alten Globe Theatre zu. Sekunden später standen sie, umgeben von einem Publikum, in dem, was Shakespeare das »O von Holz« genannt hatte.

Wieder war es dieses Gefühl, tatsächlich dort zu sein, das Bond in Erstaunen versetzte, und er musste seine Sinne dazu zwingen, sich aus dem Licht zu bewegen und sich von dem Publikum aus dem sechzehnten Jahrhundert zu lösen, das das Ende des *Sommernachtstraums* genoss – Puck, gespielt von einem kleinen Jungen, beendete gerade das Stück. Bond musste Flicka regelrecht wegzerren, durch die »Menschen« und »Wände« hindurch in die Dunkelheit des, wie er sich ins Bewusstsein rief, riesigen, hangarartigen zweiten Stocks von Schloss Drache.

»Aber James …« Sie begann sich zu wehren.

»Wir verlieren Zeit, Flick. Da draußen geht einiges vor sich …«

»Aber das ist wie ein fliegender Teppich … eine Zeitreise … eine echte Zeitmaschine.«

»Ich weiß. Aber wir müssen …«

Die Lichter gingen plötzlich an und holten sie mit einer schrecklichen Plötzlichkeit in die Realität zurück. Die Geräusche und Bilder waren verschwunden und an ihrer Stelle blieb nur – wie Bond vermutet hatte – eine riesige Halle mit Laufstegen, die durch komplizierte Geräte, riesige Rundbilder, Automaten und Anlagen mit Flutlichtern, Scheinwerfern, seltsam geformten Spiegeln und Projektoren führten.

Sie standen auf einem metallenen Laufsteg mit einer Kette als Handlauf, die an Metallstangen hing, die in Abständen von etwa zwei Metern angebracht waren. Der Laufsteg war stabil und schwankte nicht unter ihnen, obwohl er sich etwa sechs Meter über dem Boden befand. Diesmal stand ihnen keine körperlose Gestalt gegenüber, die mithilfe von Lasern oder Hologrammen projiziert wurde.

»Ich habe ihnen gesagt, dass Sie in die Ausstellung gegangen sind«, sagte Charles in ausgezeichnetem Englisch. »Mr Lester ist wirklich sehr wütend auf Sie. Mrs Horton fährt ihn ins nächste Krankenhaus. Wussten Sie, dass Sie ihm den Arm gebrochen haben?«

»Das war meine Absicht.« Flickas Stimme verriet keine Spur von Überraschung oder Angst. »Ich habe auch mein Bestes getan, seine zukünftigen romantischen Absichten zu zerstören.«

»Wenn es nach mir ginge, würde ich mehr als nur Ihre romantischen Absichten zerstören.« Charles hielt eine automatische Pistole dicht an seiner Hüfte. Außerdem stand er mit leicht gespreizten Beinen. Alle Anzeichen deuteten darauf hin, dass dieser Mann gut ausgebildet war, und die Ausbildung war es, die Männer von Jungs abhob. Lester hatte Bond nicht als einen ausgebildeten Leibwächter eingeschätzt. Charles hingegen wusste genau, was er tat. »Legen Sie die Waffe von Mr Lester einfach auf den Laufsteg, Mr Bond. Und bitte langsam. Ganz langsam.«

Bond machte einen Schritt nach vorne, ging in die Hocke und legte den .45er Colt vorsichtig auf das Metall, direkt rechts und etwas hinter sich. »Ist Ihr Freund in der Nähe?«, fragte er, als er sich wieder aufrichtete.

»William? Ja, sicher, William ist hier irgendwo. Ich wünschte, wir könnten beide die eine oder andere Stunde in einem verschlossenen Raum mit Ihnen beiden verbringen …«

»Aber das werden Sie nicht, Charles, denn Ihr Boss, Mr Dragonpol, sagt, dass wir in Sicherheit gebracht werden sollen.« Er machte einen weiteren Schritt nach vorne, sprach leise und versuchte, nah genug heranzukommen, um etwas ausrichten zu können. Es war wie der Versuch, ein wildes Tier zu locken.

»Es sei denn, Gewalt wird notwendig, Mr Bond. Das ist weit genug.« Die Pistole bewegte sich ganz leicht in Charles' Hand. »Wir wollen doch keine Unfälle provozieren, oder?« Er grinste frech. »Also, ich hätte nichts dagegen. Wir können jederzeit dafür sorgen, dass Gewalt notwendig wird. Mir würde das nichts ausmachen, aber Sie würden es garantiert hassen.«

Flicka berührte Bonds Schulter, als sie vor ihn trat. »Oh, Charles«, gurrte sie fast. »Sie glauben doch nicht, dass wir so dumm sind, mit Ihnen Spielchen zu spielen. Wir kommen doch ganz friedlich mit, nicht wahr, James?« Sie drehte sich mit dem ganzen Körper in Bonds Richtung, wobei ihr weiter Rock hochflatterte und sich für einen Moment an einer der

Metallstützen verfing, die die Sicherheitskette in Position hielten.

Für ein paar spektakuläre Sekunden waren ihre Oberschenkel und ihre mit Spitze bekleideten Hüften in ihrer ganzen Pracht für Charles zu sehen, der bei diesem unerwarteten Anblick große Augen machte. Es war die perfekte Ablenkung. Flicka hatte sich bei ihrer enthüllenden Pirouette auf Bonds rechte Seite bewegt, sodass er sich auf Charles stürzen konnte. Er traf ihn tief und schaffte es, unter der Pistolenhand hindurchzutauchen, wobei seine rechte Schulter das Knie des Leibwächters traf.

Charles stieß ein uncharakteristisches Kieksen aus, als er über Bonds Schulter kippte. Flicka griff nach der Pistole, drehte sie und renkte dem unglücklichen Mann so fast das Handgelenk aus. Ein weiterer Schrei entfuhr dem Mann, als Bond ihn auf die Kette des Handlaufs warf.

»Lass ihn los, James«, rief Flicka und er tat instinktiv, was sie von ihm verlangte, wobei er ein wenig mit der Schulter nachhalf.

Charles drehte und wand sich, dann fiel er vom Laufsteg und landete mit einem Schlag unten auf dem harten Stein, der Bond zusammenzucken ließ. Das Kreischen verstummte und es herrschte Stille.

Bond hob den Colt auf und sah, dass Flicka bereits Charles' Pistole in der Hand hielt. »Hat dir schon mal jemand gesagt, wie gut du bist, Flick?« Er klopfte ihr auf die Schulter und bedeutete ihr, weiterzugehen.

»Viele Male, James. Meine Ausbilder haben mich immer großzügig gelobt – ich war die Beste in meiner Klasse.« Sie zwinkerte ihm zu und ging dann schnell weiter, wobei Bond ihr dicht auf den Fersen blieb. Etwa alle zwanzig Meter wurde der Laufsteg breiter und weitete sich zu einer Aussichtsplattform mit Maschinen, Automaten, Lichtern, Spiegeln und Kulissen, die sich zu jeder Seite erstreckten. Was auch immer er sonst sein mochte, Dragonpol besaß offensichtlich eine wunderbare Vorstellungskraft.

Am anderen Ende erreichten sie eine einzelne Tür. Sie war aus massivem Metall und hatte ein großes, schweres Schloss. Sie stand halb offen und sie traten in den hinteren Teil des langen Gangs, der offensichtlich um das gesamte zweite Stockwerk herumführte. Diesmal standen sie jedoch vor einer weiteren Metalltür, die offen war und den Blick auf eine schmale steinerne Wendeltreppe freigab.

»Der Turm«, flüsterte Bond und ging geradewegs durch die Tür und die Treppe hinauf. Er rannte fast, wobei er nur die Fußballen aufsetzte, um das Geräusch zu dämpfen, und nahm Flicka nur durch ihren leichten, aber gerade noch hörbaren Atem hinter sich wahr.

Die steinernen Stufen wanden sich nach oben und endeten schließlich an einem kahlen, gefliesten Gang und vor einer weiteren Metalltür. Diesmal bestand sie aus zwei Elementen: einer schlichten Stahlplatte mit Scharnieren, die mit zwei sehr zuverlässigen Schlössern versehen war und über einen Einsatz aus massiven Stäben verfügte, der mit einem eigenen Schloss versehen war. Das Ganze bildete einen gesicherten Eingang in einen Bereich, in dem Gegenstände und sogar eine Person leicht eingeschlossen werden konnten.

Auf der anderen Seite dieser Tür führte eine kleine Vorhalle zu einer weiteren Reihe von Gittern. Diese waren ebenfalls mit einer Verriegelung versehen und der gesamte Bereich war so konstruiert, dass er zur Seite gleiten konnte. Das Gitter war halb geöffnet, und als sie hindurchgingen, kamen sie in eine große Kammer mit einer hohen, gewölbten Decke. An zwei Seiten des Raums waren große Kathedralenfenster eingelassen, deren Glas sehr dick und offensichtlich bruchsicher war, aber es war die Einrichtung, die sie in Erstaunen versetzte. Ein großes, bequemes Bett stand in einer Ecke. Außerdem gab es ein paar Ledersessel und einen sehr großen, robusten Arbeitstisch, auf dem sich Papiere stapelten.

Die Wand direkt gegenüber dem Eingang wurde von einem hohen Aktenschrank aus Metall eingenommen, dessen oberster Teil über eine Leiter zu erreichen war, die an der Decke verankert und an einem Schlitten befestigt war. Kleine Räder am Fuß der Leiter ermöglichten es, sie leicht an die gewünschte Stelle zu schieben. Jetzt stand sie in der Mitte und eine der oberen Schubladen war geöffnet, als hätte gerade jemand eine bestimmte Akte herausgeholt.

Bond ging direkt zum Tisch, beugte sich vor und begann, die Papiere sorgfältig durchzusehen. Dort lagen Diagramme, Zeichnungen, Fotos und sogar Karten.

»Sieht aus wie der Generalplan für das Museum.« Er bedeutete Flicka mit einer Handbewegung, zu ihm zu kommen. Tatsächlich zeigte das oberste Dokument eine Ansicht der Anlage, die sie gerade durchquert hatten. Ein kurzer Blick verriet ihnen, dass sie eine Aufführung im Tschechow-Kunsttheater Moskau verpasst hatten, außerdem eine Aufführung in einem Londoner Theater in den 1920er-Jahren, das Royal Shakespeare Theatre in Stratford-upon-Avon in den späten

1960er-Jahren, einen Teil einer Aufführung von Wagners Ring-Zyklus in Bayreuth, ein modernes Musical in einem Broadway-Theater sowie weitere sechs Exponate.

»Dieser Mann ist ein Genie.« Bond begann, einen weiteren Stapel Papiere durchzublättern, bei denen es sich anscheinend um die Schemata der im Museum verwendeten Großelektronik handelte.

»Ein Genie ja, aber ich glaube, auch ein Mordgenie.« Flicka hatte die größeren Pläne vom Tisch genommen und wühlte darunter herum. »Das sieht aus, als wären die hierhingeworfen worden, um etwas anderes zu verstecken.« Sie schob einige weitere große Pläne beiseite, bis eine Reihe von Karten, Zeichnungen und Notizen zum Vorschein kam. »Sieh doch, hier …«

Aber Bond war abgelenkt. Er ging nach rechts zu einem der hohen Fenster hinüber, wo er entsetzt auf ein Bücherregal starrte, das über einer tiefen Glasvitrine an der Wand verankert war.

»Nein, sieh dir *das hier* an.«

Sie ging zu ihm und begann, die Buchrücken in Augenschein zu nehmen und den unteren Teil des Schranks, in dem sich verschiedene mit kleinen Kärtchen markierte Gegenstände befanden. Die Bücher – wunderschön in Leder gebunden und mit den Initialen »DD« unten an jedem Buchrücken – waren alles Werke zum gleichen Thema: politische Attentate. Bände, die sich mit praktisch jedem berühmten öffentlichen Mord befassten, von Cäsar bis JFK.

Die Gegenstände im Schrank spiegelten dasselbe Thema wider. Flicka stockte der Atem, als sie die Gegenstände sah, die fein säuberlich beschriftet waren: »Die Jacke von Graf Claus von Stauffenberg, die er am Tag seines versuchten Attentats auf Adolf Hitler am 20. Juli 1944 trug«, stand auf einem. Auf einem anderen stand: »Die Pistole, mit der Mrs Ghandi getötet wurde.«

»Er hat sich wohl voll und ganz Attentaten verschrieben«, sagte sie leise. »Komm und sieh dir an, was ich hier gefunden habe.«

Sie kehrten zu dem Tisch zurück, wo Flicka unter den anderen Papieren mehrere Karten, Straßenpläne und Blätter mit Notizen hervorgeholt hatte. Die Straßenpläne waren von Mailand, Athen und Paris. Außerdem gab es einen Plan vom Inneren der berühmten Mailänder Scala, einen von der Akropolis und dem Parthenon in Athen und mehrere Notizen, die eine bestimmte Route zu beschreiben schienen, die vom Zentrum von Paris zu einem unbekannten Punkt in der Nähe der Stadt führte.

Unter den gekritzelten Notizen waren die Worte Mailand, Athen und Paris fein säuberlich unterstrichen, mit Initialen neben jeder Stadt. Neben Mailand stand KTK, bei Athen waren es die Initialen JA und neben Paris standen nicht weniger als drei separate Reihen von Buchstabenreihen – PD, H und W.

»Zielpersonen?« Bond sah sie an und zog die Augenbrauen hoch.

»Könnte sein. Könnte sogar sehr gut sein. Ich denke, wir sollten von hier verschwinden und …« Sie hielt abrupt inne und beide drehten sich zur Tür, weil sie die Präsenz einer weiteren Person in der Nähe spürten.

Es war nur ein leichtes Scharren. Das Geräusch von Leder auf dem Stein draußen, aber es reichte aus, um Bond mit der Pistole in der Hand zur Tür stürzen zu lassen.

»Nein!«, schrie er. Und dann noch einmal: »Tun Sie das nicht oder ich erschieße Sie auf der Stelle.«

William bewegte sich sehr schnell und wirbelte rückwärts außer Sichtweite. Bond drückte zweimal ab und hörte, wie die Kugeln von den Wänden abprallten. Die äußere Stahltür wurde zugeschoben und die Schlösser schnappten zu.

»Verdammt!«, fluchte Bond noch im Rennen. Die Außentür war fest verschlossen und es würde mehr als einen einfachen Dietrich brauchen, um sie zu befreien.

»Wir sollten uns wahrscheinlich umsehen, ob es noch einen anderen Weg hier raus gibt.« Flicka begann in aller Ruhe, die Wand mit den Aktenschränken aus Metall abzusuchen. »Wir sind nicht länger willkommen und ich möchte nicht hier sein, wenn sie uns holen kommen.«

»Die Fenster?« Er ging zu den hohen Bogenfenstern und sah sich das Glas genauer an. »Wir bräuchten panzerbrechende Munition, um die hier durchschlagen zu können, sonst hätten wir uns abseilen können …«

»Wenn wir ein Seil hätten, James. Komm, lass uns praktisch denken, hinter den Aktenschränken ist irgendein Raum.«

Sie hatte recht. Die gesamte Wand mit den Metallschränken wirkte sehr solide, aber als Flicka mit ihrer Hand dagegenschlug, schien es, als würde sie ein wenig nachgeben, so als befände sich hinter einer falschen Wand ein Raum.

Bond machte ein paar Schritte zurück und suchte mit den Augen nach einer möglichen verborgenen Öffnung.

Zehn Minuten lang bewegte sich Flicka an der Wand auf und ab, während Bond in der Anordnung der großen Schränke nach einem Anhaltspunkt suchte. »Es hat keinen Sinn, ich kann keine Schwachstellen sehen«, sagte er schließlich.

»Tauschen wir«, befahl Flicka. »Manchmal ist eine neue Perspektive …« Sie trat einen Schritt zurück und sah die Antwort sofort. »Ja. Siehst du? Dieser mittlere Bereich hier.«

Als sie darauf zeigte, sah er, was sie meinte. In der Mitte der Wand schien ein Teil der Schränke von einer dunkleren Linie umgeben zu sein, die die Größe und rechteckige Form einer Tür hatte.

»Die Leiter.« Er ging hinüber und zog die verschiebbare Leiter heran, bis sie mit dem rechten Teil des dunkleren Umrisses auf gleicher Höhe war.

»Nein. Nein, das ist es nicht.« Flicka ging zu den Akten links von der jetzt offensichtlichen Tür und fing an, die Metallschubladen herauszuziehen und wieder hineinzuschieben. »Ich bin sicher, es ist irgendetwas ganz Simples.« Während sie sprach, hörten sie ein Klicken in der Akte, die sie gerade herauszog. »Das ist es …« Sie drückte und zog und die Schublade schien in einer versteckten Position einzurasten, aber sonst passierte nichts. Sie versuchte es mit den Schubladen darüber und darunter. Auch sie rasteten ein und blieben an ihrem Platz. »Ich bin sicher …«, setzte sie an, dann lehnte sich Bond gegen die rechteckigen Schränke und sie schwangen nach innen.

»Sesam öffne dich«, flüsterte er, als sie in eine kalte und klinisch weiße Kammer traten, auf deren einer Seite sich eine lange Konsole mit einer Reihe von darin eingelassenen Computermonitoren, Bedienelementen, einer Schalttafel und zwei großen Bildschirmen befand. An der Wand gegenüber dieser großen Konsole befanden sich reihenweise große Mainframe-Computerbandmaschinen und in der Wand vor ihnen war eine Tür mit der Aufschrift: »Gerüst – Gefahr: Hochspannung.«

Weitere Worte waren überflüssig. Es war offensichtlich, dass sie im Hauptkontrollraum für Dragonpols Theatermuseum standen. In der Mitte der langen Konsole befand sich eine von einer Glasscheibe geschützte, detaillierte elektronische Karte der Exponate, mit blinkenden Lichtern, die genau anzeigten, wo die verschiedenen Abschnitte im Verhältnis zur gesamten Ausstellung lagen. Es war nun klar, dass jedes der vielen Spektakel durch Wärme- und Bewegungssensoren aktiviert wurde, sodass sich nähernde Besucher sofort die verschiedenen Projektionen, Hologramme, Töne, Gerüche und die lebensechten Automaten auslösten. Im Moment war der Hauptschalter auf »Aus« gestellt und die beiden großen Monitore zeigten einen Panoramablick auf ein Durcheinander von kleinen Theatern, Rundbildern und Lichtleisten, die alle durch den Laufsteg verbunden waren, über den Bond den unglücklichen Charles geworfen hatte.

»Da.« Eine flackernde Bewegung erregte Bonds Aufmerksamkeit. Seine Hand tanzte über die Bedienelemente, bis er einen kleinen Steuerknüppel fand, mit dem eine der vielen Kameras bedient wurde. Behutsam bediente er den Steuerknüppel, um die Bewegung in den Fokus zu nehmen und zu vergrößern. Da, auf dem Laufweg kletterte William gerade hinunter, um Charles auf die Beine zu helfen. Letzterer wirkte wackelig und etwas benommen, während die beiden offensichtlich ein paar Worte wechselten und zu entscheiden versuchten, was zu tun war.

Der Laufsteg wurde breiter und fiel bei jedem Exponat zum Boden ab, damit die Besucher direkt von diesem Hauptweg um das Museum herum in die einzelnen Präsentationen gehen konnten, die zum Leben erwachten, sobald sie sich ihnen näherten, und geschickt wieder auf den höher gelegenen Metallsteig zurückgeführt wurden, wenn die Show vorbei war. Personengruppen würden automatisch von einem Exponat zum nächsten geführt werden, möglicherweise in einem Zustand der Orientierungslosigkeit, der zu einem größeren Staunen führen würde.

Bonds Hand betätigte wieder den Joystick und schwenkte die versteckte Kamera nach oben, um die Wände des Museums zu betrachten. Hoch über den Exponaten befand sich ein zweiter Laufsteg – offenbar das erwähnte Gerüst –, der für die Wartung und möglicherweise auch vom Sicherheitsdienst genutzt wurde. In regelmäßigen Abständen führten Metallleitern vom Laufsteg direkt nach unten und ermöglichten den Zugang zum Hauptsteg und den komplexen Kulissen.

»Der Mann hat hier eine Goldmine, wenn das Museum erst mal fertig ist.« Flicka bewegte sich hinter ihm, ihre Stimme war fast ein ehrfürchtiges Flüstern. »*Falls* es jemals fertig wird.«

»Ich bin dafür, dass wir den Hauptschalter betätigen, den ganzen Jahrmarktsspaß einschalten und runtergehen, um diese beiden Schläger auf ihrem eigenen Territorium zu jagen.« Bond beugte sich über die Bedienelemente und prägte sich das Layout ein, um sicherzugehen, dass er sie durch das Labyrinth der Ausstellungsstücke navigieren konnte.

»Da steht: ›Gefahr: Hochspannung.‹« Flicka nickte mit dem Kopf in Richtung der Tür zum Gerüst.

»Hast du noch einen anderen, magischen Weg hier raus?«

»Nein, aber ich mag es nicht, wenn ein paar Tausend Volt Strom durch mich fließen.«

»Dann fass nichts an. Halt dich von der Wand fern. Sieh her …«

Er begann, seinen Plan sorgfältig zu skizzieren, und bewegte die Überwachungskamera mit dem Steuerknüppel, um ihr genau zu zeigen, wohin sie gehen sollten.

»Ich wollte schon immer in einem großen Broadway-Musical mitspielen«, sagte sie, denn der Plan war, an der Rückseite des Bereichs aufzutauchen, der die Besucher auf die Bühne eines Musicals führte – eins der Exponate, die sie auf ihrer kurzen Tour, die von Charles unterbrochen worden war, nicht gesehen hatten.

Erneut schwenkte Bond die Kamera auf den Bereich, in dem er die beiden vermeintlichen Krankenpfleger zuletzt gesehen hatte. Sie waren immer noch da, Charles rieb seine geprellte Schulter und testete, wie viel sein verletztes Bein aushielt.

»William ist auf Zack.« Flicka nickte zum Bildschirm, als William seinem Kollegen eine Automatikpistole reichte, die er in Reserve hatte. »Er denkt wirklich an alles. Ich nehme an, du willst die Show starten, bevor die beiden hier oben aufkreuzen und uns unaussprechliche Dinge antun?«

»Ich denke, das wäre die klügste Vorgehensweise. Bereit?«

Sie nickte und Bonds Hand schwebte erneut über der Konsole, bis sie schließlich genau über dem Hebel mit der Aufschrift »Hauptschalter« anhielt. Er zögerte erneut. »Nur so zum Spaß, Flick, kannst du sicherstellen, dass die Tür zum Gerüst offen ist?«

Sie öffnete die Tür und blickte hinunter in einen Aufzugschacht.

»Da ist eine Ruftaste«, rief sie Bond zu. »Wie rücksichtsvoll. Wenn wir da reingestürmt wären, wäre das ein fieser Sturz geworden.« Sie drückte den Knopf und sie hörten das Surren der Maschinerie.

Bond behielt ein Auge auf dem Bildschirm, um nach Charles und William zu sehen, die unentschlossen darüber zu sein schienen, wie sie weiter vorgehen sollten, und sich anscheinend stritten. William, überlegte er, war wahrscheinlich dafür, sie aus dem Weg zu räumen, während Charles vermutlich zumindest warten wollte, bis Maeve zurück war, bevor sie irgendwelche drastischen Maßnahmen ergriffen.

Der Aufzug kam und Flicka zog die Schiebetür auf.

»Okay, dann los.«

Er betätigte den Hauptschalter, sah auf dem Monitor, wie das Museum in Dunkelheit getaucht wurde, und trat schnell in den Aufzug, der nach dem Drücken des Abwärtsknopfs sanft nach unten glitt. Der Aufzug hielt an und sie stellten fest, dass sie sich in einem schmalen, schrägen Gang befanden, der eindeutig hinunter in den Hauptteil des Schlosses und hinauf zum Gerüst über dem Museum führte.

Sie trabten im Laufschritt los. »Denk daran, dass wir keine Ersatzmunition haben. Wenn die beiden anfangen zu schießen, muss jeder Schuss sitzen.« Bond überprüfte den Colt und sah, wie Flicka die Pistole untersuchte, die sie Charles abgenommen hatte.

Als sie die Tür erreichten, die zum Gerüst führte, hielten sie inne, wobei Bond ihr sagte, sie solle sich so leise wie möglich bewegen. Dann traten sie in die Dunkelheit und blieben ein paar Sekunden stehen, damit sich ihre Augen anpassen konnten.

Unter ihnen, weit links, war der Lärm und das Treiben des Globe Theatre zu hören, in dem Charles sie aufgehalten hatte. Langsam überquerten sie den Laufsteg in dem Bewusstsein, dass sie in gefährlicher Höhe über der riesigen Museumshalle schwebten.

Bonds Augen hatten sich schnell an die Dunkelheit gewöhnt und er ging voran, tastete das Sicherheitsgeländer zu seiner Linken ab und versuchte, die Entfernung zu der Metallleiter abzuschätzen, die sie hinunterführen würde, direkt in die Nähe der Broadway-Musical-Ausstellung. Er zählte vier abgekettete Leiterabschnitte und blieb beim fünften stehen. Er drehte sich um und flüsterte Flicka zu, während er mit seinen Händen eine Abwärtsbewegung machte.

Er sah, wie sie nickte, dann schwang er sich auf die Leiter, steckte den Colt in seinen Hosenbund und fragte sich einen Moment lang, wie sie mit ihrer Waffe zurechtkommen würde. Die schmalen Sprossen fühlten sich kühl und fest an und er erhöhte allmählich sein Tempo, stieg schnell in die Finsternis hinab und wartete unten darauf, dass Flicka zu ihm aufschloss, wobei er mit dem Arm in die Richtung deutete, in der er das Exponat vermutete.

Sie befanden sich hinter einer hohen, geschwungenen Steinmauer, dem Rundbild auf der Rückseite der Ausstellungsfläche. Sie bewegten sich lautlos bis zum Ende der Mauer. Bond nickte ihr zu, holte tief Luft und sie stürzten sich nach vorne.

Keiner von beiden war auf die Effekte vorbereitet, die plötzlich all ihre Sinne überfielen. Als sie in den dunklen Bereich traten, wurde dieser plötzlich lebendig. Für ein paar Sekunden waren sie fast geblendet von dem Licht und taub von dem Lärm. Es war, als wären sie durch einen magischen Spiegel getreten und auf einer Bühne voller hüpfender, tanzender Gestalten gelandet, die von Flutlichtern und Scheinwerfern beleuchtet wurden und sich die Seele aus dem Leib sangen: »There's no business like show business.«

Die Figuren bewegten sich präzise nach einem bestimmten Muster von Tanzschritten, die Männer mit weißen Krawatten und Fracks, die Frauen in silbernen Fracks, Zylindern und knappen, glitzernden Höschen. Der Lärm war ohrenbetäubend und Bond konnte durch das grelle Licht gerade noch einen Orchesterdirigenten erkennen.

Aus der Nähe betrachtet hatten die tanzenden Automaten ein bizarres Aussehen mit funkelnden, starren Augen, rosigen Wangen und lächelnden Gesichtern. Ihre Münder öffneten und schlossen sich wie Bauchrednerpuppen, während die Tanzschritte von den Mustern in ihren computergesteuerten Robotergehirnen vorgegeben wurden.

Die Eindringlichkeit des Ganzen verlangsamte sowohl Bond als auch Flicka, wodurch sie wertvolle Momente verloren, während sie leicht verwirrt vor dem Spektakel standen.

Dann fiel der erste Schuss.

Ein Automat neben Bond wurde fast von den Füßen gerissen, als zwei Kugeln von irgendwoher aus der Dunkelheit in ihn einschlugen. Er hatte das Mündungsfeuer wahrgenommen und feuerte zweimal in die Richtung, aus der die Schüsse gekommen waren, während er nach vorne stolperte und eine der Tänzerinnen anstieß, sodass der Roboter aus dem Gleichgewicht geriet und sich von den anderen Damen wegbewegte, indem er seine Tanzschritte fortsetzte.

Er sah und hörte, wie Flicka in die Schwärze hinter den Lichtern feuerte und glaubte, einen Schmerzensschrei über den Lärm der Musik und des Gesangs zu hören. Eine weitere Kugel zischte an seinem Kopf vorbei und das Gesicht eines zweiten männlichen Roboters zersprang in Drähte und Mikrochips, als Bond sich durch die Lichter in die Höhle der Dunkelheit dahinter warf.

Die Musik und der Gesang hörten nicht auf, aber er war sich des Chaos unter den Robotern bewusst, das nun auf der Bühne herrschte. Aus dem Augenwinkel sah er, wie Flicka über das, was eigentlich der Orchestergraben sein sollte, sprang und dabei schoss. Dann war er auch schon auf der anderen Seite der Scheinwerfer und sah Charles, der alle Gliedern von sich gestreckt auf dem Boden lag. Aus seiner Brust sprudelte Blut aus einer Schusswunde.

»Da!«, rief Flicka, wirbelte nach rechts und gab zwei Schüsse auf die fliehende Gestalt von William ab, der polternd den Laufweg entlangrannte.

Bond folgte ihm, und als er mit Flicka dicht auf den Fersen den Metallsteg erreichte, erlosch der Lärm der Broadway-Show. Die Musik verstummte plötzlich und die Lichter gingen aus, als sie die unsichtbaren elektronischen Augen passierten, die die Ausstellung bedienten. Das einzige Geräusch waren Williams Schritte auf dem Metall, als er vor dem Kampf davonlief.

Sie folgten ihm, Flicka etwas hinter Bond, der einmal auf den fliehenden Mann schoss, als dieser gerade eine andere Ausstellung aktivierte – ein modernes Theaterstück, das auf einer Guckkastenbühne aufgeführt wurde. Der Dialog und die Handlung begannen und endeten wieder, als William die andere Seite der Ausstellung erreichte.

Die Szene wurde wieder lebendig, als Flicka und Bond daran vorbeiliefen. Dann sahen sie, wie der stämmige, kleine William in das nächste Exponat rannte, als würde er versuchen, in den Bereich hinter den Ausstellungen zu gelangen.

Wieder ertönte Lärm, ein gewaltiger, überwältigender Musikeinsatz, den Bond sofort als Wagners *Siegfried* erkannte. William versuchte, die Bühne zu überqueren, die ein Modell des berühmten Opernhauses in Originalgröße war – Richard Wagners großes Traumtheater in Bayreuth, das eigens für die Aufführung der gigantischen Opern des Komponisten gebaut worden war.

Bond blieb stehen, die Beine gespreizt, den Colt als Verlängerung seines Arms ausgestreckt, und visierte die Gestalt von William an, der auf den Siegfried-Automaten zustürmte, der sich sein Mikrochip-Herz aus dem Leib sang und das legendäre Zauberschwert hob, das ein so wichtiger Bestandteil des gewaltigen Nibelungenzyklus war.

Bond feuerte einmal und sah, wie William von den Füßen gerissen wurde, als ihn die Kugel traf. William taumelte in

Richtung des halb erhobenen Schwerts und stürzte dann, wild mit Armen und Beinen rudernd, über den Opern singenden Automaten. Unter seinem Körper sprühten Funken und eine kleine Rauchwolke hüllte Mensch und Roboter für einige Sekunden ein. Als der Rauch sich lichtete, lag William aufgespießt auf dem Schwert, während die Oper weiterspielte. Die Bänder liefen weiter, obwohl die Nachbildung von Wagners Bühne stillstand, mit dem makabren Knäuel aus Leiche und Elektronik in der Mitte, wo das sehr reale Schwert blutverschmiert aus Williams Rücken ragte.

Eine Fahrt ins Grüne

»Findest du nicht, dass wir auf Maeve warten sollten? Sie ein wenig in die Mangel nehmen?« Flicka stand im großen Saal. Sie hatten diesen Teil des Schlosses bei ihrer Ankunft gesehen, aber nur einen vagen Eindruck von dem reich verzierten, viktorianisch anmutenden Eingangsbereich erhascht. Jetzt fiel ihnen zum ersten Mal die lange Empore auf, die sich hoch oben befand.

»So haben wir also gehört, wie der Drachenkopf mit seiner Schwester geredet hat.« Bond deutete auf das mit einer Balustrade versehene U über ihnen.

»Ja, aber meinst du nicht, dass wir warten sollten?«

»Nein, zum einen möchte ich nicht unbedingt erklären müssen, was es mit den zwei Leichen auf sich hat. Außerdem sollten wir, wenn wir Dragonpol einholen wollen, nach Mailand fahren. Das ist doch seine erste Station, oder?«

»Laut den Notizen, ja. Aber, James, wie sollen wir ihn finden?«

»Vielleicht müssen wir uns Hilfe holen, Flick. Ich weiß nur, je länger wir hierbleiben, desto mehr Zeit lassen wir Dragonpol.«

Er ging zu der Stelle, an der sie ihr Gepäck abgestellt hatten, trug es in den Flur und dann hinaus zum BMW, den er sorgfältig inspizierte, bevor er Flicka in die Nähe des Autos ließ. Er hatte den vollständigen Bericht über den Tod von Archie und Angela Shaw in London gelesen und eins war sicher: Dragonpol kannte sich mit Sprengstoff aus, genauso wie er sich mit anderen Waffen und exotischeren Todesarten auskannte.

Das Auto war sauber, also fuhren sie einfach weg und ließen Schloss Drache mit seiner Festbeleuchtung zurück.

Sie fuhren, so schnell es das Gesetz erlaubte, in Richtung Bonn und hielten nur an, damit Flicka von einem öffentlichen Telefon einen internationalen Anruf in die Schweiz tätigen konnte.

»Es wird nicht lange dauern, mein Lieber, aber ich habe eine Idee, und die könnte den entscheidenden Unterschied machen, wenn wir in Italien ankommen«, sagte sie ihm, weigerte sich aber, mehr zu sagen.

Bond saß irritiert im Auto und wunderte sich im Stillen darüber, wie viel Zeit Frauen brauchten, um schnell zu telefonieren oder sich fürs Abendessen umzuziehen – aber in der Lage zu sein schienen, im Handumdrehen aus ihren Kleidern zu schlüpfen, wenn es die Situation erforderte.

Alles in allem verbrachte Flicka über eine halbe Stunde in der Telefonzelle.

»Versuchst du, wieder bei deinem Geheimdienst aufgenommen zu werden?«, fragte Bond, als sie wieder auf der Straße waren.

»Das ist leider unwahrscheinlich, mein Lieber. Ich habe unseren alten Kumpel Bodo angerufen.«

»Lempke? Der Schweizer Polizist mit dem Holzkopf?«

»Genau der. Er ist ein verdammt guter Polizist und er schuldet mir noch einen Gefallen.«

»Und er hat vor, sich zu revanchieren?«

»Das werden wir sehen, wenn wir in Bonn sind.«

Als sie den Flughafen erreichten und den BMW abgaben, tätigte sie einen weiteren Anruf, während Bond ihnen einen Flug nach Mailand buchte.

»Alles geregelt«, teilte Flicka ihm mit. »Wir haben eine Buchung im Palace.«

»Oh, konntest du uns nicht im Principe e Savoia unterbringen?« Das Palace in Mailand war das Schwesterhotel des Principe und galt vor allem als gutes, aber schnörkelloses Hotel für Geschäftsleute und Leute aus der Gegend, die für ein oder zwei Nächte in der Stadt waren. Das Palace dagegen war nicht dafür bekannt, ein Hotel der hohen Schule zu sein, sondern ein Erholungsort ohne Luxus und mit Zimmern, die eher zweckmäßig eingerichtet waren.

»Im Principe habe ich es gar nicht erst versucht«, schnauzte sie. »Wenn du kitschige, überdekorierte Fünfsternehotels willst, kannst du da auch selbst übernachten. Außerdem wird Bodo wissen, wo wir zu finden sind.«

»Er revanchiert sich für deinen Gefallen?«

»Mehr noch, er kommt uns besuchen. Mit Informationen, hoffe ich.«

Er drängte nicht auf eine Erklärung. Er hatte bereits gelernt, dass Fredericka von Grüsse die Dinge gern auf ihre

Weise regelte und ihm erst dann etwas erzählte, wenn sie dazu bereit war. Bond respektierte das, denn er wusste, dass es seine eigene Haltung in Geheimangelegenheiten widerspiegelte.

Sie trafen um kurz nach sechs Uhr abends in Mailand ein und um sieben waren sie im Palace angekommen, inmitten von Chrom und Möbeln, die zwar zweckmäßig waren, aber bei Weitem nicht dem Luxus entsprachen, den Bond bevorzugt hätte. Die Minibar war allerdings gut bestückt und es war Flicka, die vorschlug, den Champagner zu öffnen.

»Haben wir was zu feiern?«

»Unversehrt aus Schloss Drache entkommen zu sein reicht mir schon. Aber es könnte auch einfach ein letztes Hurra der Todgeweihten sein.«

»Was für eine charmante Idee. Warum sind wir dem Tode geweiht, Flick?«

»Da kommst du schon selbst drauf, James. Es ist wirklich ganz einfach. Wir sind beide im Fadenkreuz.«

»Aber sollten wir nicht anfangen, den Drachenkopf zu suchen?«

»Suchst du gern nach Nadeln im Heuhaufen?«

Er dachte eine Minute lang nach. Sie hatte natürlich recht. Ohne offizielle Hilfe wäre es unwahrscheinlich, dass sie Dragonpol aufspüren würden. Er hatte sogar vorgeschlagen, dass sie mit einer Behörde Kontakt aufnehmen sollten. Aber da war noch etwas anderes, das ihm im Hinterkopf herumschwirrte und das er nicht ganz zu fassen bekam. Etwas, das sie beim letzten Gespräch zwischen Dragonpol und seiner Schwester gehört hatten.

»Ich vermute, dass er durchaus auf der Suche nach uns sein könnte. Der Drachenkopf, meine ich.«

»Mit tödlichen Absichten? Würde uns das nicht zu Todgeweihten machen?«

»Möglicherweise, aber Bodo glaubt nicht, dass er momentan darauf aus ist, jemanden zu töten.« Sie hielt inne, schenkte ihm ihr schönstes Lächeln und fügte hinzu: »Mit Ausnahme der Störenfriede – so hat er hat er uns doch genannt, nicht wahr? Die Störenfriede?«

»Er hat auch gesagt, dass wir nicht verletzt werden sollen.« Wieder schwirrte ihm das belauschte Gespräch im Kopf herum, wobei irgendetwas Beutendes im Hintergrund lauerte.

»Zumindest, bis er wieder da gewesen wäre, nehme ich an. Wir müssen der Tatsache ins Auge sehen, James, dass unser Freund Dragonpol, ein hervorragender Schauspieler mit einem großartigen Auge fürs Detail, uns nicht wirklich leiden kann. Es ist also unwahrscheinlich, dass er jemanden umbringt, es sei denn, er erwischt *uns* zufällig.«

»Nein? Was ist mit der Liste? Mailand, KTK und so weiter.«

»Wenn Bodo recht hat, ist KTK nicht mal in Mailand. Denk an die Scala, James. Und dann überleg mal, wer KTK sein könnte.«

»Das habe ich bereits. In Mailand steht eines der bedeutendsten Opernhäuser der Welt – die Scala – und es gibt nur eine KTK, die mit der Oper verbunden ist. Die wundervolle Dame Kiri Te Kanawa …«

»Richtig, und die ist im Moment nicht mal in der Nähe von Mailand, obwohl sie es im Dezember sein wird. Hast du herausgefunden, wer JA in Athen ist?«

»Arafat?«

»Ding, ding, das sind hundert Punkte. Ja, Jassir Arafat, der alte Mann, der PLO-Führer mit den tausend Leben, so scheint es jedenfalls.«

»Und?«

»Und auch er ist nicht mal in der Nähe von Athen und wird es wahrscheinlich auch erst im Dezember sein, wenn er an einem gemeinsamen Treffen mit anderen arabischen Führern und Vertretern der britischen und amerikanischen Regierung teilnehmen will. Kiri Te Kanawa wird in der zweiten Dezemberwoche in Mailand sein, um drei Aufführungen von *Tosca* zu geben und am Abend des dreizehnten Dezembers einen Wohltätigkeitsauftritt im Mailänder Dom zu absolvieren. Arafat wird am vierzehnten Dezember in Athen eintreffen. All das ist noch lange hin, aber wenn Dragonpol seinem Muster treu bleibt, plant er, diese beiden direkt hintereinander zu erwischen. Und dann wäre da natürlich noch Paris.«

»Ich habe eine Idee, was Paris angeht, aber es lohnt sich nicht, darüber nachzudenken, und es ist unmöglich, dass Dragonpol irgendwie vorgewarnt worden sein könnte.«

»Dann behalt es für dich, bis wir mit Bodo gesprochen haben.«

Wie aufs Stichwort klingelte das Telefon und innerhalb von Sekunden führte Flicka ein angeregtes Gespräch mit dem Schweizer Ermittler.

Schließlich legte sie den Hörer auf und drehte sich zu ihm um. »Er wird bis morgen alle Informationen haben, die wir brauchen. Wir werden uns mit ihm zum Mittagessen treffen.«

»Also?«

»Also sind wir im Urlaub, es sei denn, David Dragonpol stattet uns einen Besuch ab. Ich schlage vor, ich ziehe mir was Lockeres und Reizvolles an, während du den Zimmerservice rufst.«

Wie Fräulein von Grüsse am nächsten Morgen sagte, war es eine Nacht, für die sie beide eine Goldmedaille verdient hätten. »Wie die Weltmeister«, stimmte Bond mit einem verschmitzten Lächeln zu.

Sie saßen in einem kleinen Restaurant in der berühmten Galleria von Mailand – die möglicherweise das erste Einkaufszentrum der Welt war, wie Flicka sagte –, aßen stilvoll zu Mittag und blickten den Mädchen nach, die vorbeikamen. Bond hatte gesagt, dass seiner Meinung nach die elegantesten Frauen der Welt in Mailand zu finden seien, und Flicka meinte schon nach wenigen Minuten, sie fühle sich geradezu bieder. Lempke erschien pünktlich um zwölf Uhr mittags.

»Haben Sie alles?«, fragte Flicka.

»Funnies.« Bodo machte sein Clownsgesicht, dann linste er verstohlen von einer Seite zur anderen. »Funnies, Sie beide. Ich weiß nicht, warum ich meine ganze Karriere für Sie auf den Spieß setze.«

»Ich glaube, Sie meinen, aufs Spiel setzen, Bodo, aber ich weiß, dass Sie es für mich tun, weil Sie mich so wahnsinnig gernhaben.« Flicka nahm einen großen Schluck von ihrem Wein und sah den dicken Polizisten mit klimpernden Wimpern an.

Bodo griff ebenfalls nach seinem Glas Rotwein. »Das soll wohl meinen kleinen rosa Zellen auf die Sprünge helfen, was?«

Er weigerte sich, irgendetwas von Bedeutung zu sagen, bis er gegessen hatte. »Wenn ich schon die Arbeit schwänze, sollte dabei wenigstens ein gutes Essen rausspringen«, verkündete er.

Bodo brauchte gut neunzig Minuten, um Antipasti, Minestrone, Spaghetti alla Milanese und ein riesiges Stück unanständig reichhaltigen Schokoladenkuchen zu vertilgen. Mit einem großen Schlag Sahne. Als der Kaffee serviert wurde, wischte er sich den Mund mit einer Serviette ab und lehnte sich zurück.

»Ich glaube, ich habe Ihnen bereits alles gesagt, aber Ihr Freund mit dem seltsamen Namen, dieser David Dragonpol, hat nicht vor, hier in Mailand oder in Athen jemanden umzubringen. Allerdings würde es mich nicht überraschen, wenn er versuchen würde, Sie beide über den Jordan zu schicken.«

»Kontakte«, drängte Flicka. »Ich hatte Sie gebeten, für uns ein paar diskrete Kontakte hier in Mailand zu knüpfen.«

»Sicher. Das habe ich getan. Genau wie Sie es wollten. Aber wie gesagt, ich habe nicht vor, meine Rente für ein paar aufgeblasene Geheimdienstler zu riskieren.«

»Also, wer ist es?«

»Wer ist wer?«

»Der Kontakt, den Sie arrangiert haben?«

»Ah, ich muss Sie zu ihm bringen. Wie in einem Mantel-und-Degen-Stück.« Er legte einen pummeligen Finger an die Seite seiner Nase. »Sie beide sollten über Mäntel und Degen ja Bescheid wissen.«

»Eine Frage.« Bond hatte zu Recht das Gefühl, dass er irgendwo übergangen worden war. »Nur eine kleine Frage, um mich ins Bild zu setzen.«

»Sicher.« Bodo machte wieder eins seiner Clownsgesichter.

»Sie haben also ein wenig herumgeschnüffelt und einiges für uns arrangiert. Woher wissen wir, dass Dragonpol noch hier in Mailand ist?«

»Vertrauen Sie uns, James.« Flicka legte ihm eine Hand auf den Arm. »Wenn Bodo hier ist, dann ist Dragonpol mit ziemlicher Sicherheit noch in der Stadt. Jemand muss den Kontakt mit den Behörden herstellen, und genau das habe ich getan, durch Bodo. Wir können das nicht allein schaffen.« Sie wandte sich an Lempke, der mit einem Gesicht, das einen Herzinfarkt suggerierte, auf die Rechnung blickte.

»Sie haben das Mittagessen für das ganze Restaurant bezahlt.« Er reichte die Rechnung an Bond weiter, der mit einer Kreditkarte bezahlte.

»Okay«, wirkte Bodo sehr erleichtert. »Okay, ich bringe Sie jetzt zu meinem Kontakt. Kommen Sie.«

Keiner von ihnen bemerkte den adretten Engländer, der in einen marineblauen Blazer und eine Stoffhose gekleidet war und mit einer Hand seine graue Mähne glättete, während er mit der anderen einen schweren Spazierstock mit einem Entenkopfgriff aus Messing umklammerte. Der Engländer hatte nur ein paar Tische entfernt von ihnen gesessen. Als sie jetzt das Restaurant verließen, bezahlte er ebenfalls seine Rechnung und folgte ihnen in einigem Abstand, als sie auf die Straße hinausgingen.

Der Verkehr stockte auf die für Mailand typische Weise, die Luft war schwer vom Geruch von Diesel und Benzin. Bodo schnupperte. »Das Ende des Sommers«, sagte er. »Bald werden Sie keinen Flug mehr bekommen, weder rein noch raus. In Mailand ist das immer so. Sobald der Herbst kommt, ist der

Ort völlig vernebelt. Bald kommt der Smog wieder.« Er hob eine Hand und ein schnittiger Ferrari schien sich aus dem Stau zu materialisieren, fuhr auf sie zu und hielt am Bordstein an.

»Wir müssen schnell sein, sonst bekommen wir noch einen Strafzettel.« Bodo scheuchte sie ins Auto und der Fahrer, ein kurz geratener junger Mann mit den Augen eines Taschendiebs, lächelte und nickte. »Wir machen nur eine kleine Spritztour, wie es in den alten Gangsterfilmen heißt. Eine Fahrt ins Grüne.«

Auf dem Bürgersteig vor der Galleria sah der offensichtliche Engländer mit seinem dunkelblauen Blazer und dem Stock mit dem Entenkopfgriff zu, wie sie davonfuhren. Er bemerkte andere Autos, die sich hinter ihnen in den Verkehr einfädelten, und runzelte die Stirn. Jetzt würde er ihnen auf keinen Fall folgen können. Er machte eine kleine, bockige Geste mit dem Kopf und drehte sich dann um, um ein Telefon zu finden. Die lästige Schweizerin und ihr englischer Freund würden irgendwann in ihr Hotel zurückkehren müssen, doch bis dahin hatte er reichlich Zeit. Alle würden warten, aber eine Person musste wissen, was vor sich ging, wenn die ganze Sache mit minimalem Aufwand über die Bühne gehen sollte. Jemand musste geködert werden, und er kannte genau die richtige Frau für diese Aufgabe.

»Ein paar Autos sind uns auf den Fersen«, sagte Bond, als sie losfuhren. »Ein schwarzer Fiat und ein dunkelgrüner Lamborghini. Möglicherweise auch ein Taxi.«

»Gut.« Bodo drehte sich zu ihm um und lächelte. »Wir wollen doch schließlich nicht, dass uns unbefugte Fahrzeuge auf den Fersen sind, oder?«

Innerhalb weniger Minuten verließen sie Mailand und fuhren in Richtung Comer See und Cernobbio.

»Wir fahren nicht zufällig zur Villa d'Este?«, fragte Bond.

»Kennen Sie Mailand gut?« Bodo schenkte ihm ein weiteres Lächeln.

»Ich kenne die Villa d'Este. Für ein geheimes Treffen mit Ihrem Kontaktmann ist das ziemlich prominent. Außerdem muss Ihr Mann ein sehr gut vernetzter italienischer Polizist sein, wenn wir ihn dort treffen.«

»Wer sagt, dass er ein Polizist ist? Sie wären überrascht, wer heutzutage alles in der Villa d'Este absteigt.« Damit machte es sich Bodo bequem und schien einzuschlafen.

Die Villa d'Este war wohl eins der berühmtesten Hotels Italiens. Fast fünf Jahrhunderte lang war sie ein privates Anwesen am Ufer des Comer Sees, etwa fünfzig Kilometer von Mailand entfernt, gewesen. Seit mehr als hundert Jahren war das Hotel eine Sommeroase für die Reichen und Adligen: ein erfrischendes Juwel inmitten einer Parklandschaft, mit Tennisplätzen, einem Swimmingpool, Pferden, einem Golfplatz mit achtzehn Löchern und einer fantastischen lombardischen Küche. Der berühmte Park und die Terrasse waren der Treffpunkt für gestürzte und regierende Monarchen, Politiker und Persönlichkeiten, deren Name zur Legende geworden war, während der Service an die Pracht eines vergessenen Zeitalters heranreichte.

Sie wurden erwartet. Bond entdeckte zwei Sicherheitsleute, die im Park Wache hielten, und einen kleinen schwarzen Lieferwagen, der strategisch günstig in der Nähe des Haupteingangs platziert war. Fünfzehn Kilometer vor dem Hotel hatten sich ein paar unauffällige Motorradfahrer vor ihrem Wagen eingereiht, während die anderen Fahrzeuge, die er gesehen hatte, als sie Mailand verlassen hatten, nun im Konvoi fuhren. Sie hielten vor dem Haupteingang des Hotels, als würden sie eine Präsidentenparty besuchen, und ein Polizist in Zivil öffnete die Tür.

»Geradeaus durch zu den Aufzügen. Suite einhundertzwanzig im ersten Stock.« Er sprach in fast akzentfreiem Englisch und begleitete sie durch das große Foyer bis zur Suite einhundertzwanzig, wo er leise an die Tür klopfte und ihnen bedeutete einzutreten.

»James, wie schön, Sie zu sehen. Und das muss das reizende Fräulein von Grüsse sein.« M saß hinter einem zierlichen Louis-XV-Schreibtisch, an dem er etwas deplatziert wirkte. Bill Tanner stand an einem der Fenster und ein kleiner, in Armani und Gucci gekleideter Italiener hielt sich im Hintergrund. Bond stellte Flicka schnell seinem Chef vor und M nahm ihre Hand, die er wesentlich länger als nötig hielt.

In der Villa d'Este

»Setzen Sie sich doch.« M deutete zu den Stühlen und sie stellten fest, dass Bodo Lempke unterwegs irgendwie verschwunden war.

»Ich habe ja gesagt, dass ich Sie kontaktieren werde, James.« Er war verdächtig gut gelaunt und Bond musste sich seine Überraschung anmerken lassen haben. »Übrigens, Ihr netter Schweizer Polizist ist in den Dienst zurückgekehrt. Guter Mann, Lempke. Sobald er in der Lage war, die Fragen von Fräulein von Grüsse zu beantworten, hat er das Richtige getan und sich sofort an uns gewandt. Er hat uns über alle Details aufgeklärt, die wir nicht kannten, und den geheimen Ausflug hierher arrangiert, damit wir uns ungestört unterhalten können.« Er lächelte, als wäre das alles ein Spiel. »Sie haben doch wohl nicht geglaubt, dass wir Sie in diesem seltsamen deutschen Schloss in Schwierigkeiten geraten lassen würden, oder?«

»Mir war keine Überwachung aufgefallen, Sir.«

»Gut. Wenn ich mich recht erinnere, haben Sie auch im Brown's niemanden bemerkt, was bedeutet, dass meine Leute viel besser sind als die Watcher-Abteilung des MI5. Seien Sie jedoch versichert, dass wir Sie den ganzen Weg über im Auge hatten. Und jetzt kommen wir zum wirklich gefährlichen Teil, James, wenn man bedenkt, dass wir jetzt wissen, womit wir es zu tun haben.«

»Tun wir das?«

»Sagen Sie es ihnen, Stabschef.« M nickte leicht mit dem Kopf in Richtung Bill Tanner.

»Unser Freund Dragonpol muss in die Schranken gewiesen werden.« Tanner sprach mit leiser Stimme, als wäre er im Begriff, sie in ein schreckliches und höchst vertrauliches Geheimnis einzuweihen. »Leider haben wir keine handfesten Beweise. Nichts, womit wir ihn festnageln können. Wir haben es hier mit einem Mann zu tun, der eine tödliche Störung hat, nur können wir das nicht beweisen, was bedeutet, dass wir ihn auf frischer Tat ertappen müssen.«

»Welche Art von Störung?«, fragte Bond.

»In mancher Hinsicht ist der Mann fast mit Sicherheit ein Serienmörder, aber einer mit einer besonders fiesen Marotte.« Er holte tief Luft. »Wir haben alles durch die Archive, unsere Computer und die der Amerikaner in Quantico, die sich mit Serienmörderprofilen beschäftigen, laufen lassen. Worauf wir schließlich gestoßen sind, ist eine tickende Zeitbombe.« Er hielt wieder inne, als warte er auf ein Signal. M nickte.

»Dragonpol hat Ende 89 seinen Ruhestand angekündigt und 90 hat er dann Ernst gemacht.« Tanner sprach, als hätte er eine Lektion auswendig gelernt. »Wir sind auf folgende Fälle gestoßen: Im Februar 90 wurde innerhalb von drei Tagen ein bekannter Terrorist in Madrid auf offener Straße erschossen, ein skandinavischer Politiker kam bei einer Bombenexplosion in Helsinki ums Leben und ein älterer, verehrter Musiker wurde getötet, als die Bremsen seines Autos einige Kilometer außerhalb von Lissabon versagten. Später wurde eindeutig bewiesen, dass die Bremsen mit Absicht beschädigt worden waren. Die portugiesische Polizei ermittelt in diesem Fall immer noch wegen Mordes, bei den anderen beiden Fällen handelt es sich um mutmaßliche Terroranschläge, aber keine Organisation hat sich dazu bekannt.«

»Und …?«, setzte Bond an, doch M hob eine Hand.

»Lassen Sie ihn ausreden!«, befahl M scharf.

»November 90«, fuhr Tanner fort. »Innerhalb von zwei Tagen gab es Terroranschläge in Berlin und Brüssel. Zwei bekannte Mitglieder der Abu-Nidal-Organisation wurden durch irgendeine Art von schallgedämpfter Waffe getötet, als sie in der Lounge des Steigenberger Hotels saßen. Niemand hat es gesehen, niemand hat es gehört, niemand hat sich dazu bekannt. Am nächsten Morgen starb ein ranghoher amerikanischer Offizier, als eine Bombe sein Auto im Berufsverkehr in Brüssel zerfetzt hat. Auch dazu hat sich niemand bekannt.«

»Aber haben wir …?«

»Bitte, James, da ist noch mehr.«

Bond zuckte mit den Schultern und wartete resigniert die Aufzählung der Toten und ihrer Tode ab.

»April 91.« Tanner konsultierte ein Klemmbrett. »London, New York und Dublin. Diesmal alles innerhalb von drei Tagen. Ein enger Freund des britischen Königshauses wurde von einem Mercedes Benz überfahren, der nie identifiziert wurde. Das Ganze passierte um zehn Uhr morgens auf dem

Strand. Das Auto wurde drei Kilometer entfernt gefunden. Es besteht kein Zweifel, dass es sich nicht um eine normale Fahrerflucht handelte. Der Mann wurde ermordet. Wieder hat niemand die Verantwortung übernommen. Am folgenden Nachmittag wurde vor dem Waldorf Astoria in New York ein amerikanischer Diplomat – Sie werden es nicht glauben – mit einem Pfeil aus einem Hochleistungsjagdbogen erschossen. Auf dem Bürgersteig und vor den Augen von mindestens dreißig Menschen. Keine Spuren und keine Bekenner. Am nächsten Nachmittag betrat eine Frau eine Bar in der Nähe des Stephen's Green in Dublin, zog eine Pistole aus ihrer Handtasche und erschoss einen irischen Politiker. Alle dachten, es seien die Provos gewesen, denn der Mann hatte sich offen gegen die Provisonal IRA positioniert. Aber die bestritten, etwas damit zu tun zu haben. Es war auch kein außerehelicher Skandal.

Dezember 91. Ein Doppelschlag: Paris und Monaco. Ein Diplomat in seinem Pariser Büro und ein international bekannter Anwalt, der nach dem Mittagessen sein Hotel in Monaco verließ. Beiden wurde aus nächster Nähe in den Kopf geschossen. Keine Zeugen. Keine Bekenner.

Abschließend haben wir die kleine Serie von Tragödien in diesem Jahr. Der General in Rom, Archie Shaw in London, Pawel Gruskotschew in Paris und der CIA-Mann in Washington. Gefolgt natürlich vom tragischen Tod von Laura March in der Schweiz …«

Bond konnte sich nicht länger zurückhalten. »Das ist ja alles schön und gut, aber können wir einen Zusammenhang herstellen zwischen den Fällen und …«

»Und David Dragonpol, James? Ja. Oder besser gesagt, wir wissen, dass er zu den fraglichen Zeiten weder in Schloss Drache noch in dem Haus in Irland oder in Cornwall war. Der Rest ist unklar. Wir haben schriftliche Beweise, dass er entweder an den Tagen der Morde oder innerhalb weniger Stunden nach den Morden in den betreffenden Ländern war. Der Mann hat zwei Pässe benutzt – ganz offensichtlich seinen eigenen, der auf den Namen David Dragonpol ausgestellt ist, und den, den er bei seinen kleinen Wochenendausflügen mit der verstorbenen Ms March benutzt hat, unter dem Namen ihres Bruders David March. Es ist, als wollte er, dass wir wissen, dass er zu den Zeiten der Morde in der Nähe war.«

Bond nickte. »Als ich ihn befragt habe, hat er zugegeben, in Rom, London, Paris und Washington gewesen zu sein, aber nicht zum Zeitpunkt der Morde. Er hat auch gesagt, dass er gerade im Flugzeug von Washington nach Zürich war, als Laura March getötet wurde. Wissen wir mehr darüber und über den mutmaßlichen Anschlag auf Ms Chantry im Brown's?«

»Das tun wir tatsächlich.« Bill Tanner schien aufzuleben. »Die Messerattacke im Brown's hatte damit nichts zu tun. Die Polizei hat den Mann und er hat gestanden. Es war kein Mord aufgrund einer Verwechslung, sondern eine ziemlich unschöne Liebesaffäre, die völlig aus dem Ruder gelaufen ist. Wir haben auch sehr ausführlich mit Ms Chantry gesprochen. Offenbar hat sie rückblickend den Eindruck, dass Laura March die Verlobung mit Dragonpol gelöst hat. Sie war natürlich aufgebracht, aber das würde ihm ein Motiv geben.«

»Das passt nicht zu dem, was Dragonpol mir erzählt hat.«

»Würde er denn wollen, dass Sie die Wahrheit erfahren?«

»Vielleicht nicht. Steht Carmel Chantry noch unter Schutz?«

»Sie wurde entlassen. MI5 hat sich aller Leute entledigt, die eng mit Grant zusammengearbeitet haben. Der Mann war wirklich nicht mehr tragbar, also war es Zeit für ein Großreinemachen. Chantry hat einen goldenen Handschlag bekommen und wurde vor die Tür gesetzt. Immerhin ist sie jetzt nicht mehr in Gefahr.«

Bond runzelte die Stirn. »Ich habe immer noch Bedenken bezüglich des Mordes an March. Das passt wirklich nicht zusammen. Ich denke, wir sollten die Aktivitäten von Dragonpol irgendwie überprüfen. Die Reiseaufzeichnungen durchgehen …«

M rührte sich. »Wir sind zu dem Schluss gekommen, James, dass er einen Komplizen hat – beabsichtigt oder nicht –, dem er in kurzem Abstand folgt, in der Regel innerhalb weniger Stunden. Das ist das Einzige, was Sinn ergibt.«

»Warum?« Bond trommelte mit einer Hand auf seinem Knie.

»Warum ein Komplize oder warum richtet er Menschen hin?« M nickte wieder in Richtung Bill Tanner.

»Es scheint, dass er schon immer ein wenig obsessiv war.« Tanner blätterte durch die Papiere auf seinem Klemmbrett. »Im Laufe seiner Karriere war er so akribisch, dass er sich gern in seinen Rollen verloren hat. Das ist in der Tat eine Eigenart, eine Macke. Manchmal unterliefen ihm Fehler – meistens ziemlich dumme historische Fehler. Wenn diese Fehler bemerkt wurden, bekam er Tobsuchtsanfälle und gab allen außer sich selbst die Schuld. Warum tötet er auf diese Weise? Die

Psychiater sind sich einig, dass es Teil seiner Detailversessenheit ist, zusammen mit seinem Bedürfnis, sich durch zerstörerische Akte auszudrücken. Die Profiler in Quantico sind der Meinung, dass die Planung der Morde der befriedigendste Teil für ihn ist. Die eigentlichen Morde sind wie der Applaus nach einer Aufführung. Sie bezweifeln, dass ihm bewusst ist, welche Tragweite seine Morde haben.«

Bond fragte, ob das Sinn ergebe.

»Das behaupten sie zumindest.« Tanner begann, schriftliche Berichte von Psychiatern und ein langes Schreiben des Leiters der Abteilung für psychologische Profile zu zitieren. »Wir haben absolut keinen Zweifel, dass er ein gefährlicher Verrückter ist. Er ist auch ein sehr kluger Verrückter und ich glaube nicht, dass wir ihn mit dem, was wir haben, aus dem Verkehr ziehen können.«

»Aber woher zum Teufel hat er seine Informationen? Ich meine, nehmen Sie nur den Tod von Generale Carrousso. Mit Ausnahme derjenigen, die dem Heiligen Vater am nächsten stehen, hatte niemand die geringste Ahnung, dass Carrousso zu diesem Zeitpunkt im Vatikan sein würde. Und der Russe – was ist mit dem Russen? Seine Pressekonferenz wurde, nur Stunden bevor sie stattfand, angesetzt.«

»In der Tat.« M rührte sich wieder. »Sie sollten wissen, dass Dragonpol Anfang dieses Jahres, im Frühjahr, Rom, London, Paris und Washington besucht hat. Es ist, als habe er eine Art Durchlaufprobe gemacht – so wie er es jetzt vermutlich in Mailand und Athen tut. Was die Frage angeht, woher er seine Informationen hat: Ich denke, Sie müssen verstehen, dass David Dragonpol auf dem Höhepunkt seiner Karriere als

Schauspieler sehr viele Freundschaften mit mächtigen Leuten geschlossen hat. Die deutsche Polizei hat bereits damit angefangen, die Telefondaten der eingehenden und ausgehenden Anrufe von Schloss Drache durchzugehen. Er hat Anrufe von den unmöglichsten Orten bekommen. Und solche Anrufe auch getätigt.«

»Und woher wissen wir, dass er jetzt gerade hier in Mailand ist?« Bonds Gedanken wanderten weit weg, zu dem Gespräch über die Telefone, das Flicka auf Schloss Drache mitgehört hatte.

»Seien Sie versichert, dass er hier ist, Signor Bond.« Der makellos gekleidete Italiener ergriff zum ersten Mal das Wort.

»Oh, James«, M erhob sich sogar halb von seinem Sitz, »ich möchte Ihnen Gianne-Franco Orsini vorstellen. Gianne-Franco ist, in Ermangelung einer anderen Bezeichnung, quasi mein italienisches Pendant und hat sich bereits als äußerst kooperativ erwiesen. Wir haben ihm viel zu verdanken, und wenn wir fertig sind, verdanken Sie ihm vielleicht sogar Ihr Leben.«

Gianne-Franco Orsini verbeugte sich höflich. »Glauben Sie mir, Mr Bond – und Sie auch, mein liebes Fräulein von Grüsse –, dieser Mann, dieser Dragonpol, ist nur wenige Stunden vor Ihnen nach Mailand geflogen und ich habe Grund zur Annahme, dass er noch hier ist.«

»Er will den Laden schon mal ausbaldowern, um Kiri Te Kanawa im Dezember zu töten?«

M verzog das Gesicht. »James, vermeiden Sie es doch bitte, Verbrecherslang zu verwenden. Das kann Leute furchtbar beleidigen. Aber ja, es scheint, dass er sich an eine Person gewandt hat, um eine private Führung durch die Scala zu bekommen. Wir beziehungsweise Gianne-Franco hat zufällig Einfluss auf diese bestimmte Person. Die Führung ist also für ein paar Tage auf Eis gelegt, obwohl er problemlos die normalen täglichen Führungen mitmachen könnte. Wir vermuten, dass er sich die Sehenswürdigkeiten ansieht. Wir glauben auch, dass er, sollte er Sie oder Fräulein von Grüsse sehen, seine Pläne ändern und Sie beseitigen wird – entweder hier oder in Athen.«

»Sie glauben also, dass er definitiv nach Athen reisen wird?«

»Wenn sein Zeitplan im Dezember aufgehen soll, muss er nach Athen reisen, aber das kann sich natürlich alles inzwischen geändert haben.«

»Wegen Paris?«

»Vielleicht. Wir hoffen nicht, aber vielleicht. Nein, er kann wirklich nirgendwo anders hin.«

»Nicht mal zurück nach Schloss Drache?«

»Ganz sicher nicht zurück nach Schloss Drache. Die deutsche Polizei ist vor Ort und seine Schwester, die Rosenzüchterin Maeve Horton, wird verhört …«

»Hat sie geredet?«

Es war Tanner, der antwortete: »Leider schweigt sie sich aus. Wie ich höre, macht sie einen Aufstand und verlangt nach einem Anwalt. Sie weigert sich, auch nur ein Wort über ihren Bruder zu sagen. Übrigens gibt es da noch eine merkwürdige Geschichte über Charles und William, die Sie vielleicht nicht kennen.«

»Ich weiß, dass sie ausgebildete Leibwächter waren.«

»Ja, das waren sie, aber sie waren auch gelernte Krankenpfleger. Sie haben in einigen der besten psychiatrischen Anstalten der Welt gearbeitet.«

Niemand sprach. Stille breitete sich im Zimmer aus. Bond warf Flicka einen Blick zu und sie zog die Augenbrauen hoch. Schließlich öffnete er den Mund.

»Im Grunde wollen Sie damit sagen, dass wir einen Trick anwenden sollen, den ich schon einige Male anwenden musste?«

»Und welcher Trick soll das sein, James?«, fragte M kühl.

»Der, bei dem ich rausgehe und die angebundene Ziege spiele. Eine Zielscheibe für den verrückten Drachenkopf.«

M nickte wie ein Buddha. »Das war die Grundidee. Sie werden selbstverständlich nicht in Gefahr sein …«

»Selbstverständlich.«

»Die Damen und Herren unter Gianne-Francos Kommando werden immer in der Nähe sein.« Er lächelte sein schlaues Lächeln. »Es besteht überhaupt keine Gefahr.«

»Mit Verlaub, Sir: Wer's glaubt, wird selig.«

M schnaubte. »Idealerweise«, fuhr er fort, als hätte Bond nie etwas gesagt, »idealerweise wäre es schön, wenn Sie und Fräulein von Grüsse sich hier in Mailand die Sehenswürdigkeiten ansehen würden und dann, wenn Gianne-Franco Ihnen das Zeichen dazu gibt, auch in Athen. Aber das kann ich Ihnen nicht befehlen. Ich kann Sie bitten, James, aber Fräulein von Grüsse kann ich nicht mal *bitten*, denn sie ist eine völlig freie Agentin.«

»Nochmals mit Verlaub, Sir, so etwas wie eine freie Agentin gibt es nicht.«

»Oh, im Fall von Fräulein von Grüsse schon, aber das weiß sie wahrscheinlich noch gar nicht.« Er wandte sich mit dem Blick eines Heiligen an Flicka: »Hat sich Ihr früherer Arbeitgeber schon bei Ihnen gemeldet, Fräulein?«

»Nein, Sir.«

»Das wird er. Seit gestern arbeiten Sie nicht mehr für ihn. Sie wurden wegen Verstoßes gegen die gute Ordnung und Disziplin und so weiter entlassen.«

Flicka stieß ein kleines »Oh« aus und blickte drein, als würde sie gleich in Tränen ausbrechen.

»Aber ich kann Ihnen einen Job anbieten.«

»Einen Job? In Ihrem Geheimdienst?«

»Natürlich. Mein Stabschef hat die notwendigen Formulare mitgebracht, nur für den Fall, dass Sie sich vorstellen können, an Bord zu kommen.«

»Und wenn ich das Angebot annehme, bleibe ich dann weiter auf dieser Mission mit Captain Bond?«

»Offiziell ist Captain Bond beurlaubt, bis das Ergebnis der Untersuchung vorliegt, aber – wie er sehr wohl weiß – ist das ein Bluff.«

Jetzt war es an Bond, zu schnauben.

»Nun, meine Liebe, was sagen Sie dazu? Sie und Captain Bond scheinen ein gutes Team zu sein. Wenn diese Sache vorbei ist, haben wir Pläne für eine Umstrukturierung. Sie könnten eine große Bereicherung für uns sein.«

»Ich würde immer noch mit Jam… mit Captain Bond arbeiten?«

»Genau das ist der Vater des Gedankens.«

»Dann nehme ich das Angebot an, Sir.«

»Gut. Dann gehen Sie beide doch mal auf Sightseeing, ja?«

»Geben Sie uns den Reiseführer, Sir.« Bond wusste, dass es keinen Sinn hatte, zu diskutieren. »Aber was passiert, wenn wir ihn nach seinem Aufenthalt in Athen noch nicht haben?«

»Daran dürfen Sie nicht mal denken, James.« M war todernst geworden. Seine gute Laune hatte er abgelegt wie eine Schlange, die sich gehäutet hatte. »Wenn Sie nach Paris reisen müssen, dann sind wir alle in Schwierigkeiten. Das Ziel dort ist eindeutig und weigert sich, seine Pläne zu ändern. Wir haben vier Tage Zeit, bevor Mr Dragonpol bei diesem Ausflug möglicherweise sein Ziel tötet.«

»Meinen Sie nicht, seine drei Ziele?«, fragte Bill Tanner.

»Eins oder drei, das ist doch egal. Wenn es so weit käme, stünden wir vor einer schrecklichen Entscheidung, und das Ziel in Paris lässt einfach nicht mit sich reden.«

»Dann werden Fli… Fräulein von Grüsse und ich ihn entweder hier oder in Athen aus der Reserve locken müssen, Sir.«

»Sonst rollt Ihr Kopf, 007.«

M war mal wieder so liebenswürdig und gütig wie eh und je, dachte Bond.

Die Hüterin meines Bruders

Bevor sie gingen, holte Bill Tanner eine teuer aussehende Aktentasche hervor. »Mit den besten Empfehlungen des Waffenmeisters, James. Er sagt, es sei nichts Neues oder Besonderes. Aber er hat versichert, Sie wüssten, was damit zu tun ist.« Bond nickte und behandelte die Tasche, als enthielte sie Goldbarren.

M gab ihnen mit sehr ernster Miene die letzten Anweisungen. »Wir bleiben hier, bis alles erledigt ist, aber Sie dürfen nicht versuchen, mit irgendjemandem Kontakt aufzunehmen, es sei denn natürlich, es gibt einen weiteren Todesfall. Dieser Mann ist sehr gefährlich, und wenn der MI5 nicht beteiligt wäre, hätten wir das alles der Polizei überlassen. Geben Sie ihm drei Tage«, sagte er. »Drei, und nur drei. Ich empfehle Ihnen sogar, einen Flug nach Athen zu buchen, und zwar so unverhohlen wie möglich. Gehen Sie Ihren Geschäften nach, lungern Sie herum, benehmen Sie sich wie Touristen, aber halten Sie nicht nach unseren eigenen Leuten oder den Damen und Herren von Gianne-Franco Ausschau. Sie werden da sein.

Versuchen Sie einfach, sie nicht zu bemerken. Sie müssen sich auf Dragonpol konzentrieren, der wahrscheinlich einen auf Lon Chaney macht.«

»Was ist Lon Chaney?«, fragte Flicka und Bond erklärte, dass er ein berühmter Filmschauspieler aus den Zwanziger- und Dreißigerjahren war. »Der Mann mit den tausend Gesichtern.«

»Warum sagen Sie dann nicht einfach, dass Dragonpol wahrscheinlich verkleidet ist?«

»Sie denken sehr wörtlich, Fräulein von Grüsse«, lächelte M. »Das gefällt mir. Also gut, Dragonpol ist wahrscheinlich verkleidet und er ist der Einzige, nach dem Sie Ausschau halten müssen. Wenn Sie ihn sehen, ist es Ihre Aufgabe, ihn an einen Ort Ihrer Wahl zu führen. Irgendein öffentlicher Ort, an dem Gianne-Francos Leute ihn festnehmen können. Ich will ihn lebend, James, verstanden?«

Er verstand sehr gut. Er verstand auch, dass Dragonpol wahrscheinlich schwieriger zu entdecken sein würde als Gianne-Franco Orsinis Beschatter.

Bond saß neben Flicka auf der Rückbank eines Taxis, die ungeöffnete Aktentasche zwischen seinen Knien. Es war sehr spät.

»Ich fühle mich nackt.« Sie lehnte sich zu ihm hinüber und flüsterte halb. Das Taxi war ein gewöhnliches Auto und hatte keine Trennwand, sodass der Fahrer bereits versucht hatte, ein wenig mit ihnen zu plaudern, erst auf Italienisch, später in gebrochenem Englisch. Sie hatten so getan, als würden sie beides nicht sprechen.

Der italienische Fahrer mit den Augen eines Taschendiebs hatte sie am See entlanggefahren und sie in Como abgesetzt, wo sie für ein paar Stunden die Gefahren vergaßen, die in der Schattenwelt lauerten, in der sie sich nun befanden. »Ich hätte nie gedacht, dass ich mal als eine Art Meisterdetektiv enden würde«, sagte Bond mit der Andeutung eines Lächelns.

»Wie in den Noir-Filmen, was?«

»Wenn du es sagst.«

Sie schlenderten Hand in Hand wie junge Verliebte umher und kauften sogar die Art von Souvenirs, um die sie normalerweise einen riesigen Bogen machen würden: kleine Töpfe und Aschenbecher mit dem Aufdruck »Lago di Como« und eine Tuschezeichnung von Como.

Irgendwann verschwand Flicka und kam mit einer kleinen Schachtel zurück, in der sich ein Paar exquisite Manschettenknöpfe befanden: schmale Bänder, die wie gewebtes Gold aussahen, mit großen Spangen an den Enden. Bond öffnete sein Geschenk, als sie draußen vor einer kleinen Bar saßen. Sie nippte an einem Campari und er an seinem üblichen Wodka-Martini. Seine Freude über das Geschenk war wie bei einem kleinen Kind an Weihnachten. »Es kommt nicht oft vor, dass mir jemand ein Geschenk macht«, sagte er und wies sie an, genau da zu bleiben, wo sie war, während er die Straße entlangschlenderte. Er kam mit einem Goldring zurück, in den ein prächtiger Saphir in einer Krappenfassung eingelassen war, umgeben von einem Kranz aus Diamanten.

»Oh, James, du liebenswerter Mann.« Sie beugte sich vor und küsste ihn auf die Wange. »Bitte, steck ihn mir an den Finger.« Sie streckte ihre linke Hand aus und deutete auf den

Ringfinger. Einen Moment lang zögerte er, dann nahm er ihre rechte Hand und flüsterte: »Erst wenn das alles vorbei ist.« Zärtlich, fast erotisch, schob er ihn auf den Ringfinger ihrer rechten Hand. »Ich will das Schicksal nicht herausfordern. Frauen, mit denen ich eine ernsthafte Beziehung eingehe, neigen dazu, das zu ereilen, was schlechte Romanautoren ein vorzeitiges Ende nennen.« Er küsste sie sanft und sie gingen hinunter zum Seeufer, wo sie ein kleines Restaurant fanden.

Der Himmel war wie Samt gesprenkelt mit Sternen. Draußen auf dem See schienen tausend Lichter von den kleinen Fischerbooten zu leuchten, die die Gewässer des Comer Sees und des benachbarten Lago Maggiore befuhren.

Es war eine magische Nacht und während des Abendessens kommunizierten sie mehr mit den Augen als mit ihren Stimmen.

Dann war es plötzlich vorbei und sie feilschten mit einem Taxifahrer um den Preis für die Rückfahrt nach Mailand.

»Ich fühle mich immer noch nackt«, sagte sie.

»Das wirst du auch bald sein.«

»Nein, so habe ich das nicht gemeint. Ich habe das Gefühl, dass wir zurück in ein Kriegsgebiet fahren, und ich bin unbewaffnet.«

»Das können wir wahrscheinlich ändern.« Er deutete auf die Aktentasche, die er auf seinen Schoß hob, wobei er darauf achtete, dass ihr Fahrer sie nicht durch seinen Spiegel sehen konnte.

In dem Koffer befanden sich Dokumente, ein paar Akten und ein Tagebuch, aber das war nur Fassade. Er berührte die versteckten Druckpunkte und hob den doppelten Boden heraus. Zum Vorschein kamen zwei Waffen, Munition und zwei Holster: ein Schultergurt für ihn und ein Oberschenkelgurt für Flicka.

Die Waffen waren Browning-10-mm-Automatikpistolen. Beide waren geladen und der doppelte Boden des Koffers enthielt eine abgeschirmte Zwischenwand, sodass der Koffer sicher durch sämtliche Sicherheitskontrollen getragen werden konnte.

Sie hielten die Pistolen unterhalb der Sichtlinie des Fahrers, während Flicka eine davon in ihre Schultertasche und Bond seine hinter seiner rechten Hüfte in den Hosenbund steckte.

»Als würde man eine Kanone tragen«, flüsterte sie.

»Das sind keine Spielzeuge. Diese Dinger haben es in sich. Das FBI benutzt sie jetzt anstelle der alten 9 mm.«

Kurz nach Mitternacht hielten sie vor dem Palace an.

Als er den Fahrer bezahlte, entdeckte Bond mindestens zwei Mitglieder des italienischen Teams. Den eleganten Engländer, der noch immer in Stoffhose und marineblauem Blazer einen späten Spaziergang machte, bemerkte er nicht. Der Mann stützte sich dabei auf seinen Spazierstock, dessen Griff ein Entenkopf aus Messing war.

Am Empfang lächelte der diensthabende Rezeptionist sie an und sprach in seinem fast fehlerfreien Englisch. »Mr und Mrs Bond. Ich habe eine schöne Überraschung für Sie. Es ist Ihre Schwester, Mr Bond. Sie ist heute Abend angekommen. Natürlich habe ich ihr erlaubt, auf Ihrem Zimmer zu warten. Sie ist jetzt gerade da und sagte, Sie würden sich freuen, sie zu sehen.«

»Du hast eine Schwester?«, fragte Flicka, sobald sie im Aufzug waren.

Er schüttelte den Kopf. »Ich bin Einzelkind. Vielleicht ist es unser Freund Dragonpol in Frauenkleidern. Das hat er schon mal getan – bei dem Russen in Paris.«

An der Tür zu ihrem Zimmer bedeutete er ihr, sich flach an die Wand zu drücken und zu warten. Dann schob er die Tür auf und betrat das Zimmer in geduckter Haltung, die Pistole an seiner Seite.

»Es tut mir leid, so reinzuplatzen.« Carmel Chantry saß in einem Sessel mit Blick auf die Tür. Sie trug einen weißen Seidenanzug und sah aus, als sei sie gerade den Seiten der *Vogue* entstiegen.

Die Vorstellungsrunde war peinlich steif, Flicka verfolgte jede Bewegung von Carmel genauestens und sprach nur, wenn es nötig war.

»Ihr Chef hat mich gebeten zu kommen«, begann Carmel. »Ich habe alles mit ihm besprochen und seine Leute in London …«

»Ja, das hat er mir gesagt.« Bond war ebenfalls misstrauisch und argwöhnisch angesichts ihres plötzlichen Auftauchens. »Er hat mich über alles informiert, was Sie gesagt haben.«

Carmel schüttelte den Kopf. »Ich muss es Ihnen von Angesicht zu Angesicht sagen, James. Sie müssen wissen, ich habe Ihren Leuten nicht alles gesagt. Heute Nachmittag hatte ich ein schlechtes Gewissen, also habe ich mich mit Ihrem Büro in Verbindung gesetzt. Sie haben mich zu Ihrem Chef durchgestellt und ich habe ihm das Wesentliche erzählt, das ich ausgelassen hatte. Er bat mich, Sie zu kontaktieren und Ihnen alles zu erzählen. Denn vielleicht kann ich Sie zu David führen. Zu Dragonpol.«

»Ist das so?« Flicka blieb kühl und distanziert. »Und wie wollen Sie das anstellen, Ms … äh … Chancy?«

»Chantry«, sagte Carmel mit einer Freundlichkeit, die Blumen zum Welken hätte bringen können.

Sie plünderten erneut die prall gefüllte Minibar, öffneten ein paar kleine Flaschen Wein und tranken, während Carmel Chantry ihre Geschichte erzählte.

»Als mich Ihr Geheimdienst nach der Sache im Brown's Hotel befragt hat, war ich ziemlich verängstigt«, begann sie. »Ich wusste viel mehr, als ich sogar Ihnen erzählt habe, also habe ich ein wenig davon ausgepackt.«

»Meinem Chef zufolge haben Sie gesagt, dass es Laura war, die die Verlobung gelöst hat.«

»Ja, das war ein Teil davon. Was ich ihm nicht gesagt habe, ist, dass ich eine recht enge Beziehung zu Laura und damit auch zu David hatte. Ich habe das Schloss mehrmals mit ihr besucht. Ich habe David und Maeve recht gut kennengelernt. Ja, es war Laura, die es beendet hat …«

»Sie waren an jenem Wochenende bei ihr?«

»Nein. Nein, ich bin nicht mitgekommen, obwohl sie mich darum gebeten hatte, zur moralischen Unterstützung. Der springende Punkt war, dass David ihr endlich erzählt hatte, dass es in seiner Familie Fälle von psychischer Labilität gegeben hatte. Er hat ihr sogar den wahren Grund genannt, warum er seine Schauspielkarriere beendet hatte. David Dragonpol hatte einen kompletten Nervenzusammenbruch. In dem Jahr, als er seinen Ruhestand angekündigt hat, hatte er zweimal einen Gedächtnisverlust, und hin und wieder verlor er komplett die Kontrolle über sein Temperament.«

»Und?«

»Und er hatte Angst. Er hatte schreckliche Angst davor, was passieren würde, aber er hatte gehofft, Laura würde ihm helfen. Er war der Meinung, dass sie ihm als seine Frau helfen könnte, zur Normalität zurückzufinden. Er brauchte dringend Fürsorge und wollte sich in Behandlung begeben.«

»Er war nicht in Behandlung?«

»Nein, nur eine Art Selbstbehandlung. Er hatte zwei Krankenpfleger …«

»Die haben wir getroffen«, murmelte Flicka.

»Zwei Krankenpfleger, die nie von seiner Seite gewichen sind oder zumindest nie weit weg waren. Außerdem hat er einen sicheren Raum in den großen Turm auf Schloss Drache einbauen lassen …«

»Den haben wir auch gesehen.«

»Wenn er anfing, hyperaktiv zu werden, oder es Anzeichen dafür gab, dass er in eine seiner, wie er sie nannte, ›verlorenen Phasen‹ verfallen würde, haben sie ihn in den sicheren Raum im Turm gebracht und dafür gesorgt, dass er versorgt und in Sicherheit war. Aber Laura konnte die Belastung nicht ertragen. Sie haben sich wirklich geliebt und wollten Kinder, aber als sie erfuhr, wie schlimm sein Zustand wirklich war, wusste sie, dass sie die Verlobung so schnell wie möglich lösen musste. Neunzig Prozent der Zeit ging es David gut, aber die anderen zehn Prozent waren wirklich beängstigend. Und gefährlich. Daran gibt es keinen Zweifel, er war *sehr* gefährlich.«

»Also ist das einzig Neue, was Sie uns hier erzählen, dass Sie ihn gut kennen und dass es Laura war, die die Verlobung gelöst hat? Sie haben niemandem sonst von Ihrer Beteiligung erzählt?«

Sie nickte leicht. »Ich kannte ihn sehr gut. Zu gut, um genau zu sein, und er kannte mich, in jedem Sinne des Wortes. Er wusste auch über meine … nun ja, meine Vorlieben Bescheid. Laura hatte keine Ahnung, dass zwischen David und mir eine Art Beziehung bestand, aber ich habe ihn an dem Wochenende besucht, nachdem sie die Beziehung mit ihm beendet hatte. Er war sehr hyperaktiv. Charles – das war einer der Pfleger – sagte, er mache sich Sorgen. David würde ständig wiederholen, wenn er Laura nicht haben könne, dann auch kein anderer. James, ich wusste, dass er Laura getötet hatte, gleich als ich die Nachricht von ihrem Tod gehört habe. Dann habe ich mir Sorgen gemacht, dass er es auch auf mich abgesehen haben könnte.«

»Warum sind Sie wirklich hier, Carmel? Sie sind doch nicht den ganzen Weg nach Mailand geflogen, nur um Ihr Gewissen zu beruhigen und mir das hier zu beichten.«

»Nein. Ich denke, das alles muss ein Ende haben. Ich habe mit Maeve telefoniert, bevor ich mit Ihrem Chef gesprochen habe. Ich habe eine ziemlich genaue Vorstellung davon, wo David sein wird.«

»Dann erzählen Sie es uns und wir können etwas dagegen unternehmen.«

Sie schüttelte erneut den Kopf. »Nein. Ich möchte nicht, dass ihm etwas passiert oder er zur Strecke gebracht wird.«

»Ihm wird nichts passieren. Wir haben den Befehl, ihn lebend zu fangen.«

»Das weiß er nicht und er wird es auch nicht glauben. Aber ich kann Sie wahrscheinlich zu ihm führen. Wenn ihn irgendjemand zur Vernunft bringen kann, dann ich. Maeve hat das nie geschafft. Laura konnte gut mit ihm umgehen, aber ich kann es wirklich schaffen.«

»Was schlagen Sie also vor?«

»Ich werde versuchen, ihn zu kontaktieren. Dann werde ich ihn zu Ihnen bringen. Ich werde alles so arrangieren, dass er keinen Verdacht schöpft, und ihn an einen öffentlichen Ort bringen.«

»Glauben Sie wirklich, dass Sie das hinbekommen?«

»Ich bin mir hundertprozentig sicher.«

»Und wo werden Sie die Nacht verbringen?«, fragte Flicka, wobei sie deutlich machte, dass sie die Frau aus dem Zimmer haben wollte.

»Ich habe ein Zimmer. Schon gut, ich werde jetzt gehen. Ich melde mich morgen wieder, wahrscheinlich irgendwann am Nachmittag. Wenn ich Glück habe, werde ich ihn bis dahin erreicht und ihn zu einem Treffen mit Ihnen überredet haben.«

Eine ganze Minute lang herrschte Schweigen, dann fragte Bond: »Carmel, in welcher Beziehung stehen Sie wirklich zu ihm?«

»Zu David? Ich schätze, ich bin für ihn wie eine Schwester – anders als Maeve, denn sie hat ihn nie kontrollieren können. Ich kann David beruhigen, wenn es richtig schlimm wird. Das funktioniert wirklich. Ich kann ihn auf eine Art und Weise beeinflussen, wie es weder Maeve noch die Krankenpfleger jemals konnten – und auch Laura nicht wirklich.« Sie stieß ein kleines, bitteres Lachen aus. »Ich schätze an, er sieht mich wie eine Schwester, und damit bin ich anders als Kain tatsächlich die Hüterin meines Bruders.«

»Können wir ihr trauen?«, fragte Flicka, nachdem Carmel Chantry gegangen war.

»Wir haben keine andere Wahl.«

»Ich kaufe ihr die Geschichte nicht ganz ab.«

»Ich auch nicht. Aber wir können sie nicht überprüfen und wir sind auf uns allein gestellt. Ich schlage vor, dass wir morgen früh das tun, was man uns aufgetragen hat. Wir gehen raus und tun so, als wäre nichts passiert. Wir kaufen uns Tickets für den ersten Flug nach Athen am Donnerstag – so haben wir die vollen drei Tage Zeit. Vielleicht können wir auch noch eine der Führungen durch die Scala machen. Dann kommen wir hierher zurück und warten. Wenn Carmel sich nicht bis morgen Nachmittag, sagen wir drei Uhr, meldet, ziehen wir wieder los. Wir zeigen uns und hoffen, dass wir ihn finden, bevor etwas Schlimmes passiert.«

Unter ihnen schlenderte Carmel Chantry langsam durch das Foyer des Palace Hotels. Sie trug einen eleganten dünnen weißen Trenchcoat mit Gürtel, der sie in Paris ein Vermögen gekostet hatte.

Draußen fragte der Portier, ob er ihr ein Taxi rufen solle.

»Nein.« Sie schüttelte den Kopf und spähte nach links und rechts die Straße hinauf. Selbst um diese Zeit am Morgen herrschte schon ein reger Verkehr. »Nein, ich warte auf jemanden.«

»Ich bleibe hier draußen, bis Ihr Freund eintrifft, Signorina.« Der Portier hielt sie womöglich für eine Edelhure und gab ihr unmissverständlich zu verstehen, dass sie weiterziehen sollte.

Fünf Minuten später sah sie, wie ein Auto die Scheinwerfer aufblendete, als es sich näherte. Als es anhielt, lief der Portier zu ihr hinüber, um ihr die Tür auf der Beifahrerseite zu öffnen. Sie schenkte ihm ein Lächeln als Trinkgeld.

»Hat es funktioniert?«, fragte der Fahrer, als sie neben ihm Platz nahm.

»Ich habe genau das getan, was du mir gesagt hast. Sie haben mir das meiste davon abgekauft, glaube ich.«

Er nickte, legte den Gang ein und fädelte sich vorsichtig in den Verkehr ein.

»Dann müssen wir nur noch alle Fäden zusammenlaufen lassen.«

»Meinst du, es wird funktionieren?«

»Ich hoffe es. Es ist die letzte Chance. Möglicherweise die einzige Chance, die wir bekommen werden. Danke, dass du so kurzfristig gekommen bist.«

Sie sah ihn in dem schwachen Licht an. Niemand würde ihn jetzt erkennen, so wie er verkleidet war. Er war ein Meister der Verkleidung geworden und hatte eine Menge gelernt, dachte sie.

Als sie zum hinteren Teil des Wagens blickte, sah sie den langen Spazierstock mit dem Entenkopfgriff aus Messing.

»Du hast ihn also mitgebracht«, sagte sie.

»Als letzten Ausweg, ja. Als Beweis, falls das nötig wird.«

»Und du würdest ihn benutzen?«

»Nur wenn ich es muss. Wenn es keinen anderen Weg gibt.«

»Wir werden sehr vorsichtig sein müssen.«

»Ich glaube, wir waren schon zu lange vorsichtig. Das ist meine Schuld. Das hätte schon vor Monaten erledigt werden müssen. Mit etwas Glück ist morgen Abend alles vorbei.«

Der Morgen kam, strahlend und fröhlich, ein weiterer schöner Tag. Es war kaum zu glauben, dass der Sommer fast vorbei war. Es waren noch viele Touristen unterwegs, die die letzten Tage der Urlaubssaison auskosteten und sich auf die Heimreise und die Rückkehr von Herbst und Winter vorbereiteten.

Wie sie es geplant hatten, schlenderten Bond und Flicka durch die Straßen. Sie nahmen keine Taxis oder andere öffentliche Verkehrsmittel, sondern gingen überallhin zu Fuß, da sie davon ausgingen, dass Dragonpol sie so eher auf den Straßen entdecken würde, wenn er denn nach ihnen Ausschau hielt.

Zuerst gingen sie zu einem der größeren Reisebüros, wo sie einen Direktflug nach Athen mit Alitalia für den Donnerstagmorgen buchten. Sie hielten sich sogar noch länger auf, löcherten ein genervtes Mädchen mit Fragen nach der besten Unterkunft und sammelten so viele Prospekte wie möglich ein.

Flicka trug einen kleinen Stapel Prospekte mit der Aufschrift »Athen« gut sichtbar in der Hand, als sie auf die Piazzale San Giornate und die wunderschöne Fassade des Opernhauses, des Teatro alla Scala, zugingen. Drinnen nahmen sie an einer Führung teil und bewunderten das Gebäude, ließen sich die wunderbare Akustik vorführen und betrachteten die Statuen von Rossini, Bellini, Donizetti und Verdi im Foyer.

Keiner von ihnen sahen jemanden, der Dragonpol auch nur im Entferntesten ähnlich sah, obwohl Bond überall Orsinis Beobachter wahrnahm. Nach einem leichten Mittagessen kamen sie um kurz vor halb drei wieder im Palace an.

Um Viertel nach drei sagte Bond gerade, dass Carmel nicht anrufen würde, dass es sich um eine Art Verzögerungstaktik handele, als das Telefon klingelte.

»Wissen Sie, wer spricht?«, fragte Carmel am anderen Ende der Leitung.

»Ja. Haben Sie etwas für uns?«

»Er und ich werden uns um halb fünf mit Ihnen treffen.«

»Wo?«

»Im Dom. Auf dem Dach.«

»Wir werden da sein.« Bond legte auf.

»Sie sagt, er wird um halb fünf auf dem Dach des Doms sein«, sagte er zu Flicka.

»Du glaubst ihr?«

»Ich habe keinen Grund, ihr nicht zu glauben. Willst du hierbleiben? Hier auf mich warten?«

»Das soll wohl ein Witz sein. Wenn du Drachenkopf hoch über Mailand Auge in Auge gegenüberstehst, dann will ich bei dir sein.«

»Dann sollten wir versuchen, etwas früher da zu sein. Ich warte lieber auf ihn, als dass er auf uns wartet.«

Sie erreichten den Dom um zwölf Minuten nach vier, als das Licht gerade einen wunderbaren, rötlichen Schimmer annahm. Es war, so hörten sie einen vorbeigehenden Fremdenführer sagen, die beste Zeit, um den Dom zu besichtigen.

Der Dom, Mailands große Kathedrale, war eins der Wunder Europas. Er dominierte das Stadtbild mit seinen kolossalen Ausmaßen und wirkte dennoch fast ätherisch mit seinen Statuen, Glockentürmen, Zinnen und Giebeln – ein Ungetüm aus weißem Marmor zur Ehre Gottes am Ende einer imposanten Promenade.

Flicka fuhr mit dem Aufzug hinauf, während Bond die Treppe nahm. Beide waren sich bewusst, dass Dragonpol mit Leichtigkeit auf sie warten oder sogar auf dieser steilen Wendeltreppe lauern könnte.

Als Bond oben ankam, sah er, wie Flicka von der anderen Seite des Dachs aus die Ausgänge beobachtete. Über ihnen thronte der berühmte Tiburio, der zentrale Turm, der von der Statue der Heiligen Jungfrau überragt wurde.

Es war fast vier Uhr fünfundzwanzig und nach einer kurzen Besprechung verteilten sie sich nach rechts und links, sodass sie beide freie Sicht auf die Treppe und den Aufzug hatten. Das Wissen, dass selbst Dragonpol nicht in zwei Richtungen gleichzeitig blicken konnte, wiegte sie in Sicherheit.

Punkt vier Uhr dreißig trat Carmel Chantry, die immer noch den weißen Seidenanzug der vergangenen Nacht trug, aus dem Aufzug. Sie stand einen Moment lang blinzelnd im Sonnenlicht, dann drehte sie sich nach hinten und nahm den Arm eines vornehmen, grauhaarigen, hochgewachsenen Mannes, der die Uniform eines englischen Offiziers im Ruhestand trug – einen marineblauen, doppelreihigen Blazer und eine graue Stoffhose.

Bond musterte den Mann, der sich ebenfalls misstrauisch umsah. Dann entdeckte Carmel ihn und winkte, wobei ihre Stimme über die Distanz gerade noch verständlich war. »James. Wir sind da, James.«

Sie bewegten sich auf ihn zu und er erkannte nun, dass ihr Begleiter Dragonpol sein könnte, allerdings in einer verblüffenden Verkleidung. Dann sah er den schweren Spazierstock mit dem Entenkopfgriff aus Messing. Carmels Begleiter schwankte leicht. Sein Gesichtsausdruck änderte sich, er blickte erst zu Bond und dann, wie es schien, scharf zu Carmel.

Bond bewegte sich auf den Fußballen, eine Hand griff hinter seine Hüfte und nach der großen Automatikpistole. Seine Hand hatte die Waffe gerade berührt, als die Schüsse und Schreie losgingen.

16

Aufstieg eines Taubstummen

Bond hörte Carmel ausrufen: »Nein! James, nein! Er ist …« Dann färbte sich die Vorderseite der weißen Seidenbluse und des Blazers blutrot, ihr Kopf schnellte zurück und sie fiel nach vorne, die Arme ausgestreckt, als würde sie in ein Schwimmbecken springen. Für den Bruchteil einer Sekunde dachte er an Maeve Hortons Blutherz-Rose, dann zog er die Pistole aus dem Hosenbund, hörte das Krachen der Schüsse, die über das Dach hallten, und sah, wie die Leute sich zu Boden warfen und sich über dem vornehmen grauen Haarschopf ein feiner Blutnebel ausbreitete, während der tödliche Spazierstock durch die Luft flog. Der Mann, der bei Carmel gewesen war, ging zu Boden, kippte nach vorne und schlug krachend auf dem Stein auf, sodass der Boden mit Blut befleckt wurde.

Die Männer und Frauen von Gianne-Franco waren plötzlich sehr sichtbar. Mindestens sechs von ihnen – zwei Frauen und vier Männer – hatten ihre Waffen gezückt. Einer von ihnen trug eine Uzi und sie rückten auf einen großen Mann zu, der direkt vor dem Treppeneingang stand.

Bond traute seinen Augen zunächst nicht. Der Mann hielt mit beiden Händen eine Automatikpistole. Die Schüsse waren kaum verhallt, als er einfach den Griff öffnete, die Pistole fallen ließ, sich dann aufrichtete und die Hände auf den Kopf legte.

Später hatte Bond Schwierigkeiten, den gesamten Vorfall zu rekonstruieren, denn alles passierte innerhalb von Sekunden, und erst als der Mann seine Hände über den Kopf hob, sah er, dass es David Dragonpol war.

»Ich wollte die Frau nicht verletzen!«, schrie Dragonpol fast hysterisch. Tränen liefen ihm über das Gesicht und er bewegte sich auf die beiden Leichen zu, obwohl die Italiener ihre Waffen auf ihn gerichtet hatten und ihm befahlen, stehen zu bleiben.

Niemand war so dumm, auf Dragonpol zu schießen, als er sich über die männliche Leiche beugte. Er schluchzte jetzt ganz offen, und als Bond bei ihm ankam, murmelte er bereits: »Oh, David. David. Es tut mir leid, aber so musste es enden. Es gab keinen anderen Ausweg. Keinen anderen Ausweg. Du hättest einfach immer weiter gemordet und gemordet. Es war schon zu viel. Es musste enden.«

Andere Worte, die erst kürzlich gefallen waren, schossen Bond durch den Kopf. Für einen Moment waren sie da, dann wieder weg. »Drei sind immer noch drei zu viel«, rief die Stimme in seinem Kopf.

Jetzt, wo er ganz nah an der Leiche am Boden stand, nahm Bond zwei Dinge wahr. Zum einen war das Gesicht der Leiche trotz der Wunde am Kopf identisch mit dem von Dragonpol, der sich jetzt über ihn beugte. Die obszön aussehenden, blutigen Überreste von dem, was einmal eine graue Perücke gewesen war, lagen etwa einen Meter von der Leiche entfernt.

»David?« Er streckte eine Hand aus und berührte Dragonpol an der Schulter, obwohl sein Verstand das seltsame Spiegelbild erst noch verarbeiten musste, das zwischen Leben und Tod zu wandeln schien.

Dragonpol blickte auf und schüttelte den Kopf. »James«, sagte er. »Es tut mir leid, ich wollte die Frau nicht verletzen. Ich musste David ausschalten. Er hätte Sie mit diesem verdammten Ding getötet.« Er trat mit dem Fuß gegen den Spazierstock. »Dann hätte er weitergemacht und noch mehr Menschen getötet.«

»Ich hätte nicht erwartet, dass …«, setzte Bond an und blickte dann in Dragonpols Gesicht. »David?«, fragte er erneut und Dragonpol schüttelte erneut langsam den Kopf. »Das da ist David.« Seine Hand streichelte die Schulter des Toten. »Das ist mein Bruder David. Ich hätte es Ihnen sagen sollen, als Sie auf Schloss Drache waren, aber ich hatte nicht den Mut. Laura wusste am Ende von ihm, aber sie hat dasselbe gedacht wie Sie. Sie hat mich für David gehalten. Ich war derjenige, der Laura heiraten sollte. Geben Sie mir eine Minute und ich werde Ihnen alles erzählen.«

Inzwischen war auch die Polizei zu den italienischen Sicherheitsleuten gestoßen und die anderen Leute wurden vom Dach gebracht. Jemand legte dem lebenden Dragonpol Handschellen an und führte ihn ab. Er ging sehr ruhig mit, würdevoll und ohne Protest.

»Was um Himmels willen …?«, fragte Flicka, die ganz nah bei Bond stand. »James, was …?«

Er schnitt ihr mit einem scharfen »Ich weiß auch es nicht« das Wort ab.

Als die Geschehnisse auf dem Dach allmählich konkrete Formen annahmen und sich ein Tathergang herausbildete, schlug Gianne-Franco vor, dass sie alle zu einem sicheren Haus gehen sollten, wo die Nachbesprechung stattfinden würde. »Sie werden beide dort erwartet«, sagte er und weder Bond noch Flicka hatten die Kraft, zu widersprechen.

Das Haus war groß und stand auf einem freien Grundstück, irgendwo in den Außenbezirken von Mailand. Für Sicherheit war bestens gesorgt. Ein schlichter Lieferwagen versperrte das Tor zur Einfahrt und musste herausgefahren werden, damit sie hindurchkonnten. Andere Autos standen bereits vor dem Gebäude – eine zweistöckige rosa-weiße Villa. Männer patrouillierten das Gelände, und zwei Polizeiautos und ein weiterer Van waren fast außer Sichtweite hinter einer Baumgruppe geparkt.

Im Inneren war die Einrichtung kahl und schnörkellos, die Wände waren in einem Krankenhausgrün gestrichen. Telefone summten und leise Gespräche drangen aus den halb geöffneten Türen. Schweigende Männer und Frauen mit ernsten Mienen bewegten sich zwischen den Büros und trugen Akten hin und her.

Sie wurden in einen großen Raum geführt, dessen Mittelpunkt ein klobiger Tisch bildete. M saß in der Nähe eines ehemals kunstvoll verzierten Kamins, während Bill Tanner aus dem Fenster sah.

»Ich wollte ihn lebend, James.« Ms Augen machten ihm Vorwürfe.

»Ich weiß, Sir. Es tut mir leid. Ich konnte nichts tun. Warum hat niemand gewusst, dass es einen Bruder gibt?«

»Genau das wollen wir herausfinden.« Tanner sprach leise, als wäre er abgelenkt. »Die Italiener nehmen gerade eine Aussage von ihm auf, dann dürfen wir ihn verhören.«

»Irgendwo haben wir alle einen Fehler gemacht.« M starrte in den leeren Kamin. »Anscheinend waren sie eineiige Zwillinge. David und Daniel, aber selbst die Theaterpresse wusste nicht von Daniel, also verstehe ich es nicht. Jemand, der so berühmt ist wie David Dragonpol, muss von der Presse unter die Lupe genommen worden sein. Die Medien sind ziemlich heiß auf solche Dinge. Normalerweise können sie jeden Verwandten zitieren, egal ob lebend oder tot.« Er stieß ein wütendes Geräusch durch die Zähne aus. »Aber das ist für keinen von uns eine Entschuldigung. Niemand, nicht einmal ich selbst, hat sich die Mühe gemacht, die Familie zu überprüfen. Wir alle haben einfach geglaubt, was die Presse gedruckt hat und was in den Biografien stand. Die Dragonpols von Drimoleague. Zwei Kinder, die Letzten ihrer Linie. Maeve und David.«

Ein Mitarbeiter kam mit Kaffee und Sandwiches – mit Käse und Schinken belegte Baguettes – herein, aber niemand von ihnen schien Appetit zu haben. Dann traf Gianne-Franco Orsini ein, der so ordentlich und gepflegt aussah, als hätte er sich gerade für eine Party umgezogen.

»Nun, er hat Ihnen das Leben gerettet, Captain Bond. Das steht fest. Meine Leute von der Forensik – Ballistiker und Waffenexperten – werden gleich die Waffe hochbringen. Ein teuflisches Teil. Dieser Bruder, Daniel Dragonpol, hat uns viel erzählt. David hat die Waffe eigenhändig hergestellt. Teuflisch.«

Wie teuflisch sie wirklich war, sahen sie ein paar Minuten später, als zwei Ballistik- und Schusswaffenexperten in weißen Kitteln den schweren Spazierstock in den Raum brachten, auf den Tisch legten und nach einem Nicken von Gianne-Franco genau demonstrierten, wie tödlich er war.

»Ein zweiter Griff befand sich in einem speziell angefertigten Holster am Körper des Verstorbenen.« Einer von ihnen, der gut Englisch sprach, legte einen weiteren Entenkopf aus Messing auf den Tisch neben den kompletten Stock. Aus der Nähe konnten sie sehen, dass die Griffe viel größer waren als bei einem gewöhnlichen Spazierstock mit einer solchen Verzierung. Der Schuss war auch viel dicker als normal und aus einem harten, hochglanzpolierten, glatten Holz gefertigt.

Der Stock bestand in Wirklichkeit aus drei Teilen, die jeweils mit einer 9-mm-Bohrung ausgehöhlt waren. Einer der Männer schraubte ein etwa fünfundvierzig Zentimeter langes Stück von der Unterseite des Stocks ab und offenbarte ihnen, dass es sich dabei eindeutig um einen Schalldämpfer handelte. Das nächste lange Stück ließ sich ebenfalls abschrauben. Dabei handelte es sich zweifellos um den Lauf der Waffe, während die letzten fünfzehn Zentimeter zusammen mit der schweren Messingverzierung das eigentliche Herzstück der Waffe darstellten.

Das fünfzehn Zentimeter lange, mit Holz ummantelte Metallteil war größer als der Lauf und enthielt eine Patronenkammer und eine seitliche Öffnung für den Auswurf der verbrauchten Patronenhülsen, während der Entenkopf abmontiert werden konnte und einen raffinierten Magazin- und

Verschlussmechanismus enthielt. Es gab Platz für drei Equalloy-Patronen – eine in der Kammer und zwei im Entenkopf. Der Verschluss wurde auf die übliche Weise bedient. Die Verarbeitung war präzise Handarbeit.

Der Schnabel der Ente ließ sich bewegen und bildete den Abzug und in einem der Messingaugen war sogar eine Sicherung eingebaut. Wenn der Schnabel gedrückt wurde, berührte ein Schlagbolzen das Geschoss im Lauf und die Gase trieben den gesamten Mechanismus zurück, sodass die verbrauchte Hülse ausgeworfen und die nächste Patrone automatisch nachgeladen wurde.

»Wir gehen davon aus, dass das Schalldämpfungssystem nach drei abgefeuerten Schüssen ausgetauscht werden muss«, sagte der Ballistiker. »Wir müssen das Gerät noch testen, aber ich schätze, dass es bis auf etwa hundertdreißig Meter genau ist.«

»Und die Waffe war geladen, so wie jetzt?«, fragte Bond.

»Geladen und entsichert, Sir«, sagte der andere Experte mit ernster Miene. »So wie ich das verstehe, hat er das Ding an seiner Hüfte gehalten und direkt auf Sie gezielt. Wäre er nicht ausgeschaltet worden, hätte er *Sie* ausgeschaltet.«

Flickas Finger gruben sich in Bonds Arm.

»Sie hatten schon immer verdammtes Glück, James.« M klang nicht beeindruckt. »Was ist mit dem zweiten Mechanismus?« Er deutete auf den anderen Entenkopf.

»Der ist sogar noch raffinierter.« Der Experte begann, das Messing und das Holz zu demontieren. Es bestand kein Zweifel daran, wozu dieser Mechanismus diente. Der Kopf enthielt wieder einen Verschlussblock, aber diesmal mit einer viel kleineren Bohrung, während der Mechanismus eine CO_2-Patrone enthielt. In der Kammer konnten sie gerade noch eine winzige Gelatinekapsel erkennen.

Die beiden Waffenexperten waren sich einig, dass es irgendwo einen weiteren Lauf mit kleinerem Durchmesser geben und dass die Kapsel von der Forensik untersucht werden musste. »Aber mit den Informationen, die wir erhalten haben, ist wohl offensichtlich, wozu dieser Lauf dient und was die Kapsel enthält, meine Herren. Wir sind sehr vorsichtig mit ihr.«

»Teuflisch!« Gianne-Franco benutzte wieder sein Lieblingswort. Als die Waffenexperten gegangen waren, beschloss Bond, dass es Zeit war, etwas zu essen. Er biss in eins der großen, mit Schinken gefüllten Baguettes und M verzog bei dem knuspernden Geräusch das Gesicht.

Schließlich aßen sie alle, denn es war klar, dass es eine lange Nacht werden würde. Sie hatten den großen Teller mit den Sandwiches fast aufgegessen, als mehrere Sicherheitsleute und zwei hochrangige Polizisten mit dem Mann hereinkamen, den sie jetzt als Daniel Dragonpol kannten. Er sah müde und ausgezehrt aus, aber es war offensichtlich, dass er in Körperbau und Gesichtszügen mit seinem Bruder David identisch war. Er sah sich im Raum um und schenkte Bond ein trostloses Lächeln, als er ihn erkannte.

Niemand versuchte, ihn in seinen Bewegungen einzuschränken, und einer der Polizeibeamten reichte Gianne-Franco Orsini einen kleinen Stapel getippter Seiten.

»Ich habe diesen Herren alles gesagt«, sagte Dragonpol, als er sich an den Tisch setzte, als würde er eine Pressekonferenz abhalten. Die Stimme hatte das gleiche Timbre, das

Theater- und Filmfans auf der ganzen Welt als das des großen Schauspielers kannten. »Ich bin gern bereit, alle Fragen zu beantworten, und mir ist klar, dass ich mich vermutlich für den Mord an meinem Bruder und den unglücklichen Tod von Carmel Chantry vor Gericht verantworten muss. Ich weiß nicht, was passiert ist. Ich habe auf meinen Bruder gezielt und sie hat etwas geschrien. Es muss ein Reflex gewesen sein.« Er zögerte. »Ich mochte Ms Chantry sehr gern. Genau wie Sie, James, hat sie gedacht, ich sei mein Bruder David.«

»Und ich muss Ihnen dafür danken, dass Sie mir das Leben gerettet haben, Dav… Daniel. Ist das richtig? Daniel?«

Daniel Dragonpol nickte. »Ganz richtig, James. Es tut mir sehr leid, dass wir Sie und so viele andere Menschen in die Irre geführt haben. Unsere Familie steht sich nahe und ist sehr stolz. Es war ein Fehler, dass wir versucht haben, Davids Zustand geheim zu halten.« Etwas rührte sich in Bonds Hinterkopf. Daniel, dachte er, klang, als wäre er ferngesteuert. Vielleicht stand er unter Schock. Er erinnerte sich, wie Dragonpol auf Schloss Drache über den Stolz seiner Familie gesprochen hatte.

»Genau das möchte ich wissen.« M hatte sich an den Tisch gesetzt, ließ die Schultern hängen und hatte das Kinn auf die gefalteten Hände gestützt. »Warum wusste niemand, dass der berühmte David Dragonpol einen eineiigen Zwilling hatte?«

»Viele Leute wussten es. In Drimoleague, wo wir geboren wurden, wussten es alle, und die älteren Leute in Cornwall wussten es auch. Aber sie waren auch sehr loyal und nach ein paar Jahren hat die Familie verbreitet, dass einer der Zwillinge gestorben sei. Jeder, der einen Blick in die öffentlichen Archive geworfen hätte – wo Geburten, Todesfälle und so weiter verzeichnet sind –, hätte es herausfinden können.«

Er hielt inne und sah sich am Tisch um, als suche er Unterstützung. »Es hat mich erstaunt, dass die Tatsache, dass wir eineiige Zwillinge sind, nie in der Presse erwähnt wurde. Später wurde das natürlich sehr nützlich. Sehen Sie, David wurde ohne die Fähigkeit zu sprechen geboren und konnte auch nicht hören. Er kam taubstumm zur Welt. Ich hingegen war ein ganz normaler kleiner Junge. Die Familie, gefangen in ihren veralteten Ansichten, empfand den Umstand von Davids enormer Behinderung als mehr, als sie ertragen konnte. Die Ärzte waren damals überzeugt – und meine Familie war ebenfalls überzeugt davon –, dass David ein kurzes Leben in seiner eigenen Welt verbringen würde. Sie dachten, dass er nur dahinvegetieren würde und für uns alle verloren sei. Also haben sie das getan, was so viele alte Adelsfamilien zu tun pflegten. Sie haben ihre Scham vertuscht, indem sie sie versteckt haben und sich weigerten, sie zu akzeptieren.«

»Also wurde er weggesperrt? In eine Anstalt eingewiesen?«

Dragonpol schüttelte langsam den Kopf. »Nein«, sagte er fast flüsternd. »Wenn man die Geschichte laut ausspricht, klingt sie wie eins dieser alten viktorianischen Melodramen. David wurde zu dem kleinen Jungen, der auf dem Dachboden weggesperrt wurde: wie Grace Poole in *Jane Eyre* oder Colin in *Der geheime Garten*. Er war eine Peinlichkeit, um die sich drei Pfleger kümmerten – bis zu dem Unfall.«

»Welcher Unfall?«

»Als Kinder wurden Maeve und ich von einer Reihe von Gouvernanten erzogen. Wir sind zwischen Irland und

Cornwall hin und her gezogen. Wo immer die Familie hinging, wurde auch David mitgenommen. Niemand wagte es, ihn zurückzulassen. Wenn wir in Cornwall waren, war er es auch. Wenn wir in Irland waren, war er es auch. Der Unfall ist in Irland passiert, als wir drei Jahre alt waren – David und ich, meine ich. Drei Jahre alt«, wiederholte er, als wäre er einen Moment lang in Gedanken versunken.

»Sie haben Ihren Bruder also regelmäßig gesehen?«, fragte M.

»Ja. Ja, ich habe ihn gesehen, aber ich erinnere mich nicht mehr an viel. Ich habe eine vage Erinnerung an diesen anderen kleinen Jungen, der von uns ferngehalten wurde, aber den größten Teil unserer Kindheit haben wir gemeinsam verbracht. Nach dem Unfall.«

»Wollen Sie uns davon erzählen?« M benutzte seine beste Verhörstimme, als wäre es ihm gleichgültig, was Dragonpol als Nächstes sagte.

Dragonpol fragte, ob er eine Tasse Kaffee haben könnte. Es wurde mehr Kaffee bestellt, und bis dieser kam, saß er einfach nur da und blickte traurig drein. Bond erinnerte sich an seinen Hamlet und sah ihn fast mit demselben melancholischen Gesichtsausdruck dasitzen. Dann wurde ihm klar, dass das nicht dieser Mann gewesen war, sondern sein Bruder. Als er ein paar Schlucke Kaffee getrunken hatte, fing Dragonpol wieder an zu erzählen. »Das meiste, was ich Ihnen erzählen kann, stammt aus Familiengesprächen – die Familienüberlieferung, wenn Sie so wollen. Aber ich erinnere mich, dass immer ein Hauch von Drama und Wunder in der Luft lag. Auch mein Leben hat sich nach dem Unfall verändert.«

Wieder nippte er an seinem Kaffee und es war, als würde er auf Zeit spielen, um Spannung aufzubauen.

»Wir waren in Irland. In dem Anwesen in Drimoleague – was für ein kalter, steiniger, trostloser Ort das war. David wurde unter dem Dach des Hauses gehalten. Es gab zwei Dachböden, einen auf jeder Seite eines großen Treppenabsatzes, und zwei Treppen. Eine davon führte direkt zur Vorderseite des Hauses, aber es gab eine kleine Falltür mit einer Art Leiter, die zu einem winzigen Treppenabsatz mit einer schmalen Treppe führte, die direkt zu den Räumen der Bediensteten hinunterführte.

Die drei Pflegekräfte haben sich sehr gut um ihn gekümmert, aber – ich kann mich nicht mehr daran erinnern, das hat man mir später erzählt – eine von ihnen musste gehen. Jemand in ihrer Familie war krank geworden oder so. David brauchte permanente Betreuung, weil er eine Gefahr für sich selbst war. Zwei Personen waren nicht genug, um ihn zu pflegen. Es war eine ermüdende, anstrengende Arbeit.

Seltsam, ich erinnere mich an den Namen einer Frau – Bella. Den Namen Bella hört man heutzutage nicht mehr so oft. Nun, Bella hatte eigentlich Dienst und ist wohl dabei eingeschlafen. David ist irgendwie an die Falltür und die Leiter gelangt – sie ist jetzt nicht mehr da, wir haben sie vor Jahren entfernt. Er ist gestürzt. Wie tief? Vier? Fünf Meter? Er ist direkt auf den Kopf gefallen. Ich erinnere mich an die Aufregung. Der örtliche Arzt war da und ich erinnere mich, dass man mir sagte, ich solle ganz still sein. Man sagte mir, dass David wahrscheinlich im Sterben läge.«

»Aber er ist nicht gestorben.« M klang, als würde er Daniel einer abscheulichen und grausamen Tat beschuldigen. »Anstatt zu sterben, ist er gesund geworden, nicht wahr? Völlig gesund?«

»Ja. Sie klingen, als wüssten Sie das alles.«

»Das ist wie die Handlung eines guten alten viktorianischen Romans, Mr Dragonpol.«

»Vielleicht. Aber es ist wahr. Alles davon ist wahr, und, ja. Ja, wie durch ein Wunder ist er aus dem Koma erwacht. Er war fast eine Woche lang bewusstlos, wurde mir gesagt. Und ja, als er wieder zu sich kam, konnte er hören und Geräusche von sich geben. Innerhalb eines Jahres konnte er sprechen. Innerhalb von zwei Jahren war er wie alle anderen kleinen Jungen. Er konnte lesen, spielen, sich prügeln …«

»Gibt es dafür irgendwelche Beweise?«

»Ja. Jede Menge. Auf Schloss Drache haben wir Briefe und die Tagebücher unserer Eltern. Ich habe sie mir nur kurz angesehen. Ich lebe lieber mit dem, woran ich mich erinnern kann, aber Maeve hat sie gelesen.«

»Plötzlich war also alles anders. Sie hatten einen Spielkameraden. Ihren Bruder.«

»Wir hatten eine wunderbare Kindheit zusammen. Außer …«

»Außer was?« Diesmal war es Bond, der Zweifel anmeldete.

»Er war ein wenig obsessiv … Und er war grausam. Sehr grausam.«

»Auf welche Weise?«

»Obsessiv?«

»Das zuerst, wenn Sie wollen.«

»Nun, die Familie hat kein großes Aufheben um David und seine neu gefundene Normalität gemacht. Sie haben nicht mal die Gerüchte dementiert, dass er tot sei. In gewisser Weise hatten meine Eltern wohl eine Ahnung, dass er nicht wirklich normal war, auch wenn sie durch nichts angedeutet haben, dass er nicht normal war. Sehen Sie, David brauchte eine Routine. Er hat sich Aufgaben gestellt, Ziele gesetzt, und wenn er das Ziel nicht erreicht hat – oder nicht erreichen konnte –, hat er schreckliche Wutanfälle bekommen. Später war er natürlich davon besessen, Schauspieler zu werden. Wie mit allem anderen auch, musste er der beste Schauspieler aller Zeiten werden. Er konnte sich nicht mit dem zweiten Platz zufriedengeben. Wenn etwas, das er tat, nicht ganz richtig war, geriet er außer sich vor Wut. Mit der Zeit hat er gelernt, das zu kontrollieren, aber privat konnte das sehr beängstigend sein.«

»Sie haben also eher die zweite Geige für ihn gespielt?« Wieder war es M, der sprach.

»Oh ja. Er war ein brillanter Mann. Am Ende war ich wohl der Einzige, der ihn wirklich gekannt hat. Er hat gelernt, sich in der Öffentlichkeit und sogar unter seinen Kollegen zu beherrschen, aber nie in meiner Gegenwart. Ich nehme an, dass ich sein wahrer Hüter geworden war.«

Bond erinnerte sich an Carmel Chantry am Abend zuvor: »Ich schätze an, er sieht mich wie eine Schwester, und damit bin ich anders als Kain tatsächlich die Hüterin meines Bruders.«

»Und die Grausamkeit?«

Daniel Dragonpol stieß einen langen Seufzer aus. »Angefangen hat es mit Tieren. Er hat sich die schrecklichsten Fallen und Schlingen für Tiere ausgedacht und sich gefreut, wenn er eins gefangen hat – Vögel, Eichhörnchen, manchmal einen Hund oder eine Katze. Sie waren wie altmodische Fußangeln. Schreckliche Dinger, die Qualen und Schmerzen verursachen, aber die Tiere normalerweise nicht töten.« Wieder unterbrach er sich. »Das hat er selbst getan. Er hat sie getötet.«

»Und irgendwann wurden aus den Tieren dann Menschen?«

»Ja, so ähnlich. Bei den Fallen war er ganz begeistert, wenn er sie entwarf. Der eigentliche Fang war etwas, auf das er sich freute. Aber das Töten? Tja, das schien ihm gleichgültig zu sein.«

»Aber irgendwann wurden aus den Tieren dann Menschen?«, wiederholte M.

»Das habe ich doch schon gesagt. Ja.« Sein Ton war scharf, fast schon zornig. »Ja. Er hat Menschen getötet. Aber das erst seit kurzer Zeit.« Er schloss die Augen und schüttelte den Kopf. Dann sagte er leise: »Ich glaube, erst seit kurzer Zeit. Vielleicht war da etwas während der Hochphase seines Erfolgs. Ich weiß von einem Schauspieler und einem Theatertechniker, die durch einen Unfall zu Tode gekommen sind, als sie mit ihm gearbeitet haben. Diese Unfälle könnten geplante Fallen gewesen sein. Aber ich glaube wirklich, dass all die Wutausbrüche, die Besessenheit und die Grausamkeiten hauptsächlich durch seine strahlende Karriere eingedämmt wurden, denn er war verdammt brillant.« Er starrte um sich, als wolle er sie herausfordern.

»Auch brillante Mörder sind letztlich genau das: Mörder«, schnauzte M. »Ihr Problem ist, Daniel, dass Sie davon gewusst haben. Sie wussten, was er im Schilde führte, und Sie haben nichts gesagt. Sie haben es niemandem gemeldet.«

»Ich weiß. Ich übernehme die volle Verantwortung dafür. Man wird mich wahrscheinlich einsperren …«

»Und den Schlüssel wegwerfen, hoffe ich.« M war inzwischen sehr wütend. »Jetzt erzählen Sie uns von seinem Abschied vom Theater. Diesmal die Wahrheit. Was passiert ist. Wie es passiert ist. Wer hat was getan?«

Dragonpol nickte kleinlaut. »Ich glaube, dass mein Bruder in gewisser Weise von Geburt an wahnsinnig war. Vielleicht lag es aber auch einfach an dem, was bei dem Sturz passiert ist, als er drei Jahre alt war. Dadurch wurde sein Gehör wiederhergestellt und seine Stimmbänder gelockert, aber er wurde … ach, ich weiß nicht … er wurde zu einer Art emotionalem Krüppel. Einem sehr gefährlichen emotionalen Krüppel.«

»Der Abschied«, drängte M.

»In diesem letzten Jahr habe ich viel Zeit mit ihm verbracht – eigentlich habe ich fast mein ganzes Leben mit ihm verbracht. Aber in diesem letzten Jahr fing er an, Risse zu bekommen. Die Belastung durch die Auftritte, sogar durch die Proben und das Textlernen, war zu viel für ihn. Zu diesem Zeitpunkt hat er natürlich schon viel in seinen Traum vom Theatermuseum auf Schloss Drache gesteckt. Am Ende hatte er einen Zusammenbruch. Einen kompletten Zusammenbruch. Maeve und ich haben ihn gepflegt. Lester – sein Ausstatter – hat ihn begleitet und wir haben die beiden Pfleger geholt, Charles und William. Irgendwann habe ich ihn überredet, auf Schloss Drache zu bleiben und nur noch am Museum zu arbeiten. Ich glaube, er hat gar nicht gemerkt, dass er sich vom Theater verabschiedet hatte.«

»Aber er hatte sich auch ein neues Hobby erschlossen, nicht wahr? Die Attentate.«

Diesmal war die Pause noch länger als zuvor. »Wollen Sie uns von der Vorliebe Ihres Bruders erzählen, öffentliche Exekutionen zu planen, Daniel? Wollen Sie uns sagen, warum Sie nicht mal versucht haben, ihn zu stoppen?«

»Alles hat zwei Seiten.« Daniel schien seine Kräfte gesammelt zu haben und war bereit, sich zu wehren. »Ja. Sicher. Ich werde Ihnen sagen, was passiert ist und wie ich versucht habe, es zu verhindern. Ich habe alles getan, was ich konnte. Ich …«

»Sie haben alles getan, außer die Polizei einzuschalten.«

»Nun, dann wissen Sie ja alles, nehme ich an.« Plötzlich änderte er seine Haltung. Es war das dritte oder vierte Mal, dass Bond einen plötzlichen Stimmungsumschwung wahrnahm.

Sie machten erst nach weiteren vier Stunden eine Pause. M ging akribisch jeden mutmaßlichen Mord durch: von der Erschießung des Terroristen im Februar 1990 in Madrid über die Explosion, die den skandinavischen Politiker in Helsinki getötet hatte, gefolgt von dem Musiker, dessen Bremsen vor Lissabon versagt hatten, bis hin zu der jüngsten Serie von Todesfällen, die mit dem Mord an Laura March geendet hatte.

»Immerhin war sie Ihre Verlobte«, donnerte M. »Sie müssen gewusst haben, dass er sie getötet hat, und haben trotzdem nichts unternommen.«

»Das war seine Rache«, sagte Daniel leise. Er sah aus, als würde er vor Erschöpfung gleich umfallen. »Ich war am

Boden zerstört, weil Laura die Verlobung gelöst hatte – und das völlig zu Recht, nachdem ich ihr die Wahrheit über David gesagt hatte.«

»Aber sie hat Sie für David gehalten, oder?«, fragte Bond.

»Ja. Ja, ich habe für die meisten Leute die Rolle des David gespielt. Vor allem für Laura. Er wusste es. Daran gab es keinen Zweifel. Das war seine Rache und ja, das war der Tropfen, der das Fass zum Überlaufen brachte. Ich wusste, dass es danach nicht mehr weitergehen konnte. Ich hatte mir bereits vorgenommen, dass David verschwinden musste. Um die Wahrheit zu sagen, wollte ich ihn umbringen. Aber dann sind plötzlich Ihr Captain Bond und Fräulein von Grüsse aufgetaucht. Wir wussten, dass er etwas anderes geplant hatte, und …«

»Sie wussten, was er vorhatte?«

»Eine Serie von Attentaten im Dezember. Er ist hierhergekommen, um seine Vorbereitungen zu treffen und einen Probelauf zu machen. Da war ich mir sicher.«

»Erzählen Sie uns davon.«

»Sie wissen es bereits.«

»Trotzdem würden wir es gern noch einmal hören.«

»Ich bin mir ziemlich sicher, dass er vorhatte, Kiri Te Kanawa auf der Bühne der Scala zu töten und dann Arafat in Athen zu beseitigen. Er ist hierhergekommen, um das vorzubereiten. Einen Tag später wäre er nach Athen weitergereist.«

»Was glauben Sie, wie er seine Opfer ausgewählt hat?«

»Nach öffentlicher Aufmerksamkeit. Die meisten waren berühmt – Politiker, Terroristen. Jetzt hatte er es auf eine der größten Sopranistinnen unserer Zeit und auf den Anführer der PLO abgesehen. Ich glaube, er hat sie einfach wahllos ausgewählt oder wenn sich eine gute Gelegenheit für ein Ziel bot. Schlicht und einfach.«

»Und was dann? Was wollte er nach dem Probelauf in Athen tun?«

Daniel zögerte. Sie konnten es sehen. Er war seinem Bruder so ähnlich, aber das hier war das echte Leben, keine Theaterbühne. Sie konnten fast in sein Gehirn sehen, als frage er sich, ob sie es wirklich wussten oder nur spekulierten.

»Nach Athen …«, hakte M nach.

»Es hätte kein ›Nach Athen‹ gegeben. Diesmal hatte ich ihn im Visier.«

»Das hat er nicht gewusst. Erzählen Sie uns, was am kommenden Sonntag vor den Toren von Paris passieren sollte.«

Wieder ein ergebener Seufzer, gefolgt von einem tiefen Atemzug. Dann machte er wieder dicht und schwieg.

»Seine Notizen«, sagte Bond. »In seinen Notizen steht Paris, daneben die Initialen PD, W und H. Hilft Ihnen das auf die Sprünge?«

Daniel Dragonpol nickte mit zusammengepressten Lippen. »Okay. Also gut. Ja, ich denke, das war wahrscheinlich seine Vorstellung von einem echten Coup. Wie nennen Terroristen das noch mal? Ein Spektakel? Eine königliche Prinzessin und ihre beiden Kinder, die direkte Erben der britischen Krone sind, werden am Sonntag im Disneyland vor den Toren von Paris zu Gast sein. Ich glaube, er hatte vor, sie als eine Art öffentliches Spektakel zu töten. In seinen Augen wäre es die ultimative Ironie, wenn eine Prinzessin und zwei kleine Prinzen im Disneyland sterben würden.«

»Ich frage mich, woher Sie das alles wissen«, überlegte M, als würde er mit sich selbst reden. »Ich frage mich, woher Sie beide wussten, dass sie am Sonntag mit ihren Kindern ins Disneyland Paris fahren wird. Das wurde nicht gerade an die große Glocke gehängt.«

Die Drachen sind los

Das Ganze dauerte bis nach fünf Uhr morgens und alle außer M wurden zunehmend müde. Der alte Mann schien während der langen und harten Frage-und-Antwort-Prozedur regelrecht aufzublühen. Seine Verhörtechniken waren für alle Anwesenden eine Lektion wie aus dem Lehrbuch und er entlockte dem kleinlauten Daniel Dragonpol jede noch so kleine Information.

Sein Bruder David, so schien es, hatte sorgfältig all seine alten Kontakte aufrechterhalten, sowohl in der Regierung als auch in der Welt der Künste. Daniel zufolge hatte er überall Informanten – in Finanzkreisen, Großunternehmen und hoch angesehenen sozialen Kreisen sowie unter seinen alten Kollegen im Theater. Er kannte viele Freunde von Freunden und hatte sogar das Ohr von Insidern im Königshaus. An Informationen über den Zeitplan der Prinzessin und der beiden jungen Prinzen zu gelangen war also kein Problem.

»David brauchte immer ein Telefon«, erzählte Daniel ihnen. »Wir haben alles Mögliche versucht, aber am Ende gab es keine Möglichkeit, ihn von einem Telefon fernzuhalten.« Er machte eine Geste der Hoffnungslosigkeit. »Wir konnten ihn auch nicht hinter Schloss und Riegel halten. Wir wussten, wenn er sich auf einen Ausflug vorbereitete, genauso wie wir wussten, wenn er von seiner Arbeit am Museum abgelenkt war …«

»Hat er diese dummen kleinen Fehler gemacht, wenn seine Gedanken abgelenkt waren?«, fragte Bond.

»Was für kleine Fehler?«

»Nun, er hat einen griechischen Schauspieler um vierhundert vor Christus, der eine Kabuki-Maske aufsetzt. Und dann ist da die Taschenuhr …«

»So was ist mir noch nie aufgefallen!« Sein Tonfall klang eine Nuance schärfer.

»Nun, die Fehler sind da.«

»Dann müssen sie korrigiert werden, bevor das Museum eröffnet wird.« Daniel schien innezuhalten, als würde er seine missliche Lage zum ersten Mal begreifen. »Falls es jemals eröffnet wird«, fügte er hinzu.

»Aber Sie fanden es unmöglich, ihn einzusperren oder von Telefonen fernzuhalten? Ist es das, was Sie uns sagen wollen?« M klang aufmerksam und ruhig, sein Verstand war messerscharf.

»Das ist genau das, was ich sage.«

Bond erinnerte sich an das Gespräch über Telefone, das Flicka zwischen Maeve und dem Krankenpfleger Charles mitgehört hatte – der mehr als ein Krankenpfleger war, obwohl Daniel diesen Punkt nie erwähnt hatte.

»Gehen wir das noch einmal durch«, drängte M. »Sie haben versucht, ihn während der schrecklichen Mordserie, bei der auch Ihre frühere Verlobte getötet wurde, zu stellen?«

»Das habe ich Ihnen doch schon gesagt. Ja. Ich bin ihm gefolgt, aber ich war jedes Mal zu spät.«

»Was meinen Sie, woher er wusste, wo Laura March zu finden war?«

»Er hat oft im Schloss an Türen gelauscht. Es war wirklich unheimlich. Er ist wie ein Geist im Schloss umhergeschlichen, wenn wir ihn nicht im Turmzimmer eingesperrt haben. Als Laura das letzte Mal da war, hat sie mir gesagt, dass sie versuchen würde, nach Interlaken zu fahren, um sich zu erholen und … na ja, wieder auf die Füße zu kommen. Wir waren beide emotional angegriffen. David wusste, dass wir einige Zeit in Interlaken verbracht hatten. Ich habe Fotos und ich hatte ihm davon erzählt. Er wusste, dass wir gern auf den First gestiegen sind und die Aussicht genossen haben.«

»Sie sind ihm also bei dieser letzten Gelegenheit gefolgt und haben versucht, ihn zu erwischen. Was ist mit seinen anderen kleinen Ausflügen?«

»Ich habe erst 91 wirklich herausbekommen, was vor sich ging. Ich habe einige Notizen gefunden, aus denen hervorging, was er im Jahr davor getrieben hatte. Ich habe versucht, ihn im April 91 zu erwischen, als er in London, New York und Dublin war. In Dublin hätte ich ihn sogar fast erwischt. Er ist im Gresham abgestiegen und ich dachte wirklich, dass ich ihn hätte, aber zu diesem Zeitpunkt hatte er sich als Frau verkleidet. Er ist einfach im Foyer des Hotels an mir vorbeigelaufen, und erst als er wieder zurückkam, wurde es mir klar, was passiert war.«

Gegen vier Uhr dreißig kamen sie zu der Frage nach den Blumen und den Nachrichten, die bei jeder Beerdigung hinterlassen worden waren.

Daniel wirkte zunächst verdutzt. Als er anfing zu sprechen, ging es um die Versuche von Maeve, ihre perfekte Hybridrose zu züchten. Bond unterbrach ihn.

»Daniel, wir wissen, was Maeve mit ihren Rosen vorhatte, und wir alle wissen, dass es ihr erst kürzlich gelungen ist, die perfekte Blutherz-Rose zu züchten. Was wir wissen wollen, ist, ob David von Anfang Blumen hinterlassen hat?«

»Ja.«

»Was hat er dann vor seiner letzten Tour benutzt, bevor er Maeves Blutherz-Rose zur Verfügung hatte?«

»Sie war schon ziemlich nah dran. Er hat genommen, was er kriegen konnte – zumindest bei dem Ausflug im April 91.«

»Und wie hat er das mit den Blumen bewerkstelligt? Wie hat er die Rosen frisch gehalten? Und wie hat er die Lieferung organisiert?«

»Er hatte eine kleine Kühlbox, eine Miniaturausgabe von denen, die man zum Picknick mitnimmt. Er hat immer nur Knospen mitgenommen – Rosen, die ein paar Tage davor waren, voll zu erblühen. Wissen Sie, Maeve …« Dann fing er wieder damit an, ihnen zu erzählen, wie Maeve Rosen unter verschiedenen Bedingungen züchtete, wie sie ihr Gewächshaus mit den Blumen in verschiedenen Entwicklungsstadien eingerichtet hatte, und plapperte so lange weiter, bis sie ihn unterbrachen.

»Ja, aber wie hat er sie zu den Beerdigungen gebracht? Er hatte den Ort des Geschehens schon immer längst verlassen, als seine Opfer beerdigt wurden.«

»Ich glaube, er hat die Beerdigungen vorhergesehen. Ich bin mir nicht sicher, aber ich glaube, er hat jemandem eine

Rosenknospe mit einer passenden Nachricht überlassen. Jemandem, den er dafür bezahlt hat, sie zu liefern, wenn die Zeit reif war. Kinder, vermute ich. Um ehrlich zu sein, bin ich mir wirklich nicht sicher.«

»Aber Sie wussten, dass er Maeves Rosen genommen hat?«

»Selbstverständlich.«

»Und sie wusste es auch?«

»Natürlich.«

Bond schaltete sich wieder ein. »Wussten Sie, was er bei dieser letzten Reise mitgenommen hatte? Ich meine, als er Schloss Drache verlassen hat, während wir dort waren.«

»Sicher. Maeve ist ins Gewächshaus gegangen, glaube ich. Sie hat festgestellt, was fehlte.«

»Drei«, murmelte Bond halb und erinnerte sich an das Gespräch, das sie zwischen Dragonpol und seiner Schwester mitgehört hatten.

»Drei?«

»Diesmal hat er drei genommen.«

»Sechs.«

»Ich war dabei, Daniel. Ich habe gehört, wie Sie mit Ihrer Schwester gesprochen haben, bevor Sie hinter David hergejagt sind. Sie hat gesagt, er hätte drei genommen.«

»Da müssen Sie sich irren. Er hat sechs …« Er brach ab, dann hellte sich sein Gesicht auf. »Oh, ja. Jetzt erinnere ich mich. Auf dem letzten Ausflug haben wir zum ersten Mal festgestellt, dass er immer auch Reserveexemplare von den Rosen mitgenommen hat. Sie haben gehört, dass Maeve drei gesagt hat?«

»Eindeutig.«

»Dann hat sie gemeint, dass es drei Ziele sind. Er hat immer die doppelte Menge genommen. Sie muss drei gesagt haben, was drei Ziele bedeutet, was wiederum sechs Knospen bedeutet.«

Ein Bild von Maeve Horton erschien vor Bonds innerem Auge. Groß, agil, mit dem schlanken Körper einer Tänzerin und raubtierhaften, dunklen Augen, ihre Haut ebenmäßig und klar. Alle nannten sie Hort, erinnerte er sich, doch Daniel hatte sie während des ganzen Verhörs als Maeve bezeichnet.

»Daniel?«, fragte er. »Als wir uns auf Schloss Drache kennengelernt haben, haben Sie angedeutet, dass mit Horts Ehemann etwas Seltsames passiert ist. Sie haben sogar gesagt, dass Sie mir später davon erzählen würden, wenn Sie Zeit hätten. Möchten Sie das jetzt mit uns teilen?«

»Hort«, wiederholte er, als würde er das Wort auskosten. »Ja, die arme alte Hort. Ich nenne sie nur so, wenn sie in der Nähe ist. Ja, es gab da ein Problem mit ihrem Mann.«

»Er ist bei einem Unfall ums Leben gekommen, soweit ich weiß«, warf M ein. Er blätterte durch einige Unterlagen, die Bill Tanner ihm vorgelegt hatte. »Ja. Tödlich verunglückt bei einem Reitunfall in der Nähe des Dragonpol-Hauses in Drimoleague, West Cork, Republik Irland. 6. Januar 1990. Also, was war das Problem, Daniel?«

»Bitte, ich bin sehr müde. Ich brauche eine Pause.«

»Was war das Problem?«

»Nur ein Verdacht.«

»Was für ein Verdacht?«

»David war dabei, als es passiert ist. Maeves Ehemann … Die beiden hatten Schwierigkeiten. Er hat ständig von

Scheidung gesprochen. Meine Schwester war immer ein wenig eigensinnig, was Männer anging.«

»Soll heißen, dass sie mit anderen in die Kiste gehüpft ist?« Bond erinnerte sich an Maeves große, dunkle Röntgenaugen, die ihn angesehen hatten, als wollte sie ihn mit Blicken ausziehen.

»Das ist eine geschmacklose Formulierung.«

»Wie soll ich es sonst ausdrücken?«

»Sie mochte Männer. Ja. Okay.«

»Und ihr Ehemann hat von Scheidung gesprochen?«

»Ja.«

»Und sie wollte keine?«

»Nein, wollte sie nicht.«

»Warum?«

»Hören Sie, ich bin erschöpft. Ich …«

»Nur noch ein bisschen länger. Bitte antworten Sie Mr Bond.« M lehnte sich über den Tisch.

»Er hatte Geld. Er war sehr wohlhabend. Sie wäre schuld gewesen an der Scheidung und hätte keinen Penny gesehen.«

»Und Sie glauben, Ihr Bruder David hatte etwas mit seinem Tod zu tun? War es das, was Sie mir während unseres Besuchs sagen wollten?« Er klang beinahe schockiert.

»Das habe ich doch schon gesagt. Ich war kurz davor, dem Treiben meines Bruders ein Ende zu setzen, als Sie und Fräulein von Grüsse nach Schloss Drache kamen. Das hat mich aus dem Konzept gebracht. Ich hatte überlegt, ob ich etwas zu Ihnen sagen sollte … aber … ja, in Ordnung. David war damals dabei, und als ich nach Drimoleague fuhr für die Beerdigung, war David da und hat mit Maeve geflüstert und getuschelt. Ich hatte einfach ein komisches Gefühl, das ist alles. Maeve hat später Andeutungen gemacht, aber eben nicht mehr als das, ich weiß es also nicht genau. Wie auch immer, jetzt ist alles vorbei.«

»Ich glaube kaum, dass es vorbei ist, Mr Dragonpol. Sie wussten, was David vorhatte, auch wenn Sie wenig getan haben, um ihn aufzuhalten.«

»Bitte. Ich bin …«

»Müde, ja. Ja, wir sind alle müde. Eine Frage noch.« M war mürrisch geworden. »Eine Frage zu Ihrer Schwester Maeve. Was hat sie von David gehalten?«

»Sie hätte alles für ihn getan. Sie hat ihn vergöttert.«

»Obwohl auch sie mehr als eine Ahnung von seinen Todestouren hatte?«

»Ja. Natürlich wollte sie, dass das aufhört. Sie wollte, dass er behandelt wird. Aber sie hätte wirklich alles getan, um ihm zu helfen.«

»So wie Sie selbst?«

»Nein. Ich habe nur einen Ausweg gesehen. Er musste dauerhaft beseitigt werden. Maeve … Hort … hätte das niemals zugelassen. Sie hat ihn sehr geliebt.«

»Und sie wusste, dass er ein Mörder war? Dass er loszog, Attentate plante und dann wieder zurückkam, um das Museum aufzubauen?«

»Ja, das wusste sie. Ich glaube, sie hätte für ihn getötet – um ihn zu beschützen.«

»Tatsächlich.« M sah auf seine Uhr und wirkte von der Uhrzeit überrascht. »Genug für heute. Wir treffen uns um zwölf Uhr mittags wieder. Sie können ihn abführen«, befahl er knapp und präzise, wie auf der Brücke eines Schiffs der Royal Navy.

Daniel Dragonpol sackte vor Müdigkeit zusammen und ließ sich aus dem Raum führen.

»Das ist alles sehr interessant.« M überflog die Unterlagen, die Tanner ihm vor die Nase gelegt hatte. Dann blickte er zu Bond auf. »Sie wissen, dass wir Davids Adresse hier von Daniel Dragonpol bekommen haben?«

»Nein, Sir.« Bond spürte, wie Wellen der Müdigkeit über ihn hereinbrachen. Er fand, dass die Ausdauer seines Chefs für einen Mann seines Alters ganz außergewöhnlich war.

»Gleich als die Italiener ihn festgenommen hatten, haben sie ihn gefragt, ob er wisse, wo sein Bruder abgestiegen sei. Ein unscheinbares, kleines Hotel, das direkt hinter der Scala liegt. Sie haben es durchsucht. Sie haben seltsame Kleidung und Masken gefunden, aber keine Blumen, weder offen noch in einer Kühlbox.«

»Wirklich?« Er konnte keinen großen Enthusiasmus aufbringen.

»Wirklich, James, ja. Nicht ein Blütenblatt, geschweige denn eine Knospe oder gar sechs Knospen. Übrigens, das mit Ms Chantry tut mir wirklich leid. Ein recht fähiges Mitglied unseres Schwesterdiensts, denke ich. Wirklich sehr bedauerlich.«

»Ich habe ihm das nicht ganz abgekauft, dass er sie nur aus Versehen erschossen haben will, Sir.«

»Nein. Ich auch nicht, ehrlich gesagt.«

»Warum haben Sie sie gestern Abend zu uns ins Hotel geschickt, Sir?«

»Sie geschickt ...?«

»Sie hat in unserem Hotel auf uns gewartet, als wir aus Como zurückgekommen sind. Sie hat gesagt, Sie hätten sie geschickt.«

M wirkte grimmig und besorgt. »Sie hat gesagt, ich hätte sie geschickt? Nein. Ich wusste nicht mal, dass sie hier in Mailand ist. Eigenartig.«

»Sehr.« Bond fuhr sich mit der Hand über die Stirn und M musterte ihn genau, wie ein Arzt, der einen Patienten untersucht.

»Sie sehen völlig fertig aus, James.« Er betrachtete ihn genauer. »Hören Sie, warum nehmen Sie und das nette Fräulein von Grüsse nicht eine Auszeit? Sie haben schließlich beide ziemlich hart gearbeitet.«

Durch den Nebel seiner Müdigkeit hindurch spürte Bond seine eigene Überraschung. Es war untypisch für M, so etwas überhaupt vorzuschlagen, denn er missbilligte die Lebensart seines Agenten sehr. Besonders seltsam erschien ihm, dass Flicka jetzt in den Service aufgenommen werden sollte, über den M die volle Autorität hatte. Der alte Mann duldete selten irgendetwas, was auch nur ansatzweise auf eine Liaison zwischen zwei Mitgliedern des Service hindeutete, es sei denn, er hatte irgendwelche Hintergedanken.

»Sind Sie sicher, Sir?«

»Natürlich bin ich sicher, James. Ich würde Sie nicht freistellen, wenn ich mir nicht sicher wäre. Nehmen Sie sich den Rest der Woche frei. Es ist doch erst, was? Dienstagmorgen? Melden Sie sich am Montag wieder bei mir in London. Hinterlassen Sie aber Ihren Aufenthaltsort beim Diensthabenden, nur für den Fall. Verstanden?«

»Vielen Dank, Sir. Ja.« Er drehte sich um und geleitete Flicka zur Tür.

»Oh, und James?«

»Sir?«

»Maeve Horton?«

»Was ist mit ihr, Sir?«

»Ist sie Ihnen seltsam vorgekommen?«

»Nicht wirklich. Sie hat mich ein wenig angebaggert. Sie ist recht attraktiv, auf ihre ganz eigene Art. Warum?«

»Ich bin nicht zufrieden mit dem, was Dragonpol gesagt hat. Nur eine Ahnung. Ein Gedanke.« Er schnüffelte in der Luft wie ein alter Seemann, der nach Anzeichen für einen Wetterumschwung suchte. »Ich werde sie von unseren deutschen Freunden einsammeln lassen. Vielleicht können sie sie nach London bringen. Wir werden auch Daniel mitnehmen, wenn die Italiener sich kooperativ zeigen.«

»In Ordnung, Sir.« Er fand, dass es nicht seine Aufgabe war, sich darüber Gedanken zu machen. Die Gedichtzeile »Vorwärts, gehorchen ist einzige Pflicht« kam ihm in den Sinn. Ein eiskalter Schauer lief ihm über den Rücken, als er an die nächsten Worte dachte: »Ins Todestal«. Er schob es auf die Müdigkeit.

Einer der italienischen Polizisten fuhr sie zurück zum Hotel und unterwegs schlug er Flicka vor, Italien zu verlassen. »Wir haben einen Flug nach Athen am Donnerstag gebucht. Warum sehen wir nicht, ob wir umbuchen können? Urlaub machen? Ich weiß nicht, wie du das siehst, Flick, aber ich habe die Nase voll von Mailand. Und von den Dragonpols auch.«

»Oh ja, bitte. Bitte, lass uns das tun.«

»Können wir es dann tun, bevor wir umfallen? Wir holen unsere Sachen, checken aus und fahren zum Flughafen.«

»Liebend gern. Ich war noch nie in Athen.«

Um elf Uhr dreißig am selben Morgen fuhren sie in einem gemieteten weißen Porsche nach Athen. Vom Flughafen aus hatten sie versucht, im berühmten Grande Bretagne und dem ebenso berühmten King George eine Unterkunft zu bekommen. Schließlich entschieden sie sich für das Hilton, von dem er Flicka versicherte, es sei das schönste aller Hotels dieser Kette.

Sie glaubte ihm erst, als sie ankamen und durch den braun-weißen Marmoreingang in das prunkvolle Innere mit den endlosen Sälen, Restaurants, Arkaden und den beiden wunderschönen Atrien eintraten.

Noch begeisterter war sie von der Suite, in der alles, wie es schien, in dreifacher Ausführung vorhanden war. »Oh, Liebling, ich werde es hier lieben.«

»Ja, Flick. Wir können die Akropolis und den Parthenon besichtigen …«

»Ja, ich schätze, das könnten wir auch noch einbauen.« Sie schenkte ihm ein umwerfendes Lächeln und sagte, sie wolle sich frisch machen. Warum, dachte er, schienen alle anderen so fit und hellwach zu sein, während er sich völlig erschlagen fühlte?

Er nahm das Telefon in die Hand und wählte die internationale Nummer der abgeschirmten Leitung, über die er in völliger Vertraulichkeit mit dem Diensthabenden im Hauptquartier in London in Verbindung treten konnte.

»Predator«, meldete er sich, als am anderen Ende der Leitung abgehoben wurde.

»Ja, Predator?«

»Der Chef wollte, dass ich eine Adresse hinterlasse. Ich bin im Hilton in Athen.«

»Da kann sich aber jemand glücklich schätzen.« Eine Frau hatte Dienst, und sie verhielt sich, wie er fand, politisch nicht ganz korrekt.

Es gab zwei Badezimmer, also duschte er, trocknete sich zügig mit einem Handtuch ab, schlüpfte in den Bademantel und ging ins Schlafzimmer.

Flicka lag auf dem Bett und hatte so gut wie nichts an.

»Ich habe das ›Bitte nicht stören‹-Schild an die Tür gehängt, Liebling. Komm und störe mich.«

Es dauerte fast zwei Stunden, bis sie beide in einen tiefen und zufriedenen Schlaf fielen.

Bond wurde vom Telefon geweckt und wusste einen Moment lang nicht, wo er war. Er zwang sich, den bleiernen Schlaf abzuschütteln, und griff nach dem Hörer, während Flicka murrend erwachte.

»Predator?«, fragte die Stimme am anderen Ende der Leitung.

»Wer will das wissen?«

»Levon.«

»Was ist Ihr Beruf?«

»Ich gestalte Sprechblasen.«

»Dann sind Sie ein guter Mann.«

»Predator?«

»Ja.«

»Eilmeldung von M. Kehren Sie so schnell wie möglich nach London zurück. Die Drachen sind los. Möchten Sie, dass ich das wiederhole?«

»Den letzten Satz.«

»Die Drachen sind los.«

»Ist das Drachen, Plural?«

»Ja, Sir. Haben Sie verstanden?«

»Sagen Sie ihm, ich komme so schnell wie möglich.« Er legte das Telefon wieder auf und fluchte. Zweimal.

»Was ist los?« Die nackte Flicka stützte sich auf einen Arm.

»Zieh dich an. Wir müssen nach London.« Er wählte bereits die Nummer des Flughafens, um zu sehen, ob sie noch am selben Abend einen Flug bekommen konnten. Es war bereits acht Uhr dreißig.

Sekunden später zog er sich an, warf seine Sachen in den Kleidersack, überprüfte das abgeschirmte Fach in der Aktentasche und rief Flicka zu, sie solle sich beeilen. »Wir haben etwas mehr als anderthalb Stunden Zeit, um einen Flug nach Heathrow über Paris zu erwischen.«

»Warum das?«

Er sagte es ihr und sie fragte genauso wie er, ob es Drachen im Plural war.

An der Rezeption lag bereits die Rechnung für ihn bereit. »Wenn Sie den Flug verpassen, haben wir heute Abend ein Zimmer für Sie, Mr Bond«, versicherte ihm die Dame an der Rezeption.

Draußen fragte einer der Parkwächter nach der Nummer und Bond gab ihm das kleine Messingschildchen. Der Junge holte die Schlüssel und ging die etwa fünfzig Meter zu dem kleinen weißen Porsche, der dort geparkt war.

Bond trommelte mit dem Fuß und wünschte sich, dass der Junge in die Gänge käme. Die Straßen außerhalb von Athen waren fast immer eine Rennstrecke, egal zu welcher Tages- oder Nachtzeit. Der Junge schob sich hinter das Lenkrad. Dann leuchtete die ganze Gegend auf. Eine große purpurne Flamme schoss aus dem Inneren des Wagens, bevor die Explosion die Trommelfelle der Anwesenden erschütterte. Bond warf Flicka zu Boden, schützte seinen Kopf und drückte sich flach auf sie, während Metallteile um sie herum vom Himmel regneten.

Dann kam die Stille, gefolgt von den Schreien und dem schrecklichen Geruch – eine Mischung aus Benzin und dem süßen, ekelerregenden Geruch von verbranntem Fleisch.

Flicka war direkt hinter ihm, als er zu den Überresten des Autos rannte. »Lieber Gott«, sagte sie mit einem seltsamen Schluchzen. »Oh lieber Gott.« Sie streckte den Finger aus.

Seine Augen folgten ihrem Finger. Irgendetwas war in die Luft geschleudert worden und landete unversehrt direkt rechts neben dem zertrümmerten und brennenden Wrack, das einst ihr Auto gewesen war.

»Gütiger Himmel«, sagte er.

Auf dem Boden, fast zu seinen Füßen, lag eine strahlend weiße Rose, deren Blütenblätter blutrot gefärbt waren.

Der Ritter in strahlender Rüstung

Trotz der dringenden Appelle von M ließ die griechische Polizei Bond und Flicka nicht nach London ausreisen. Stattdessen wurden sie langwierigen Verhören unterzogen und es dauerte fast sechsunddreißig Stunden, bis sie ihre Aussagen unterschreiben und gehen konnten. Wie in allen Dingen in Griechenland schien auch hier die Zeit keine Bedeutung zu haben. Erst am späten Donnerstagnachmittag erschienen sie zu dem, was einem Kriegsrat gleichkam, in Ms Büro.

Bill Tanner holte sie in Heathrow ab und informierte sie während der Fahrt über die Lage.

Die Villa am Stadtrand von Mailand, in der sie Daniel Dragonpol verhört hatten, gehörte der örtlichen Polizei, die sie sich mit dem italienischen Pendant des MI5 teilte. Mehrere Jahre lang hatten sie das Haus als Büro und als spezielles Schulungszentrum für Polizei und Truppen genutzt, die sich auf den Besuch von VIPs vorbereiteten. Aufgrund dieser speziellen Nutzung verfügte die Einrichtung über keinen wirklich gesicherten Bereich, in dem man jemanden festhalten konnte.

Während der langen Befragung von Dragonpol hatten die Italiener darüber gestritten, ob es besser sei, vor Ort eine provisorische Unterkunft einzurichten oder Daniel die etwa acht Kilometer zum nächsten Polizeirevier mit richtigen Zellen zu fahren. Schließlich entschied man sich dafür, einen Bereich vor Ort zu sichern, also wurden an einem der Nebengebäude neue Schlösser und einige Gitter angebracht. Sie waren der Ansicht, dass der Mann bis zum Beginn der nächsten von M anberaumten Sitzung am Mittag ausreichend bewacht werden konnte, wenn sie ein paar Polizisten abstellten. Es gab keinen Grund zur Beunruhigung. Schließlich handelte es sich nicht um einen hochgefährlichen Verdächtigen.

Leider hatte der Großteil derjenigen, die an dem Fall gearbeitet hatten, schon fast vierundzwanzig Stunden Dienst hinter sich, als M das Verhör beendete. Das Ergebnis waren einige sehr müde Leute, die nur noch schlafen wollten.

Die beiden Polizeibeamten, die Daniel Dragonpol bewachen sollten, waren genauso müde wie alle anderen. Sie schlossen sich in dem speziell vorbereiteten Nebengebäude ein, das mit zwei Kojen und einem Stuhl ausgestattet worden war. Sie hatten die Anweisung, dafür zu sorgen, dass Daniel sich so gut wie möglich ausruhen konnte, und planten, ihn in zwei Schichten zu bewachen – ein Mann schlief auf der zweiten Koje, während der andere wach blieb. Sie hatten zwei Kannen Kaffee mitgenommen und niemand hielt Daniel Dragonpol ernsthaft für gefährlich. Wie es einer der ranghohen Polizeibeamten später ausdrückte: »Er schien erleichtert zu sein, dass sein Bruder tot war, und unbekümmert über seine Zukunft. Er schien begriffen zu haben, dass er wahrscheinlich eine Gefängnisstrafe wegen Totschlags absitzen würde, aber das schien ihn nicht zu beunruhigen.«

Um kurz vor halb zehn Uhr am Morgen wurden mehrere ausgeruhte Polizeibeamte mit Bussen aus dem Zentrum von Mailand zu der Einrichtung gebracht. Zwei dieser frischen Männer wurden sofort angewiesen, Dragonpols Wachen abzulösen.

Als sie das Nebengebäude erreichten, stand die Tür offen und die beiden Polizisten waren tot. Einer hatte Verbrennungen im Gesicht und war mit seiner eigenen Krawatte erdrosselt worden. Der andere war an Schusswunden gestorben, die ihm aus nächster Nähe mit seiner eigenen Pistole zugefügt worden waren. Höchstwahrscheinlich war dieser Mann bereits bewusstlos gewesen, als sein Mörder ihm ein Kissen auf den Kopf gedrückt und zweimal hindurchgeschossen hatte, was zwar den Lärm gedämpft, die tödliche Flugbahn der Kugeln aber in keiner Weise behindert hatte.

Dem erdrosselten Polizisten war die Uniform ausgezogen worden. Es gab keine Spur von Dragonpol und nur wenige Hinweise darauf, wohin er gegangen war.

Es gab auch keine Möglichkeit, die Abfolge der Ereignisse zu rekonstruieren. Eine verschüttete Kaffeekanne deutete darauf hin, dass Dragonpol sich höchstwahrscheinlich eine eigene Tasse hatte einschenken dürfen, die er dem einen Polizisten ins Gesicht geschleudert hatte, bevor er den zweiten Mann mit einem Schlag auf den Kopf niedergestreckt hatte.

Eine Sache war jedoch eindeutig festzustellen. Als der erwürgte Polizist zu Boden ging, war seine Armbanduhr auf dem Boden aufgeschlagen und zerbrochen, was den

Ermittlern einen Zeitrahmen gab. Die Morde und die anschließende Flucht hatten sich um halb sieben ereignet, kaum eine Stunde nach Ende des Verhörs. Die einzige andere Gewissheit war, dass Daniel Dragonpol auf freiem Fuß und gefährlich war.

»Sieht so aus, als wäre Daniel in Wirklichkeit David gewesen«, überlegte Bond.

»Wir halten das für eine absolute Gewissheit«, stimmte Tanner zu. Sie waren gerade von der Autobahn M4 abgebogen und fuhren ins Zentrum von London.

»Wen wollte Carmel also zu uns bringen?«, fragte Flicka. Die Autobombe in Athen hatte sie schwer erschüttert.

»Ja, was hat Carmel gedacht, was sie da tut?« Die Szene auf dem Dach des Doms spielte sich erneut vor Bonds geistigem Auge ab. Wie Carmel winkte und rief. Dann hob Dragonpol den tödlichen Spazierstock. Carmel, wie sie rief: »Nein! James, nein! Er ist …«

Er sah wieder den Stock. Hörte den Schrei zum zweiten Mal in seinem Kopf. Jetzt im Nachhinein fragte er sich, ob der Mann den Stock tatsächlich nur zur Begrüßung gehoben hatte, kurz bevor die Schüsse gefallen waren.

»Vielleicht …«, begann er. »Vielleicht ist uns allen ein schrecklicher Fehler unterlaufen.« Je mehr er über die Szene nachdachte, desto mehr war er überzeugt, dass Carmel und der Mann, den sie für David gehalten hatten, in friedlicher Absicht gekommen waren. Dann fragte er: »Und Maeve?«

Der Stabschef stieß einen langen Seufzer aus. »Die deutsche Polizei hat nicht getan, worum wir sie gebeten haben. Sie hatten nicht einen einzigen Polizisten abgestellt, um Schloss

Drache im Auge zu behalten. Als die Anweisung kam, Maeve zu holen, haben sie festgestellt, dass sie geflohen war – wahrscheinlich schon vor zwei Tagen.«

»Und sie oder der andere Dragonpol hat versucht, uns durch die Bombe im Porsche auszuschalten, und stattdessen einen unglücklichen griechischen Jungen in die Luft gejagt.« Bond richtete die Worte anscheinend an niemand Bestimmtes.

»Hatte er Zeit, uns einzuholen?« Flicka war nun etwas lebhafter.

Tanner steuerte den Wagen zwischen einen Bus und ein Taxi. Dem Taxifahrer gefiel es nicht, ausgebremst zu werden, und er tat seinen Unmut kund. »Selber, Freundchen«, murmelte Tanner leise und fuhr dann fort, als wäre nichts geschehen: »Wenn Daniel in Wirklichkeit David war, können wir uns auf nichts verlassen, was er uns erzählt hat. Das Hotel hinter der Scala, in dem sich David angeblich versteckt hat, zum Beispiel. Das war mit ziemlicher Sicherheit ein Ablenkungsmanöver. Ja, David könnte Sie wahrscheinlich eingeholt haben. Es ist sogar möglich, dass er einen weiteren Unterschlupf hat, mit den nötigen Mitteln für eine Verkleidung und einem Vorrat an Waffen und Sprengstoff. Vielleicht hat er Sie sogar am Flughafen gesehen und beschlossen, es zu versuchen – sozusagen aus dem Stegreif.«

»Das ist nicht seine übliche Herangehensweise.« Bond klang immer noch distanziert.

»Wer weiß? Er hat es auf hochkarätige Ziele abgesehen, bei denen sich eine Gelegenheit bietet, und bereitet sich normalerweise langfristig vor. Aber in Ihrem Fall würde er mit Sicherheit eine Ausnahme machen. Die Zeit ist auf seiner

Seite. Immerhin hat er noch bis Sonntagmorgen Zeit, um das Attentat auf die Prinzessin vorzubereiten.«

»Sie glauben immer noch, dass er das vorhat?«

»Das ist der Grund, warum in diesem Moment einige der besten Leute unserer Branche in Ms Büro sitzen und auf Sie warten. Und Sie, James, sind unser Siegfried – der designierte Drachentöter.«

Tatsächlich bestand die Gruppe, die um den Schreibtisch aus Glas und Chrom in Ms Büro saß und stand, aus den Besten der Besten. Er erkannte einen hochrangigen Offizier des Special Air Service und einen Commander der Metropolitan Police. Letzterer, von dem er glaubte, er heiße Robb, leitete die Diplomatenschutzabteilung, zu der auch die sogenannten Royal Detectives gehörten. Außerdem war da noch ein kleiner, pummeliger Mann mit einem Dauerlächeln, der ihm einfach als Ben vorgestellt wurde und sich als der Sicherheitschef des Disneyland etwa dreißig Kilometer östlich von Paris herausstellte. Ein weiteres Mitglied der Gruppe hatte strenge, gemeißelte Gesichtszüge und sah eindeutig französisch aus. Außerdem schien der Mann sich in Zivilkleidung nicht wohl zu fühlen.

»Das ist Colonel Fontaine von der GIGN«, stellte M ihn vor, und der Franzose schenkte ihm ein anerkennendes Nicken. »Captain Bond, Sie haben bereits mit der GIGN zusammengearbeitet, glaube ich. Colonel Veron spricht in den höchsten Tönen von Ihnen.«

Die Spannung im Raum löste sich ein wenig, was Bond auf Fontaines steife Haltung zurückführte. Die französische Spezialeinheit GIGN war nicht für ihre Kooperationsbereitschaft bekannt, nicht einmal mit ihren Verbündeten und schon gar nicht, wenn es um Einsätze auf heimischem Boden ging.

»Die französischen Behörden haben freundlicherweise gestattet, dass Mitglieder des SAS und natürlich Mitglieder der königlichen Leibgarde an dieser Operation teilnehmen.« Trotzdem wirkte M nicht gerade glücklich. Wahrscheinlich hatte es einen Machtkampf gegeben, bevor Bill Tanner sie ins Büro gebracht hatte.

»Dann wird Ihre Königliche Hoheit die Prinzen am Sonntag definitiv nach Frankreich bringen?« Bond versuchte, sachlich zu klingen, aber die Nachricht war beunruhigend. »Begreift sie denn nicht …?«

»Nein, Captain Bond.« Es war der Polizist, Commander Robb, der antwortete. »Wir haben Prinzessin Diana informiert. Ihre Antwort war völlig unnachgiebig. Sie sagt, dass sie immer ein mögliches Ziel für Terroristen und – um sie zu zitieren – ›Verrückte‹ seien, warum also sollte es in diesem Fall anders sein? Sie sagt auch, sie habe volles Vertrauen in ihre Leute, die GIGN und den SAS.«

»Der Punkt ist …« Ms Tonfall triefte vor Sarkasmus. »Der Punkt ist, dass wir sie noch fragen müssen, ob sie auch Vertrauen in Sie hat, James.«

»In mich, Sir?«

»Ja. Wir haben in Ihrer Abwesenheit eine Entscheidung getroffen.«

»Ich nehme an, Widerspruch ist zwecklos?«

»In der Tat. Sie sind der Ritter in strahlender Rüstung, der die schöne Prinzessin rettet. Immerhin kennen Sie Dragonpol besser als wir. Sie sind ihm nahegekommen, haben seinen

Hort besucht und so weiter. Also bekommen Sie den Job, um den sich alle reißen.«

»Und was ist meine Aufgabe, Sir? Konkret, meine ich.«

»Fangen Sie den Mistkerl. Töten Sie ihn, wenn es sein muss.«

»Es gibt keine Alternativen?«

»Sagen Sie mir, was wir sonst unternehmen können, wenn wir am Sonntagmorgen kein Attentat erleben wollen?«

»Es gibt noch eine andere Möglichkeit, Sir. Wir könnten das Ziel aus der Gleichung nehmen.«

»Nein. Wir nehmen den Attentäter aus der Gleichung.«

»Glaubt wirklich jeder hier, dass dieser Dragonpol ein Attentat begehen wird?«, Commander Robb klang skeptisch. »Ich meine, er muss doch wissen, dass Ihre Königlichen Hoheiten unter größtmöglichem Schutz …«

»Bei allem Respekt«, Bonds Blick verhärtete sich, »Sie könnten alle Mitglieder der NATO-Streitkräfte sowie des SAS und der GIGN in den Themenpark schicken. Sie könnten sogar Ihre Königliche Hoheit und die Prinzen in kugelsichere Unterwäsche kleiden und Dragonpol würde sie wahrscheinlich trotzdem erwischen. Für ihn ist es eine Berufung. Es ist das, was er am besten kann. Ich muss die Sache einfach logisch angehen. Wir wissen, was er getan hat. Wir hatten ihn – auch wenn wir es zu dem Zeitpunkt nicht wussten – und wir haben ihn entwischen lassen. Er ist ein Spezialist und er macht das aus Spaß an der Freude. Das ist sein Werk und er ist stolz darauf. Das Töten ist reines Beiwerk. Der größte Nervenkitzel für ihn ist, die Dinge in die Wege zu leiten. Für David Dragonpol ist das besser als jeder Drogenrausch, besser als Sex, besser als alles andere. Er wird die Prinzessin und die beiden jungen Prinzen töten …«

»Es sei denn, wir halten ihn auf, genauer gesagt, James: Es sei denn, *Sie* halten ihn auf und schlagen ihn mit seinen eigenen Waffen. Glauben Sie, dass das möglich ist?«

Bond hörte sich selbst wie aus weiter Ferne sagen: »Möglicherweise.«

»Dann haben wir eine Chance, auch wenn sie gering sein mag. Wie ich bereits gesagt habe, haben wir uns geeinigt, bevor Sie eingetroffen sind, James. Wenn Sie Dragonpol nicht ergreifen können oder wollen, bevor die königliche Familie tatsächlich im Disneyland Paris eintrifft, dann *werden* wir eine Änderung des Zeitplans erzwingen. Die GIGN, der SAS und ihre eigenen Leute werden sie sozusagen am Flughafen abfangen – das ist unsere einzige Absicherung. Sie werden ein Problem mit dem Flugzeug oder dem Hubschrauber erfinden: etwas, das den Besuch unmöglich macht.«

»Wenn es so weit kommen sollte, Sir, dann werde ich es nicht mehr miterleben. Sie sollten wissen, wenn sie nicht auftaucht, wird er sie aller Wahrscheinlichkeit nach woanders ermorden. Also, lassen Sie mich einen Blick auf die Vorbereitungen für Sonntag werfen.«

Einmal mehr löste sich die Spannung im Raum und Bond wusste, was viele von ihnen dachten – *Gott sei Dank muss ich es nicht tun.*

»Was brauchen Sie, James? Sie bekommen, was Sie wollen.«

»Ein paar Stunden allein mit Ben hier.« Er deutete auf den pummeligen Disney-Sicherheitschef. »Und dann, wenn wir geredet haben, möchte ich ein paar Stunden für mich allein haben, um alles auszuarbeiten. Können wir uns danach noch einmal unterhalten, Sir?«

Ihnen wurde ein großes leeres Büro im dritten Stock zugewiesen, wo Ben eine Karte des gesamten Disney-Geländes ausbreitete und anfing, die Vorkehrungen zu erläutern, die zwischen der Disney-Organisation und den Beratern der Prinzessin koordiniert worden waren.

Er sprach lange und zeigte genau, wo die Reisegruppe ankommen würde und welche Attraktionen und Fahrgeschäfte ausgewählt worden waren. Er fügte hinzu, dass der Großteil von den jungen Prinzen William und Harry ausgesucht worden sei.

»Unsere eigenen Leute und die französische Polizei werden vor Ort sein, um die Menge unter Kontrolle zu halten …«

»Soll das etwa heißen, der Park wird wie gewohnt für die Öffentlichkeit zugänglich sein?« Bond blickte streng auf.

»Oh ja. Das ist eine der Bedingungen von Prinzessin Diana. Sie möchte, dass sich ihre Reisegruppe so lange wie möglich unter die Öffentlichkeit mischt. Wir haben natürlich dafür gesorgt, dass ein Wagen jedes Fahrgeschäfts speziell für sie und die Kinder reserviert und entsprechend hergerichtet wird, aber die Fahrgeschäfte werden ganz normal in Betrieb sein, sodass auch andere Personen zur gleichen Zeit wie die königliche Reisegruppe fahren können. Selbstverständlich dürfen sie die Warteschlange überspringen.« Er lachte ein wenig nervös, was Bond nicht erwiderte.

»Der Disney-Vorstand ist sehr besorgt über all das.« Ben verlor sein Lächeln nicht. »Das wäre schreckliche Publicity für das gesamte Unternehmen.«

»Es würde auch der königlichen Familie den Tag nicht gerade versüßen.« Er warf Ben einen strengen, humorlosen Blick zu, aber der Sicherheitschef behielt seinen fröhlichen Ausdruck bei. Wahrscheinlich gehörte das freundliche Gesicht bei Disney zur Dienstkleidung.

»Wissen Sie, als ich das erste Mal im Magic Kingdom in Orlando war, hätte ich nicht gedacht, dass es mir gefallen würde.« Bond dachte, er könnte den Mann beruhigen, indem er ihm die Wahrheit erzählte. »Es ist lustig, ich war mit einer Freundin dort und wir hatten nur zwei Tage gebucht. Ich dachte, das Ganze würde abgeschmackt, kitschig und ein bisschen aufgesetzt sein. Am Ende sind wir eine Woche geblieben. Das Tolle an Disneyland ist, dass es funktioniert. In dem Moment, in dem man durch die Tore geht und sich auf dem Town Square und der Main Street wiederfindet, weiß man, dass man eine verdammt gute Zeit haben wird. Die Fahrgeschäfte sind umwerfend und das Erlebnis ist wunderbar. Ich bin berufsbedingt ziemlich abgehärtet, Ben, aber in jedem von uns steckt ein Kind und dieser Ort bringt all die Wunder der Kindheit hervor. Mir ist aufgefallen, dass es genauso viele erwachsene Paare wie Kinder gab, die sich amüsiert haben. Ich neige dazu, ein wenig wütend zu werden, wenn die Leute über Ihre Parks herziehen.«

»Allen, die dort arbeiten, geht es genauso.« Bens Lächeln wurde breiter.

»Ist der europäische Park derselbe wie die anderen – Orlando, Anaheim, Tokio?«

»Wenn Sie den Aufbau der anderen Parks kennen, werden Sie Disneyland Paris wiedererkennen. Wir haben die gleichen markanten Bereiche – Main Street USA, Adventureland,

Frontierland, Fantasyland, Discoveryland, das Dornröschenschloss, das über allem thront – auch wenn es bei uns *Le Château de la Belle au Bois Dormant* heißt, wie auch *Blanche-Neige et les Sept Nains* und *La Cabine des Robinsons.* Aber Sie werden alles wiedererkennen, auch wenn es ein paar Neuzugänge gibt – Star Tours, eine fantastische Fahrt durch das *Star Wars*-Universum, mit einem unerfahrenen Roboter am Steuer Ihres Raumfahrzeugs.«

»Welche Bereiche wird die königliche Reisegruppe besuchen?«

Ben ging seine Liste durch: Die Gruppe würde am Sonntagmorgen um acht Uhr dreißig ankommen, eine Stunde vor der Öffnung des Parks. Die Tour sollte die Main Street USA, die Disneyland Railroad, die das gesamte Gelände umrundete, das Phantom Manor, Star Tours, die Pirates of the Caribbean, das Karussell und eine Fahrt mit dem Schaufelraddampfer *Mark Twain* umfassen.

»Das ist ein zweistündiges Programm«, sagte Ben, »aber wir haben an jedem Ende eine halbe Stunde freigelassen für den Fall, dass die Prinzen ihre Mama überreden, noch ein anderes Fahrgeschäft zu besuchen.«

Bond fragte ihn, wie der Sicherheitsdienst organisiert sei, und erfuhr von den unterirdischen Tunneln, die den Zugang zu allen Teilen des Parks für Wartungsarbeiten und Notfälle ermöglichten, während die Angestellten auch ein strenges Auge auf die einzelnen Fahrgeschäfte und Erlebniswelten hatten.

»Es sind ständig Leute da unten, die alles sehen – sie beobachten die Monitore, die Computer, auf denen die wichtigsten Shows laufen, und die Audio-Animatronik, die

Robotermenschen und -tiere. Das Hauptaugenmerk liegt darauf, dass alles reibungslos und effizient abläuft. Die Besucher und ihre Sicherheit stehen an erster Stelle.«

Während er sprach, wies Ben auf die verschiedenen Routen und Sehenswürdigkeiten auf dem großen Plan hin. Es dauerte über zwei Stunden, bis sie alles besprochen hatten und Bond darum bat, mit der Karte allein gelassen zu werden.

Jetzt beginnt es, dachte er, und die nächsten anderthalb Stunden studierte er die Karte, versetzte sich in die Gedankenwelt von David Dragonpol und versuchte, der Logik des Serienmörders zu folgen. Was würde *er* tun? Wie würde *er* etwas so Kalkuliertes und Kaltblütiges wie diesen speziellen Mord angehen?

Als er gewisse Entscheidungen getroffen hatte, rief er in Ms Büro an. »Ich bin bereit, meine Empfehlungen dem ganzen Team zu unterbreiten, Sir.«

»Ich werde die anderen holen lassen. Einige von ihnen schlafen wahrscheinlich schon, aber lassen Sie uns keine Zeit verlieren.«

Als er das inzwischen überfüllte Büro betrat, sah er als Erstes die bezaubernde Ann Reilly an der Tür warten – sie war die Assistentin des Waffenmeisters, der der Leiter der Q-Abteilung war, weswegen sie von allen nur Q'utie genannt wurde. Sie war immer noch so begehrenswert wie eh und je – eine große, elegante, langbeinige junge Frau mit glattem, glänzendem strohfarbenen Haar, das sie in einem makellosen, wenn auch strengen französischen Zopf trug.

»M sagt, ich soll dir alles geben, was du brauchst«, sagte sie mit großen, unschuldigen Augen.

»Das, meine liebe Q'utie, wäre ganz wunderbar.«

»Oh, du hast aber doch einen ganz schönen Fang gemacht, James. Ich habe die reizende Flicka kennengelernt und kann mir vorstellen, dass du den Fängen dieser Frau nicht mehr entkommst.«

»Eigentlich möchte ich das auch gar nicht.«

»Gut. Also, was brauchst du?«

Er hatte bereits eine kleine Liste vorbereitet, die er ihr überreichte, und sagte ihr, dass Ben die Sachen mit nach Paris nehmen sollte. »Ich werde ihn informieren, bevor er aufbricht.«

Sie nickte und machte sich auf den Weg, um in den Lagern der Q-Abteilung nach den aufgelisteten Artikeln zu suchen.

Als er sich wieder dem Raum zuwandte, fand er Flicka neben sich. »Diese Q'utie?«, fragte sie. »Du hast doch nicht etwa mit ihr geflirtet, mein lieber James?«

»Ein bisschen, aber nie zu viel.«

»Vergiss es, mein Lieber. Ich kratze ihr die Augen aus und reiße ihr die Haare vom Kopf, wenn sie es ernsthaft versuchen sollte.«

»Es ist deine subtile Art, die ich so sehr mag, Flick.«

»Nun, ich habe einen Wunsch, den ich gern erfüllt hätte.«

»Der da wäre?«

»M sagt, ich darf nicht mitkommen. Er hat mir gesagt, dass das Disneyland für mich tabu ist. Er schlägt sogar vor, dass ich mich auf irgendeiner Wellnessfarm verwöhnen lassen soll. Einem Ort namens Shrublands.«

»Ich würde versuchen, ihm das auszureden, Flick. Ich war einmal dort und es hat mich fast umgebracht.«

»James, ich möchte, dass du ihm ausredest, mich vom Disneyland fernzuhalten.«

Er legte seine Arme auf ihre Schultern und sah ihr in die Augen. »Nein, Flick. Es liegt nicht an deiner Erfahrung und Ausbildung. Es liegt nicht an deinem Geschlecht. Es liegt an nichts, was politisch nicht korrekt wäre. Ich gehe allein, das ist die einzige Möglichkeit. Das ist einer dieser Momente, in denen es *mano a mano* geht, wie man so schön sagt.«

Sie wollte gerade protestieren, als M alle zur Ordnung rief. »Captain Bond ist zu bestimmten Schlussfolgerungen gekommen«, sagte er und überließ seinem Agenten das Wort.

Der Plan des Disney-Parks war an eine Tafel geheftet, die Bill Tanner auf eine Staffelei gestellt hatte. Bond ging darauf zu und fing ohne Umschweife an.

»Sie können mich jederzeit unterbrechen. Erstens glaube ich, dass Dragonpol die Samstagnacht und den Sonntagmorgen auf dem Disneyland-Gelände verbringen wird, um alles vorzubereiten …«

»Das ist unmöglich, James. Niemand darf über Nacht im Park bleiben. Unser Sicherheitsdienst …«, setzte Ben an.

»Nur eine Minute, Ben.« Bond brachte ihn mit einem Blick zum Schweigen. »Wir reden hier nicht von irgendjemandem, sondern von einem sehr erfahrenen Serienkiller, der durch Wände gehen kann. Er hat seinen eigenen kleinen Freizeitpark. Ich habe ihn gesehen und glauben Sie mir, er weiß mehr über Audio-Animatronik oder optische Illusionen als Ihre Leute. Ich verspreche Ihnen, wie streng Ihre Sicherheitsvorkehrungen auch sein mögen, Dragonpol wird übernachten, wo er übernachten will, und sein, wo er sein will. Wenn ich recht habe, wird er sich in der Nacht zum Sonntag im Park aufhalten.«

Ben schwieg und ließ ihn fortfahren.

»Ich habe versucht, mich in Dragonpols Gedankenwelt hineinzuversetzen, versucht, seiner Logik zu folgen, zu denken, wie er denkt, und zu planen, wie er plant.«

»Das verstehen wir ja alles, James«, schaltete sich M ein. »Was wir wissen müssen, ist, *wie* er es Ihrer Meinung nach anstellen wird?«

»Ich denke, er wird Sprengstoff verwenden und entweder hier oder hier zuschlagen.« Sein Finger wanderte zu der Karte und deutete auf zwei der Hauptattraktionen des Parks – die Pirates of the Caribbean und die kurze Fahrt mit dem Flussdampfer *Mark Twain*.

»Warum genau?«

»Weil es dort Wasser gibt und ein gewisses Maß an Deckung. Die eine Attraktion ist in sich geschlossen, die andere ist am Wasser. Aber in beiden Fällen könnte er die Sprengsätze selbst zünden.«

»Wie und wann würde er den Sprengstoff in diese Bereiche bringen?«

»Das habe ich Ihnen bereits gesagt, Sir. Er wird ihn entweder am späten Samstagabend oder in den frühen Morgenstunden des Sonntags einschleusen. Möglicherweise nur Stunden vor der Ankunft der Reisegruppe. So würde ich es machen, wenn ich ein Attentat auf sie vorbereiten würde. Für mich sind das die einzigen beiden logischen Orte. Ich werde versuchen, ihn zu stoppen – entweder am Samstagabend oder, was wahrscheinlicher ist, am frühen Sonntagmorgen.«

»Und wenn Sie sich irren? Wenn er einen anderen Plan hat?«

»Dann werde entweder ich getötet oder die Prinzessin und ihre Familie, oder Sie müssen dafür sorgen, dass sie wegbleiben. Sehen Sie, Sir, es gibt noch eine andere Möglichkeit.«

»Die da wäre?«

»Dass alles schon vorbereitet ist. Dass er sie in dem Moment töten kann, in dem sie durch die Tore gehen, und dass er es tun kann, ohne überhaupt vor Ort zu sein.«

M gab ein besorgtes Schnauben von sich. Auch die anderen raunten und murmelten.

»Sie haben mich als Ihren Ritter ausgewählt.« Bond lächelte sie tatsächlich an. »Entweder Sie lassen mich das auf meine Art machen und vertrauen mir oder Sie setzen jemand anderes aufs Pferd.«

Es herrschte eine lange Stille. Niemand blickte in seine Richtung oder zu M. Schließlich war es M, der das Wort ergriff. »In Ordnung. Viel Glück, James. Sie sind unser Ritter.«

Tod inmitten der Magie

Später erzählte ihm der lächelnde Ben, dass es einer der besten Samstage war, die Disneyland Paris 1992 erlebt hatte: ein Jahr, das laut Ben »vom Wetter her eine Naturkatastrophe gewesen war«. Heute war Disneyland brechend voll, die Sonne schien, tanzte auf den Türmen des Schlosses, glitzerte auf dem Wasser um den Big Thunder Mountain und steckte die Menschenmenge mit ihrer guten Laune an.

Die meisten Kinder und einige Erwachsene trugen Mäuseohren und Luftballons. Die Fahrgeschäfte wurden leerer, denn alle strömten auf die Freiflächen und drängten sich auf den Bürgersteigen der Main Street USA, die durch das Adventureland und das Discoveryland führte, um die große Parade am Nachmittag zu sehen.

Die Parade war eins der Dinge, an die er sich von seinem Besuch im Magic Kingdom in Orlando deutlich erinnerte. Hier in Frankreich kam sie ihm größer und besser vor, als er sie in Erinnerung hatte, aber vielleicht war das nur ein Streich, den ihm seine Erinnerung und der zeitliche Abstand spielten.

Die Parade breitete sich in einem wundervoll choreografierten Zug aus Farben, Bewegung und Musik über die Straßen und Gehwege aus. Die Marschkapellen zogen vorbei, um die freche kleine Maus zu feiern, die mehr als sechzig Jahre lang die Köpfe und Herzen der Welt in Beschlag genommen hatte. Die Majoretten sprangen, schleuderten ihre Stöcke in die Höhe, drehten sich, schlugen Räder und vollführten scheinbar unmögliche Jonglierakte. Die kostümierten jungen Tänzerinnen und Tänzer schienen direkt einem Hollywood-Film entsprungen zu sein – was ja auch die Idee dahinter war.

Die Bands und Tänzer wurden von einem beweglichen Panorama von Festwagen unterbrochen: Schneewittchen stand am Wunschbrunnen, während die Zwerge herumalberten, Aschenputtels Kürbiskutsche wurde von sechs geschmückten Karussellpferden gezogen, Captain Hooks Schiff trug Peter Pan, Wendy und die Verlorenen Jungs über ein bewegtes, gemaltes Meer. Pu der Bär, die Schöne und das Biest, Robin Hood und der Fuchs-Sheriff, die Tiere aus dem *Dschungelbuch* und all die anderen Disney-Figuren liefen und sprangen dazwischen herum und mischten sich unter die Kinder in der Menge. Auf dem Ehrenplatz winkte Mickey Maus im Frack und seiner scharlachroten Hose mit einer weißen Hand von seinem Thron hoch über allen. Es wurde gelacht, gejubelt und für eine Weile wurden alle an diesem märchenhaften Ort wieder zu Kindern, gefangen in der Magie und dem Wunder des Ganzen.

Mitten in der Menge war Bond nicht wiederzuerkennen: mit grauen Haaren und einer dicken Hornbrille sah er viel älter aus und ging mit einem leichten Hinken. Er mochte es nicht, auf Verkleidungen zurückgreifen zu müssen, aber um Dragonpol zu erwischen, wäre er nackt durchs Feuer gelaufen – was, wie er wusste, womöglich noch vor Ablauf der nächsten vierundzwanzig Stunden von ihm verlangt werden könnte.

Als er jetzt durch den Park schlenderte, lächelte er vergnügt, als er Chip und Chap oder Minnie sah, die Autogrammkarten für lärmende Jungs und Mädchen signierten, während Pluto und Goofy mit Kindern jeden Alters herumalberten. Dann überkam ihn eine Gänsehaut. Was, wenn der Mann in dem heißen, stickigen Goofy-Anzug Dragonpol war?

Er verscheuchte den Gedanken schnell wieder. Es war zwar nicht unmöglich, aber der Gedanke hatte einen Beigeschmack von Paranoia und so vertrieb er sich die Zeit mit den Fahrgeschäften. Wie schon bei seinem letzten Besuch in den Vereinigten Staaten genoss er das Phantom Manor mit seinen unglaublichen Spezialeffekten, dem Ballsaal voller wirbelnder Geistertänzerinnen aus dem achtzehnten Jahrhundert, dem schrecklichen, aus der Zeit gefallenen Speisesaal – gedeckt für das Hochzeitsfrühstück, das nie stattfand –, in dem das Gespenst der unglücklichen Braut auftauchte. Dann ein anderes Phantom, das auf der Orgel spielte, eine Glasschale, in der ein blasser menschlicher Frauenkopf endlos von schrecklichen Vorzeichen sprach, und der erstaunliche Moment auf dem Weg nach draußen, als ein Spiegel ihn zeigte, wie er zwischen einem Paar grässlicher Kreaturen saß. Man kam hier auf jeden Fall auf seine Kosten.

Als er aus dem Phantom Manor kam, machte er einen langen und aufmerksamen Spaziergang um den See, der das Zentrum von Frontierland bildete. Der Big Thunder Mountain ragte aus dem Wasser auf und er beobachtete, wie der klapprige kleine Zug mit seinen offenen Waggons voller schreiender Besucher mit hoher Geschwindigkeit durch das Spritzwasser raste, um dann in einer schwindelerregenden Kurve wieder zum Ausgangspunkt emporzufahren.

Er stand ein paar Minuten lang da und beobachtete die Horden von Menschen, die Schlange standen, um eine Fahrt mit einem der Flussdampfer *Molly Brown* oder *Mark Twain* zu machen. Diese großen Nachbildungen der alten Dampfschiffe aus einer gemächlicheren Zeit fuhren von ihrer Anlegestelle aus regelmäßig über die große Wasserfläche, die die Rivers of the Far West und den See um den Big Thunder Mountain und Wilderness Island bildete. Kanus und River-Rogue-Kielboote kreuzten ebenfalls das Wasser, das er als einen der möglichen Orte ausgemacht hatte, die Dragonpol als Abfangpunkt für die Reisegruppe der königlichen Familie nutzen könnte.

Auf dem Weg zum Discoveryland verbrachte er fast eine Stunde in der Schlange für die Star Tours, sah zu, wie R2-D2 und C-3PO ein Raumschiff für den Start vorbereiteten, und betrat schließlich das sehr realistische Raumschiff, das die Passagiere zum Mond Endor bringen sollte. Erst als sich die Türen schlossen, entdeckte er wie seine Mitreisenden, dass der Roboter Rex ebenfalls seinen ersten Weltraumflug unternahm und ihr Raumschiff in falsche und beängstigende Richtungen lenkte, während sie mit scheinbar unmöglicher Geschwindigkeit durch die Galaxie ruckelten, rumpelten und rüttelten und dabei direkt in eine Schlacht aus *Star Wars* gerieten.

Am frühen Abend aß er ein schmackhaftes Lachssteak im Blue Lagoon Restaurant, unter einem vermeintlichen tropischen Nachthimmel und umgeben vom Rauschen der Meeresbrandung. Von seinem Platz aus konnte er die Lagune selbst sehen und alle paar Minuten fuhren Boote voller Besucher vorbei, die auf dem Weg zum Abenteuer Pirates of the Caribbean waren, das, so beschloss er, sein nächstes Ziel werden würde.

Er reihte sich in die Schlange ein und fand sich schon bald in einem der Boote wieder, das ihn durch einen Tunnel und dann über einen unheimlich steilen Wasserfall hinunter in die Stille der Lagune brachte, die er während des Essens betrachtet hatte. Als er zu den speisenden Gästen blickte, hatte Bond das überwältigende Gefühl, dass er selbst von einem böswilligen Augenpaar beobachtet wurde.

Die sanfte Ruhe des blauen Gewässers veränderte sich, als sie eine Landzunge umrundeten und eine Galeone sahen, die von Kanonen auf dem Festland beschossen wurde. Die Explosionen der Kanonen wirkten sehr nah und große Wasserfontänen stoben in die Luft, als die Schüsse in der Nähe des treibenden Schiffs ins Meer einschlugen. Dann segelten sie langsam in die belagerte Stadt, die voll von singenden, plündernden, brandschatzenden und trinkenden Piraten war, die den einheimischen Mädchen nachstellten und sogar einige der kräftigeren von ihnen verkauften.

Einmal mehr bewunderte er die unglaublich lebensechten Figuren und die vollendete Kunstfertigkeit der Experten – und der sogenannten Imagineers –, die solche unglaublichen Effekte und die audio-animatronischen Wesen produzierten.

Als Bond wieder im Freien stand, schnupperte er die Luft. Und plötzlich, genau wie in dem Moment, als er die Blicke auf sich gespürt hatte, wusste er wie durch einen sechsten Sinn, dass er hier war: dass Dragonpol in dieses Wunderland der Illusion, des Vergnügens, des Spaßes, der Spannung und des Lachens eingedrungen war. Er war gekommen, um Tod inmitten der Magie zu säen.

Langsam färbte sich der Himmel rot und verdunkelte sich dann. Die Gebäude erstrahlten, die Bäume glitzerten und der Park bekam eine neue Facette. Schon bald befand er sich inmitten der Menschenmassen und beobachtete das zweite große Ereignis des Tages, die Main Street Electrical Parade, die sich mit Musik und zweiundzwanzig glitzernden Wagen vom Fantasyland aus die Main Street hinunterschlängelte.

Dann begann das Feuerwerk hoch über dem Schloss, und das Staunen und die Magie der Träume und der Fantasie würden in den Köpfen der Zuschauer in die Welt hinausgetragen werden, ein Märchen, das in der Erinnerung aller, vom kleinsten Kind bis zum ältesten Erwachsenen, für immer festgehalten werden würde.

Während sich die Menschenmassen fröhlich zu den Haupttoren drängten und unter den Bögen der Main Street Station hindurchgingen, betrat Bond das Rathaus, zeigte einem der Angestellten seinen Ausweis und ging durch eine Tür, die hinunter in das Herz des Parks führte: in das Labyrinth aus Tunneln, Umkleideräumen, Büros, Computerstationen und Wänden voller Überwachungsbildschirme, die jeden Bereich des Disney-Königreichs kontrollierten.

Der lächelnde Ben wartete in einem kleinen Büro in der Nähe der großen Monitorwände auf ihn.

»In einer Stunde werden alle weg sein«, sagte er. »Dann werden die Jungs letzte Tests an den Fahrgeschäften durchführen, die Wagen und Boote dekorieren, die morgen von der königlichen Familie benutzt werden sollen, und ganz allgemein dafür sorgen, dass alles in Ordnung ist. Anschließend kehrt Nachtruhe ein.«

Eine Zeile aus einem halb vergessenen Gedicht kam Bond in den Sinn – »Und überlässt die Welt der Dunkelheit und mir«. Und Dragonpol, fügte er fast laut hinzu, zu vertieft, um den Rest von Bens Satz zu hören.

»Entschuldigung, Ben, was haben Sie gesagt?«

»Ich habe vier zusätzliche Männer ins Frontierland abgestellt, die den Anleger der Riverboats und das Wasser um die Rivers of the Far West überwachen. Sie werden jede halbe Stunde nach dem Rechten sehen.«

»Gut. Ich hoffe, sie verstehen ihre Aufgabe.«

»James, heute Nacht wird niemand an uns vorbeikommen. Sie können sich zu mir setzen und die Bildschirme überwachen. Er wird auf keinen Fall unbemerkt an den Fahrgeschäften herumpfuschen können.«

Sie tranken Kaffee und unterhielten sich, wobei Bond die Monitore nie aus den Augen ließ. Er sah, wie das vorderste Boot der Pirates of the Caribbean für die königlichen Gäste mit Samtkissen und Blumen dekoriert wurde. Dasselbe wurde mit einem der Doom Cars im Phantom Manor gemacht. Während er zusah, bemerkte er, dass seine Nerven fast bis zum Zerreißen gespannt waren.

»Glauben Sie wirklich, dass er da etwas plant?« Ben nickte in Richtung des Monitors.

Bond nickte mit zusammengepressten Lippen.

»Was wird er Ihrer Meinung nach nehmen, die Pirates of the Caribbean oder das Riverboat?«

»Ich würde die Pirates of the Caribbean nehmen. Irgendein Sprengsatz in der Nähe der Galeone, wo ohnehin schon viel Lärm ist. Ich würde ihn direkt in der Nähe des Effekts platzieren, wo die Kanonenkugel ins Wasser einschlägt. Aber was weiß ich schon?«

Kurz vor zwei Uhr morgens zog sich Bond in die kleine Umkleidekabine zurück, wo Ben die sperrige Sporttasche mit der von Q'utie beschafften Ausrüstung abgestellt hatte. Es war alles Standardausrüstung – ein schwarzer Neoprenanzug ohne Maske oder Atemflasche, ein wasserdichtes Holster mit seiner Lieblingswaffe, der 9-mm-ASP-Automatik mit dem spitz zulaufenden Visier, und zwei Reservemagazine mit Glaser-Patronen. Obwohl die Waffe technisch gesehen nicht mehr hergestellt wurde, belieferte Armaments Systems and Procedures seinen Geheimdienst immer noch mit Ersatzteilen und gelegentlich auch mit neuen Waffen. Schließlich handelte es sich um eine ausgeklügelte Überarbeitung der Browning 9 mm, und *die* wurde selbstverständlich immer noch hergestellt.

Außerdem trug er ein Gerber-Kampfmesser – ein vor Kurzem erhaltenes Geschenk der US Navy Seals – und eine Packung mit vier wasserdichten, manuell auslösbaren Leuchtgeschossen bei sich. Unter der Ausrüstung befand sich nichts Ausgefallenes und nichts, was wirklich versagen konnte.

»Gehen Sie schwimmen?«, fragte Ben.

»Nicht wenn ich es vermeiden kann. Ist irgendetwas passiert?« Er hob das Funkgerät auf, das Ben für ihn parat gelegt hatte. »Ist das eingestellt?«

»Es ist eingestellt und, ja, alles ruhig an der Front. Kein einziger Mucks und die Jungs im Frontierland scheinen auch nichts Ungewöhnliches gesehen zu haben.«

Die nächsten neunzig Minuten saßen sie da und beobachteten weiter die Monitore, während Ben alle dreißig Minuten seine Leute rund um den See kontrollierte. Die Kontrolle bestand aus einer Reihe von Klicks über Funk, mit denen sich jeder seiner Leute identifizierte, während Ben mit einer ähnlichen Anzahl von Klicks antwortete.

Als es passierte, kam es wie immer plötzlich und unerwartet. Auf den Monitoren war nichts zu sehen und Ben schielte immer wieder auf seine Uhr. Die Kontroll-Klicks kamen nicht pünktlich. Nummer eins hätte sich genau um drei Uhr dreißig melden sollen und die anderen danach der Reihe nach.

»Sie sind spät dran.« Ben klang noch nicht beunruhigt, aber Bond spürte, wie sich die Haare in seinem Nacken sträubten.

»Er ist hier«, sagte er mit absoluter Gewissheit. Dann meldete sich Bens Funkgerät – eine Reihe von schnellen Klicks, die das Alarmsignal bedeuteten.

»Mein Gott, Sie haben recht.«

»Ich bin schon unterwegs.«

Eins der kleinen Elektromobile, mit denen sich das Personal in den unterirdischen Tunneln fortbewegte, war draußen für ihn bereitgestellt worden. Bond wurde einen Moment lang aufgehalten, als Ben argumentierte, er müsse mit ihm mitkommen.

»Bleiben Sie, wo Sie sind. Wenn ich Hilfe brauche, melde ich mich.« Und schon war er losgefahren und raste den unverkleideten Tunnel entlang, der mit Kabeln und Abwasserleitungen gesäumt war. Die unterirdischen Gänge waren mit Markierungen versehen, die genau anzeigten, wo man sich im Verhältnis zur darüber liegenden Welt befand, sodass die Navigation ein Leichtes war.

Er erreichte den Central Place und bog scharf links ab, was ihn zum Anleger der Riverboats brachte. Er sprang vom Wagen und kletterte die Metallleiter hinauf, die ihn direkt zum Landungssteg bringen würde.

Für einen Moment schloss er die Augen, um sie an die Dunkelheit draußen zu gewöhnen, und wartete an der Tür, die er dann leise aufstieß.

Mit angespannten Sinnen stand er im Freien, blickte zu den vertäuten Flussdampfern hinauf und hörte kein ungewöhnliches Geräusch in der Nacht. Langsam schob er sich vorwärts, bis er die Kante des Stegs erreichte, wobei er sich seitlich bewegte, um das Wasser im Blick zu haben. Dunkelheit. Stille. Nichts. Zeit, dachte er, etwas Licht in die Sache zu bringen, also löste er das Funkgerät von seinem Gürtel.

Er hob es gerade an den Mund, den Daumen der rechten Hand auf der Sendetaste, als er das Metall in seinem Nacken spürte und das kehlige, leise Flüstern hörte, das ihm einen eisigen Schauer über den Rücken jagte.

»Danke, dass Sie gekommen sind, James Bond. Ich habe die anderen Wachleute nur außer Gefecht gesetzt. Aber für Sie habe ich ganz besondere Pläne.« Dragonpols Tonfall war jetzt von tiefem und verzweifeltem Wahnsinn geprägt. Dieses Mal schauspielerte er nicht.

Bond ließ das Funkgerät fallen, in der Hoffnung, dass der Druck seines Daumens auf den Knopf Ben bereits alarmiert haben würde, und entspannte seinen Körper. Das war ein alter Trick, den er vor langer Zeit gelernt hatte. Wenn die Muskeln scheinbar erschlafften, glaubte die Person, die einen bedrohte, dass sie die Oberhand hatte. »Okay, David«, sagte er fast flüsternd, sodass Dragonpol sich anstrengen musste, um ihn zu hören. »Wohin soll ich gehen?«

»Halten Sie die Klappe …«, setzte Dragonpol an und Bond ging in die Knie, drehte sich zu der Pistole, die seinen Nacken berührte, und holte mit der rechten Hand zu einem kräftigen Faustschlag aus, der Dragonpol an der Schulter erwischte.

»Kommen Sie rein, das Wasser ist herrlich«, rief er und griff nach dem Hals des Mannes. Seine Finger fanden einen Neoprenanzug, der dem, den er trug, nicht unähnlich war. Er riss daran und brachte seinen Widersacher aus dem Gleichgewicht.

Während sie ineinander verkeilt vom Steg fielen, ging Dragonpols Pistole los und Bond spürte ein leichtes Brennen in seiner linken Schulter, als eine Kugel seinen Neoprenanzug zerriss.

Sie rollten ins Wasser und Dragonpol versuchte verzweifelt, einen Armhebel anzusetzen, während Bond versuchte, die ASP aus dem Holster zu ziehen, aber seine Finger rutschten an dem wasserdichten Material ab. Dann spürte er, wie er unter Wasser gezogen wurde und die Finger des Schauspielers sich um seine Kehle krallten.

Er war jetzt auf dem Rücken und der große, schwere, muskulöse Dragonpol über ihm. Er hatte die Finger an seiner Kehle und den anderen Arm auf seiner Brust und drückte ihn nach unten. Bond versuchte, die Augen zu öffnen, und presste seine Lippen zusammen, während er immer tiefer ins Wasser getrieben wurde.

Er trat und zappelte, setzte seine ganze Kraft ein, um seinen Gegner von sich herunterzubekommen, aber der Griff des Mannes verstärkte sich nur, und Bond wurde langsam weiter unter Wasser gedrückt. Seine Lunge stand kurz vor dem Zerbersten und die Kraft verließ schnell seinen Körper.

Zuerst setzte die Blickröte ein. Es war plötzlich und seltsam. Kurz dachte er, dass etwas mit seinen Augen passiert sei, dann wurde ihm klar, dass dies der letzte Augenblick vor der endgültigen Dunkelheit war. Er öffnete den Mund und spürte, wie das Wasser eindrang und ihn erstickte, während die Finsternis sein Gehirn flutete.

Während er keuchte und röchelte, hatte Bond für ein paar Sekunden Klarheit, was es ihm erlaubte, einen letzten, verzweifelten Versuch zu unternehmen. Seine Muskeln krampften und er rollte sich auf die Seite. Für einen Moment verlor Dragonpol seinen Halt und rutschte unter Bond. Sie hatten die Positionen getauscht, Bond bekam wieder Luft, hatte aber nicht mehr die Kraft, die Kontrolle zu behalten.

Mit einem schrillen Schrei stieß David Dragonpol Bond von sich weg, sodass er ins Taumeln geriet und mit den Armen und Beinen um sich schlug, sodass das Wasser um ihn herum aufschäumte. Sein Widersacher schrie Obszönitäten und stürzte sich geradewegs auf ihn, um ihm endgültig den Garaus zu machen.

In diesem flüchtigen Augenblick erkannte Bond ihn als das, was er war: ein verrückter Vernichter von Träumen, ein Weber von Albträumen, ein Mörder, der die schönen Märchen, die dieser Ort Männern, Frauen und Kindern auf der ganzen Welt bescherte, zerstören wollte. Bond griff erneut nach der ASP an seiner Hüfte und diesmal schaffte er es, sie zu ziehen, den Arm zu heben und mit dem Finger den Abzug zu betätigen. Der erste Schuss traf Dragonpol in der Schulter und ließ ihn in einem Strudel aus weißem Wasser herumwirbeln. Der zweite Schuss ging daneben und zischte in die Mitte des Sees hinaus. Bond hörte ein plötzliches dumpfes Geräusch, als die Kugel einschlug. Es schien Dragonpol zu erschrecken, der seine Schulter umklammerte, sich aber von Bond abwandte, um auf den See hinauszusehen.

»Nein!«, schrie er. Und dann noch einmal: »Nein! Nicht!« In seinen Augen war nichts zu lesen, als er einen Blick zurückwarf, dann durchs Wasser lief und schließlich hineintauchte, um zu der Stelle zu schwimmen, von der das Geräusch gekommen war.

Bond stand etwa einen Meter tief im Wasser, verwirrt und nicht bereit, den verrückten Killer zu töten, der anscheinend übermenschliche Kräfte für einen letzten Kampf gefunden hatte, den nur er bestreiten konnte.

Die zweite Kugel hatte etwas getroffen, das dem Mann sehr wichtig war. Das war offensichtlich. Aber was? Er tastete erneut nach seinem Gürtel und holte eins der Leuchtgeschosse heraus. Es war etwa so groß wie eine kleine Taschenlampe, mit einem Zugring an der Spitze. Bond hielt es mit ausgestrecktem Arm neben der Pistole in seiner rechten Hand und griff mit der anderen Hand nach dem Ring.

Es folgte das übliche Knacken und Ruckeln in seiner Faust und die Leuchtfackel stieg nach oben und in Richtung der Stelle, zu der Dragonpol immer noch eifrig schwamm.

Als das Licht den Himmel erleuchtete, hörte David Dragonpol auf zu schwimmen, drehte sich um und fing an zu schreien, erst vor Wut und dann, als die Fackel sich auf ihn zubewegte, vor Angst. Die Fackel berührte die Oberfläche, erlosch aber nicht.

Anstatt zu verpuffen, schoss ein plötzlicher Flammenstoß in die Luft und breitete sich dann in einer großen Feuerwolke aus. In ihrer Mitte befand sich diese winzige Gestalt, die von den Flammen eingehüllt wurde. Das Dröhnen brennender Chemikalien war zu hören, und dann, trotz diesem Getöse klar zu erkennen, grässliche Schreie, als das Feuer den Mann verschlang, der so vielen einen plötzlichen, raffiniert geplanten Tod beschert hatte.

Ein Hauch von Veränderung

Es sprach sehr für die Mitarbeiter von Disney, dass sie das Feuer schon lange vor dem Eintreffen der örtlichen Feuerwehr gelöscht hatten. Sie hatten auch eine verkohlte Leiche und viele kleinere Gegenstände aus dem See geholt und das Wasser noch vor acht Uhr morgens wieder relativ sauber bekommen.

Die Polizei war natürlich auch vor Ort, obwohl es mehrere Wochen dauerte, bis ihre forensischen Erkenntnisse an andere Behörden weitergegeben wurden. Es war völlig klar, dass David Dragonpol entschlossen gewesen war, die Reisegruppe der königlichen Familie auf Kosten zahlreicher anderer unschuldiger Menschenleben zu ermorden. Sein Fehler war allerdings gewesen, Bens Nachtwächter außer Gefecht zu setzen, bevor er die Falle aufgestellt und an der richtigen Stelle festgemacht hatte – direkt unter der Wasseroberfläche im direkten Weg der *Mark Twain*.

Bei der Falle handelte es sich, wie sich herausstellte, um ein Bierfass aus Aluminium, das mit ziemlicher Sicherheit mit einer tödlichen Mischung aus Benzin und Thermit – einem

Schwarzpulver aus Eisenoxid, vermischt mit Aluminiumgranulat – gefüllt war. Außerdem hatte er ein einfaches ferngesteuertes Gerät dabei, das sich als sehr effektiv erwiesen hätte: ein elektrischer Zünder, der in eine kleine Kugel aus Plastiksprengstoff eingebettet war.

Wäre diese abscheuliche Vorrichtung explodiert, während die *Mark Twain* darüberfuhr, hätte der daraus resultierende Feuerball den Raddampfer zweifellos verschlungen. Nur sehr wenige hätten die Explosion überlebt. Das Benzin hätte sich entzündet, was wiederum das Thermit entzündet hätte.

Thermit brannte mit einer Temperatur von über 2.200 Grad Celsius und so schnell und heftig, dass es früher zum Schneiden und Schweißen von Metall in Werften verwendet worden war.

Bonds Querschläger hatte das Fass durchschlagen und so den Inhalt auslaufen lassen, während das Leuchtgeschoss das Benzin entzündet hatte, sodass Dragonpol im Wasser eingeäschert worden war. Glücklicherweise griff das Feuer nicht auf den Big Thunder Mountain oder eins der anderen Fahrgeschäfte über.

Später erfuhr die französische Polizei, dass Dragonpol einen Lastwagenfahrer bestochen hatte, damit er – wie der Fahrer sagte – »wegsah«. Zweifellos war das Fass mit einer normalen Lieferung in den Freizeitpark gebracht worden. Innerhalb von achtundvierzig Stunden hatten die Disney-Sicherheitsleute neue Beschränkungen für alle Waren erlassen, die in die Anlage gelangen sollten.

Um acht Uhr an diesem Sonntagmorgen wäre niemand mehr auf den Gedanken gekommen, dass es überhaupt einen

Zwischenfall gegeben hatte, obwohl ein Blick auf Bond den Eindruck erweckte, er sei der Verlierer einer Kneipenschlägerei. Die Sanitäter des Disneylands hatten ihn zusammengeflickt, aber außer mit Make-up gab es keine Möglichkeit, die blauen Flecken zu verbergen.

Jetzt wartete er in der Nähe des Haupteingangs und wunderte sich über die Abwesenheit der Polizei und des örtlichen Sicherheitsdiensts, von denen er eigentlich erwartet hatte, dass sie die königliche Reisegruppe in voller Stärke willkommen heißen würden. Umso verdutzter war er, als er Ben sah, der immer noch in Jeans und T-Shirt zu seinem Büro im Tunnelsystem unter dem Disneyland zurückschlenderte.

»Hat es Ihnen niemand gesagt?« Ben lächelte immer noch, doch seine Augenbrauen schossen in seiner ganz eigenen Version eines ungläubigen Gesichtsausdrucks nach oben.

»Mir was gesagt?«

»Es wurde abgesagt. Sie wird nicht kommen.«

»Der kleine Vorfall von gestern Abend hat sie also abgeschreckt?«

»Nein, James. Der kleine Vorfall von heute Morgen hat sie abgeschreckt.«

»Das ist doch nur eine Frage der Semantik.«

»Nein, ich meine den Vorfall vor weniger als einer Stunde.«

»Vor einer Stunde …«

Ben erklärte, dass die königliche Familie bei Freunden in einem Pariser Vorort übernachtet hatte und die Presse Wind davon bekommen hatte. Es hieß, sie hätten dort mit Kameras und Notizbüchern im Anschlag gewartet, als die Prinzessin mit ihren beiden Kindern um sieben Uhr morgens aus dem

Haus kam, denn die Fahrt ins Disneyland würde mindestens eine Stunde dauern.

»Anscheinend war jemand von Ihrem Geheimdienst bei den königlichen Sicherheitsleuten. Ich kenne keine Einzelheiten, aber sie hat Dragonpols Schwester in der Menge gesehen. Die Dame hatte eine sehr fiese Handgranate in ihrer Handtasche. Ihre Kollegin hat sie entwaffnet. Es ist also alles vorbei. Die Prinzessin hat sich sofort entschieden, den Besuch abzusagen.«

»Schade, dass sie nicht früher darauf gekommen ist.«

Erst als er später am Tag wieder in London ankam, erfuhr Bond die Identität der Kollegin, die Maeve Horton erkannt hatte.

Das Taxi, das er von Heathrow genommen hatte, hatte ihn in der King's Road abgesetzt und er ging mit seinem Kleidersack in der Hand zu dem Regency-Haus. Er wollte gerade seinen Schlüssel ins Schloss stecken, als die Tür von seiner betagten Haushälterin May geöffnet wurde, die gerade von ihrem Ausflug nach Schottland zurückgekehrt war.

May sah ihn anklagend an. »Mr James, hier ist eine junge Dame, die sagt, sie sei ein Gast des Hauses. Sie ist ein nettes Mädchen und spricht Englisch wie eine Muttersprachlerin, obwohl sie mir sagt, sie sei Ausländerin.« Aus Mays Mund war »Ausländerin« gleichbedeutend damit, Überträgerin dessen zu sein, was sie »diese schreckliche Pest-Krankheit, die es im Mittelalter gab« nannte.

Flicka von Grüsse saß im Wohnzimmer. Sie trug einen sehr schicken roten Hosenanzug im Military-Stil mit goldenen Knöpfen an der Jacke.

»Du hast mir nichts von dem schottischen Drachen erzählt«, flüsterte sie, nachdem sie wieder zu Atem gekommen waren.

»Von Drachen habe ich fürs Erste wirklich genug, Flick.«

»Geht mir auch so«, grinste sie. »Ich habe gehört, dass es im Disneyland ein großes Lagerfeuer gegeben hat.«

»Dann hast du vermutlich auch von Maeve – Hort – gehört, nicht wahr?«

»Von ihr gehört? Ich habe sie geschnappt.«

»Du hast …?«

Es wurde alles bei einem leichten Abendessen aufgedeckt, das May servierte, die Flicka inzwischen zugeneigter war.

Fredericka von Grüsse musste irgendeinen Zauber auf M gewirkt haben und war als die Vertreterin ihres Geheimdiensts zum königlichen Sicherheitsdienst geschickt worden.

Bevor die Prinzessin und ihre Kinder das Haus verließen, in dem sie die Nacht verbracht hatten, hatte Flicka einen Blick auf die Journalisten geworfen, ehe die Reisegruppe hinausgebracht wurde.

»Maeve stand einfach da und hat versucht, unter den Fotografen nicht aufzufallen«, erzählte sie ihm. »Also habe ich sie nicht beachtet und so getan, als hätte ich sie nicht gesehen. Ich habe ein paar Runden gedreht und mit den Presseleuten geplaudert, dann habe ich mich von hinten an sie herangearbeitet, sie im Geiste abgetastet und wusste, dass sie nichts Gutes im Schilde führt.«

»Und?« Ihm gefiel der Teil mit dem geistigen Abtasten.

»Und dann habe ich ihr meine Waffe ins Ohr gesteckt und ihr gesagt, dass ich ihr den Kopf wegpuste, wenn sie sich rührt.

Die Polizei ist gekommen, hat sie durchsucht und abgeführt. Sie hatte diese verdammt große Granate in ihrer Handtasche und ich habe keinen Zweifel daran, dass sie sie auch benutzen wollte.«

Flicka hatte dem ersten Verhör beiwohnen dürfen und es war sofort klar, dass Maeve eine gestörte und ungesunde Liebe mit ihrem Bruder David verband. »Sie hat gesagt, sie würde für ihn sterben, dass er mehr Talent in seinem kleinen Finger hätte als … Ach, du weißt ja, wie diese besessenen Leute sind. Die ganze verdammte Familie war verrückt, wenn du mich fragst.«

Es wurde auch klar, dass Maeve die Antwort auf eine der großen Fragen rund um die Dragonpols war. »Sie hat sich um die Blumen gekümmert«, berichtete Flicka ihm. »Sie hat es sofort zugegeben, als ich gefragt habe. Hätte sich jemand die Mühe gemacht, ihren Pass zu überprüfen, hätte man festgestellt, dass sie David mit diesen verdammten Rosen auf dem Fuß gefolgt ist und dafür gesorgt hat, dass sie zu den Gräbern geliefert wurden. Übrigens, M will, dass wir beide morgen früh um neun im Büro sind.«

»Zweifellos, um uns zu gratulieren.« Bond legte den Kopf schief und zog eine fragende Augenbraue hoch.

»Oder um eine vollständige Erklärung für die zwei Leichen auf Schloss Drache zu verlangen.«

Als der Moment gekommen war, stellte M keine unangenehmen Fragen. Er sprach lange über den Fall Dragonpol und wurde an einer Stelle sogar ziemlich ernst. »Unser Freund Dragonpol«, sagte er, »ist, wie ich glaube, ein Symptom für die kranke und gefährliche Gesellschaft, in der wir leben.«

Dann kam er auf den eigentlichen Grund zu sprechen, warum er sie in sein Büro gerufen hatte.

»Es liegen Veränderungen in der Luft.« Er wirkte angespannt und ernst. »Veränderungen, die unseren Geheimdienst drastisch prägen werden. Unser Beruf verändert sich zusammen mit der Welt, obwohl ich persönlich glaube, dass die Welt gefährlicher ist als zu den Zeiten, als wir einen klaren Kalten Krieg hatten. Tausendmal gefährlicher, was wahrscheinlich der Grund dafür ist, dass die Mächtigen eine komplette Umstrukturierung fordern. Das wird mich betreffen, aber es wird vor allem Sie beide betreffen. Sie werden im Laufe der Woche alle Einzelheiten über Ihre Beförderung und Ihre neue Aufgabe erfahren. Ich wollte Sie nur warnen, bevor es passiert.«

»Ich hoffe nur, wir müssen nicht wieder Detektiv spielen«, murmelte Bond. »Das ist zu gefährlich.«

»Ah.« M warf ihnen einen rätselhaften Blick zu.

»Werden mir die Veränderungen gefallen?«, fragte Bond.

»Wahrscheinlich. Ziemlich sicher sogar. Sie werden in Zukunft einige ganz andere Aufgaben haben, James. Und Sie auch, Fräulein von Grüsse.« Er nahm seine alte Pfeife in die Hand und begann, sie mit dem übel riechenden Tabak zu stopfen, den er rauchte, seit Bond ihn kannte. »In ein paar Tagen wird man Sie zur Einweisung herbringen. Bis dahin schlage ich vor, dass Sie sich eine kurze Auszeit nehmen. Wenn ich richtigliege, wird es für lange Zeit die letzte sein, die Sie bekommen werden.«

Er entließ sie mit einer fast flüchtigen Geste, aber als sie an der Tür waren, rief er Bond allein zurück.

»James, höre ich da etwa Hochzeitsglocken zwischen Ihnen und Fräulein von Grüsse?«

»Ich weiß es nicht, Sir. Vielleicht. Vielleicht auch nicht. Warum fragen Sie?«

M stieß sein gewohntes Brummen aus. »Weil ich, entgegen Ihrer Erfahrung, vielleicht eigentlich nur ein sentimentaler alter Kuppler bin.«

»Ist das so, Sir?« Er glaubte kein Wort davon.

»Ich will damit nur sagen, dass Sie es schlechter hätten treffen können, James. Viel schlechter.«

»Nun, Sir, falls es tatsächlich dazu kommt, möchte ich Sie nur um eins bitten.«

»Ach ja, und was wäre das?«

»Bitte, Sir, schicken Sie keine Blumen.«

ÜBER DEN AUTOR

John Gardner war ein britischer Spionageroman- und Krimiautor. 1979 erhielt er von Glidrose Publications (heute Ian Fleming Publications) offiziell den Auftrag, Ian Flemings Vermächtnis weiterzuführen und neue James-Bond-Abenteuer zu schreiben. Zwischen 1981 und 1996 schrieb Gardner vierzehn eigene James-Bond-Romane und die Bücher zu zwei James-Bond-Filmen.

Bevor er in den frühen 1960ern eine Karriere als Romanschriftsteller begann, war John Gardner als Zauberkünstler, Offizier der königlichen Marine, Journalist und für kurze Zeit auch als Priester der Anglikanischen Kirche tätig. Gardner erschuf viele beliebte Figuren wie zum Beispiel Boysie Oakes und Herbie Kruger und verfasste insgesamt fünfundfünfzig Romane – darunter zahlreiche Bestseller –, bevor er im August 2007 verstarb.

Weitere Informationen finden sich auf *www.john-gardner.com* oder der Webseite für Ian Fleming: *www.ianfleming.com.*

007